第4章 自衛消防活動 39

第5章 消防用設備等または特殊消防用設備等の点検および報告 46

第6章 防火対象物の点検および報告制度 49

第7章 自主検査要領 55

JN207304

防火管理講習ハンドブック

防火管理講習 ハンドブック 目次

CONTENTS

凡 例

本書中の法令は、次のように略記しました。

◎法	→消防法	◎建 基 法	→建築基準法
◎施 行 令	→消防法施行令	◎建 基 令	→建築基準法施行令
◎施行規則	→消防法施行規則	◎石 災 法	→石油コンビナート等災害防止法
◎危 令	→危険物の規制に関する政令	◎大 震 法	→大規模地震対策特別措置法
◎危 規 則	→危険物の規制に関する規則	◎条 例	→火災予防条例(例)

第1　防火管理の重要性

　毎年、全国では約15分に1件の割合で火災が発生し、多数の尊い人命や貴重な財産が失われています。

　火災による損害は、建物や財産の焼失などによる直接的な損害ばかりでなく、企業においては、==社会的信用を失うなどの間接的損害==があり、その損害は膨大なものとなります。

　また、惨事となった過去の火災の多くは、==人々の「ちょっとした不注意や油断」によって発生==しており、==初期消火の失敗、消防用設備等の不備、避難誘導の不手際等==により、その被害を大きくしています。

　防火管理者は、万一、火災が発生した場合の人的、物的な損失をよく認識し、火災の予防および被害を軽減する具体的かつ実効性のある対策を従業員一人ひとりに徹底し、防火管理を推進することが重要です。

第2 防火管理責任

　防火対象物の安全を確保するための防火管理は、防火対象物の管理について権原を有する者（以下、「管理権原者」という。）の防火に対する考え方や、かかわりに大きく左右されます。管理権原者は、防火管理者を選任したからといって、防火管理の責任を免れるものではなく、防火管理の最終責任者に位置付けられています。

　防火管理者は、防火管理を推進する責任者として防火管理業務に従事する者等に対し、必要な指示および命令を行い、火災の発生を未然に防止するとともに、火災が発生した場合には、被害を最小限にとどめるため種々の対策を講じる責任があります。

　防火管理上なすべき業務を怠り、火災が発生し、または火災により死傷者が発生した場合には、防火管理業務が刑法上の「業務」にあたることから、管理権原者や防火管理者は、必要な注意義務を怠ったことによる業務上の過失責任を問われることになります。

　過去の判例においても、消防用設備等の設置および維持を怠り、また、消防計画の作成およびこれに基づく適切な訓練等を怠り、死傷者を発生させたことで、業務上過失致死傷として刑法上の責任が厳しく追及されています。

　また、火災により財産上の損害を与え、また、死傷者が発生すると、被害者から損害賠償を請求されるのも一般的なことです。

刑　法

第116条【失火】
①失火により、第108条に規定する物又は他人の所有に係る第109条に規定する物を焼損した者は、50万円以下の罰金に処する。

第117条の２【業務上失火等】
第116条又は前条第１項の行為が業務上必要な注意を怠ったことによるとき、又は重大な過失によるときは、３年以下の拘禁刑又は150万円以下の罰金に処する。

第211条【業務上過失致死傷等】
①業務上必要な注意を怠り、よって人を死傷させた者は５年以下の拘禁刑又は100万円以下の罰金に処する。重大な過失により人を死傷させた者も、同様とする。

民　法

第415条【債務不履行による損害賠償】
債務者がその債務の本旨に従った履行をしないときは、債権者は、これによって生じた損害の賠償を請求することができる。債務者の責めに帰すべき事由によって履行をすることができなくなったときも、同様とする。

第709条【不法行為による損害賠償】
故意又は過失によって他人の権利又は法律上保護される利益を侵害した者は、これによって生じた損害を賠償する責任を負う。

第717条【土地の工作物等の占有者及び所有者の責任】
①土地の工作物の設置又は保存に瑕疵があることによって他人に損害を生じたときは、その工作物の占有者は、被害者に対してその損害を賠償する責任を負う。ただし、占有者が損害の発生を防止するのに必要な注意をしたときは、所有者がその損害を賠償しなければならない。

第3　防火管理者を選任しなければならない防火対象物

　消防法（以下、特別な記載のない「法」という表記は消防法を指す）第8条では、学校、病院、工場、事業場、興行場、百貨店などの多数の者が出入りし、勤務し、または居住する防火対象物で政令で定めるものの管理について権原を有する者に対して、防火管理者を定め、当該防火対象物について消防計画の作成、消火、通報および避難の訓練の実施等、防火管理上必要な業務を行わせることを義務付けています。これは防火管理業務が防火に関する幅広い知識や技能を必要とするため、一定の資格をもった人を防火管理者として選任し、職務上の権限と責任を負わせることを規定したものです。

　※管理権原者とは、「防火対象物又はその部分における火気の使用又は取扱いその他法令に定める防火の管理に関する事項について、法律、契約又は慣習上当然行うべき者」と解釈されており、所有者はもちろんのこと、賃借人、占有者のほか、工場や支店などで、事業主から管理について命令または委任された場合の工場長や支店長などもこれにあたります。

消防法

第八条　学校、病院、工場、事業場、興行場、百貨店（これに準ずるものとして政令で定める大規模な小売店舗を含む。以下同じ。）、複合用途防火対象物（防火対象物で政令で定める二以上の用途に供されるものをいう。以下同じ。）その他多数の者が出入し、勤務し、又は居住する防火対象物で政令で定めるものの管理について権原を有する者は、政令で定める資格を有する者のうちから防火管理者を定め、政令で定めるところにより、当該防火対象物について消防計画の作成、当該消防計画に基づく消火、通報及び避難の訓練の実施、消防の用に供する設備、消防用水又は消火活動上必要な施設の点検及び整備、火気の使用又は取扱いに関する監督、避難又は防火上必要な構造及び設備の維持管理並びに収容人員の管理その他防火管理上必要な業務を行わせなければならない。

② 前項の権原を有する者は、同項の規定により防火管理者を定めたときは、遅滞なくその旨を所轄消防長又は消防署長に届け出なければならない。これを解任したときも、同様とする。

③ 消防長又は消防署長は、第一項の防火管理者が定められていないと認める場合には、同項の権原を有する者に対し、同項の規定により防火管理者を定めるべきことを命ずることができる。

④ 消防長又は消防署長は、第一項の規定により同項の防火対象物について同項の防火管理者の行うべき防火管理上必要な業務が法令の規定又は同項の消防計画に従って行われていないと認める場合には、同項の権原を有する者に対し、当該業務が当該法令の規定又は消防計画に従って行われるように必要な措置を講ずべきことを命ずることができる。

⑤ 第五条第三項及び第四項の規定は、前二項の規定による命令について準用する。

工場での火災の様子

共同住宅での火災の様子

防火管理者を選任しなければならない防火対象物は、消防法施行令第1条の2第3項により、次に掲げる防火対象物とされています。

❶ 養護老人ホーム等

施行令別表第1（6）項ロ、（16）項イおよび（16の2）項に掲げる防火対象物（以下、「（6）項ロ等」という。）で、収容人員が10人以上のもの

※（16）項イおよび（16の2）項に掲げる防火対象物にあっては、（6）項ロの用途に供される部分が存するものに限る。

❷ 特定防火対象物（（6）項ロ等を除く）

施行令別表第1（1）項〜（4）項、（5）項イ、（6）項イ、ハおよびニ、（9）項イ、（16）項イならびに（16の2）項に掲げる防火対象物で、収容人員が30人以上のもの

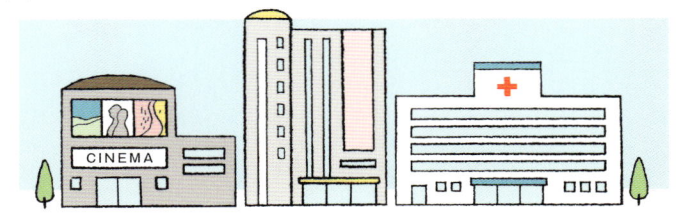

❸ 非特定防火対象物

施行令別表第1（5）項ロ、（7）項、（8）項、（9）項ロ、（10）項〜（15）項、（16）項ロおよび（17）項に掲げる防火対象物で、収容人員が50人以上のもの

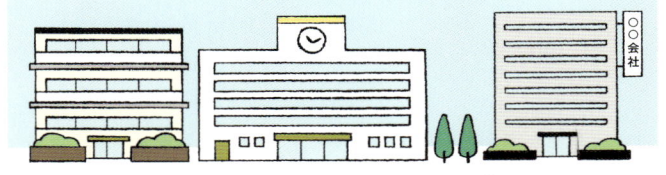

❹ 新築工事中の建築物

電気工事等の工事中の建築物で、外壁および床または屋根を有する部分が次に示す規模以上のもので、収容人員が50人以上のもの

ア 地階を除く階数が11以上で、かつ、延べ面積が10,000㎡以上

イ 延べ面積が50,000㎡以上

ウ 地階の床面積の合計が5,000㎡以上

❺ 建造中の旅客船

進水後の旅客船であってぎ装中のもののうち、収容人員が50人以上で、かつ、甲板数が11以上のもの

		防火対象物の用途区分
(1)	イ	劇場、映画館、演芸場または観覧場
	ロ	公会堂または集会場
(2)	イ	キャバレー、カフェー、ナイトクラブその他これらに類するもの
	ロ	遊技場またはダンスホール
	ハ	風俗営業等の規制および業務の適正化等に関する法律（昭和23年法律第122号）第2条第5項に規定する性風俗関連特殊営業を営む店舗（2ならびに（1）項イ、（4）項、（5）項イおよび（9）項イに掲げる防火対象物の用途に供されているものを除く。）その他これに類するものとして総務省令で定めるもの
	ニ	カラオケボックスその他遊興のための設備または物品を個室（これに類する施設を含む。）において客に利用させる役務を提供する業務を営む店舗で総務省令で定めるもの
(3)	イ	待合、料理店その他これらに類するもの
	ロ	飲食店
(4)		百貨店、マーケットその他の物品販売業を営む店舗または展示場
(5)	イ	旅館、ホテル、宿泊所その他これらに類するもの
	ロ	寄宿舎、下宿または共同住宅
(6)	イ	次に掲げる防火対象物 ⑴ 次のいずれにも該当する病院（火災発生時の延焼を抑制するための消火活動を適切に実施することができる体制を有するものとして総務省令で定めるものを除く。） 　（ⅰ）診療科名中に特定診療科名（内科、整形外科、リハビリテーション科その他の総務省令で定める診療科名をいう。⑵（ⅰ）において同じ。）を有すること。 　（ⅱ）医療法（昭和23年法律第205号）第7条第2項第4号に規定する療養病床または同項第5号に規定する一般病床を有すること。 ⑵ 次のいずれにも該当する診療所 　（ⅰ）診療科名中に特定診療科名を有すること。 　（ⅱ）4人以上の患者を入院させるための施設を有すること。 ⑶ 病院（⑴に掲げるものを除く。）、患者を入院させるための施設を有する診療所（⑵に掲げるものを除く。）または入所施設を有する助産所 ⑷ 患者を入院させるための施設を有しない診療所または入所施設を有しない助産所
	ロ	次に掲げる防火対象物 ⑴ 老人短期入所施設、養護老人ホーム、特別養護老人ホーム、軽費老人ホーム（介護保険法（平成9年法律第123号）第7条第1項に規定する要介護状態区分が避難が困難な状態を示すものとして総務省令で定める区分に該当する者（以下、「避難が困難な要介護者」という。）を主として入居させるものに限る。）、有料老人ホーム（避難が困難な要介護者を主として入居させるものに限る。）、介護老人保健施設、老人福祉法（昭和38年法律第133号）第5条の2第4項に規定する老人短期入所事業を行う施設、同条第5項に規定する小規模多機能型居宅介護事業を行う施設（避難が困難な要介護者を主として宿泊させるものに限る。）、同条第6項に規定する認知症対応型老人共同生活援助事業を行う施設その他これらに類するものとして総務省令で定めるもの ⑵ 救護施設 ⑶ 乳児院 ⑷ 障害児入所施設 ⑸ 障害者支援施設（障害者の日常生活および社会生活を総合的に支援するための法律（平成17年法律第133号）第4条第1項に規定する障害者または同条第2項に規定する障害児であつて、同条第4項に規定する障害支援区分が避難が困難な状態を示すものとして総務省令で定める区分に該当する者（以下、「避難が困難な障害者等」という。）を主として入所させるものに限る。）または同法第5条第8項に規定する短期入所もしくは同条第17項に規定する共同生活援助を行う施設（避難が困難な障害者等を主として入所させるものに限る。ハ⑸において「短期入所等施設」という。）
	ハ	次に掲げる防火対象物 ⑴ 老人デイサービスセンター、軽費老人ホーム（ロ⑴に掲げるものを除く。）、老人福祉センター、老人介護支援センター、有料老人ホーム（ロ⑴に掲げるものを除く。）、老人福祉法第5条の2第3項に規定する老人デイサービス事業を行う施設、同条第5項に規定する小規模多機能型居宅介護事業を行う施設（ロ⑴に掲げるものを除く。）その他これらに類するものとして総務省令で定めるもの

(6)	⑵ 更生施設
	⑶ 助産施設、保育所、幼保連携型認定こども園、児童養護施設、児童自立支援施設、児童家庭支援センター、児童福祉法（昭和22年法律第164号）第6条の3第7項に規定する一時預かり事業または同条第9項に規定する家庭的保育事業を行う施設その他これらに類するものとして総務省令で定めるもの
	⑷ 児童発達支援センター、児童心理治療施設または児童福祉法第6条の2の2第2項に規定する児童発達支援もしくは同条第4項に規定する放課後等デイサービスを行う施設（児童発達支援センターを除く。）
	⑸ 身体障害者福祉センター、障害者支援施設（ロ⑸に掲げるものを除く。）、地域活動支援センター、福祉ホームまたは障害者の日常生活および社会生活を総合的に支援するための法律第5条第7項に規定する生活介護、同条第8項に規定する短期入所、同条第12項に規定する自立訓練、同条第13項に規定する就労移行支援、同条第14項に規定する就労継続支援もしくは同条第15項に規定する共同生活援助を行う施設（短期入所等施設を除く。）
	ニ　幼稚園または特別支援学校
(7)	小学校、中学校、義務教育学校、高等学校、中等教育学校、高等専門学校、大学、専修学校、各種学校その他これらに類するもの
(8)	図書館、博物館、美術館その他これらに類するもの
(9)	イ　公衆浴場のうち、蒸気浴場、熱気浴場その他これらに類するもの
	ロ　イに掲げる公衆浴場以外の公衆浴場
(10)	車両の停車場または船舶もしくは航空機の発着場（旅客の乗降または待合いの用に供する建築物に限る。）
(11)	神社、寺院、教会その他これらに類するもの
(12)	イ　工場または作業場
	ロ　映画スタジオまたはテレビスタジオ
(13)	イ　自動車車庫または駐車場
	ロ　飛行機または回転翼航空機の格納庫
(14)	倉庫
(15)	前各項に該当しない事業場
(16)	イ　複合用途防火対象物のうち、その一部が(1)項から(4)項まで、(5)項イ、(6)項または(9)項イに掲げる防火対象物の用途に供されているもの
	ロ　イに掲げる複合用途防火対象物以外の複合用途防火対象物
(16の2)	地下街
(16の3)	建築物の地階（(16の2)項に掲げるものの各階を除く。）で連続して地下道に面して設けられたものと当該地下道とを合わせたもの（(1)項から(4)項まで、(5)項イ、(6)項または(9)項イに掲げる防火対象物の用途に供される部分が存するものに限る。）
(17)	文化財保護法（昭和25年法律第214号）の規定によって重要文化財、重要有形民俗文化財、史跡もしくは重要な文化財として指定され、または旧重要美術品等の保存に関する法律（昭和8年法律第43号）の規定によって重要美術品として認定された建造物
(18)	延長50メートル以上のアーケード
(19)	市町村長の指定する山林
(20)	総務省令で定める舟車

※赤色着色部分は特定防火対象物（飲食店、ホテル、病院、物品販売店など不特定多数の方が出入りする建物）を指します。

収容人員の算定方法

防火対象物区分			施行令第1条の2 防火管理者を定める防火対象物(注)	施行規則第1条の3 収容人員の算定方法
(1)	イ	劇場、映画館等	収容人数 (以上)	従業者の数＋客席の人員　{ イ　固定式いす座数（長いす式は、正面幅／0.4m（端数切捨））／ ロ　立見席は、床面積／0.2m² ／ ハ　その他の部分は、床面積／0.5m²
	ロ	公会堂、集会場		
(2)	イ	キャバレー等	30人	遊技場→従業者の数＋遊技用機械器具を使用して遊技できる者の数＋観覧、飲食、休憩用固定いす席数（長いす式は、正面幅／0.5m（端数切捨）） 遊技場以外→従業者の数＋客席の人員　{ イ　固定式いす席数（長いす式は、正面幅／0.5m（端数切捨））／ ロ　その他の部分は床面積／3m²
	ロ	遊技場等		
	ハ	性風俗関連特殊営業を営む店舗		
	ニ	カラオケボックス等		
(3)	イ	料理店等		
	ロ	飲食店		
(4)		展示場、物品販売店舗等		従業者の数＋主として従業者以外の者使用部分　{ イ　飲食、休憩用部分は床面積／3m² ／ ロ　その他の部分は床面積／4m²
(5)	イ	旅館、ホテル等	30人	従業者の数＋宿泊室の人員　{ イ　洋式宿泊室はベッド数／ ロ　和式宿泊室は室ごとに床面積／6m² ／ ハ　簡易宿泊所、団体用は床面積／3m² 集会、飲食、休憩の部分　{ イ　固定式いす席数（長いす式は正面幅／0.5m（端数切捨））／ ロ　その他の部分は床面積／3m²
	ロ	共同住宅等	50人	居住者の数
(6)	イ	病院等	30人	従業者の数＋病室内の病床の数＋（待合室の床面積合計／3m²）
	ロ	養護老人ホーム等	10人	従業者の数＋要保護者の数
	ハ	老人デイサービスセンター等	30人	
	ニ	幼稚園等		教職員の数＋幼児等の数
(7)		学校等	50人	教職員数＋児童、生徒、学生の数
(8)		図書館等		従業者の数＋（閲覧室、展示室、展覧室等の床面積の合計／3m²）
(9)	イ	熱気浴場等	30人	従業者の数＋（浴場、脱衣場、マッサージ室、休憩の用に供する部分の床面積の合計／3m²）
	ロ	公衆浴場	50人	
(10)		停車場等	50人	従業者の数
(11)		神社等		従業者の数＋（礼拝、集会、休憩の用に供する部分の床面積の合計／3m²）
(12)	イ	工場、作業所		従業者の数
	ロ	映画スタジオ等		
(13)	イ	車庫、駐車場		
	ロ	格納庫		
(14)		倉庫		
(15)		その他の事業所		従業者の数＋（主として従業者以外の者の使用に供する部分の床面積／3m²）
(16)	イ	特定複合建物	30人※	※ (6)項ロに該当する部分を有する場合は10人 各用途の部分ごとに算出した人員の合計数
	ロ	その他の複合建物	50人	
(16の2)		地下街	30人※	
(16の3)		準地下街		
(17)		文化財等	50人	床面積／5m²

注 同一敷地内に管理について権原を有する者が同一の者である令別表第1に掲げる防火対象物が2以上あるときは、それらの防火対象物は、法第8条第1項の規定の適用については、1の防火対象物とみなす。　（令第2条）

第4 防火管理者になるために必要な資格

　防火管理者の選任が必要な防火対象物は、用途および規模により、甲種防火対象物と乙種防火対象物に分けられます。

　防火管理者になるための資格は、甲種または乙種防火対象物では異なっており、防火対象物がどちらに該当するかによって、必要とされる資格を有する者のうちから防火管理者を選任しなければなりません。

甲種防火管理者の資格を有する者を選任しなければならない防火対象物

甲種防火対象物					
防火対象物	(6) 項ロ等	特定防火対象物 ((6) 項ロ等 を除く)	非特定 防火対象物	新築工事中の建築物	建造中の旅客船
規模等	全て	延べ面積 300㎡以上	延べ面積 500㎡以上	⑦ 地階を除く階数が11以上、かつ、延べ面積1万㎡以上 ⑦ 延べ面積5万㎡以上 ⑦ 地階の床面積の合計が5千㎡以上	甲板数が11以上で進水後であって、ぎ装中のもの
収容人員	10人以上	30人以上	50人以上		

甲種または乙種防火管理者の資格を有する者を選任しなければならない防火対象物

乙種防火対象物		
防火対象物	特定 防火対象物 ((6) 項ロ等 を除く)	非特定 防火対象物
規模等	延べ面積 300㎡未満	延べ面積 500㎡未満
収容人員	30人以上	50人以上

> ! 乙種防火管理講習の修了者は、甲種防火管理講習の修了者とは異なり、選任可能な防火対象物の範囲に制限がありますので注意してください。

防火管理者の選任方法の例

① 管理権原が1の防火対象物

基準収容人員（（6）項ロ等で10人、特定防火対象物で30人、非特定防火対象物で50人）以上のものは、1人の防火管理者を選任します。

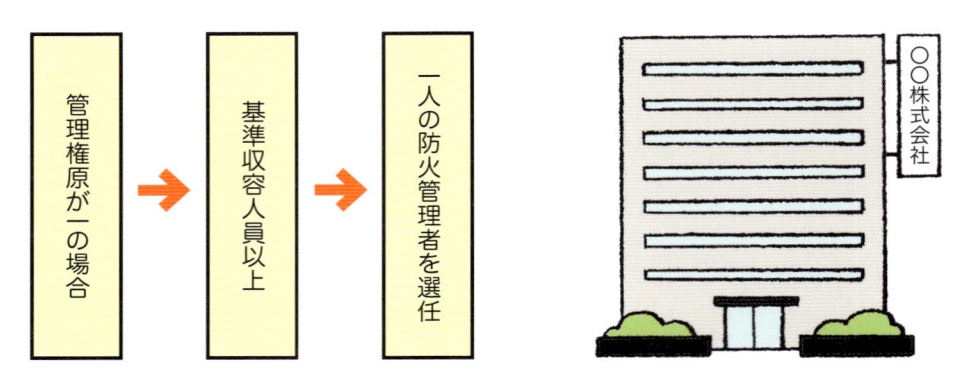

② 同一敷地内における2以上の防火対象物

同一敷地内に管理権原が同一の防火対象物が2以上あるときは、それらの防火対象物を一の防火対象物とみなして、収容人員を合算します。（施行令第2条）

基準収容人員以上であれば、防火管理者を1人選任します。

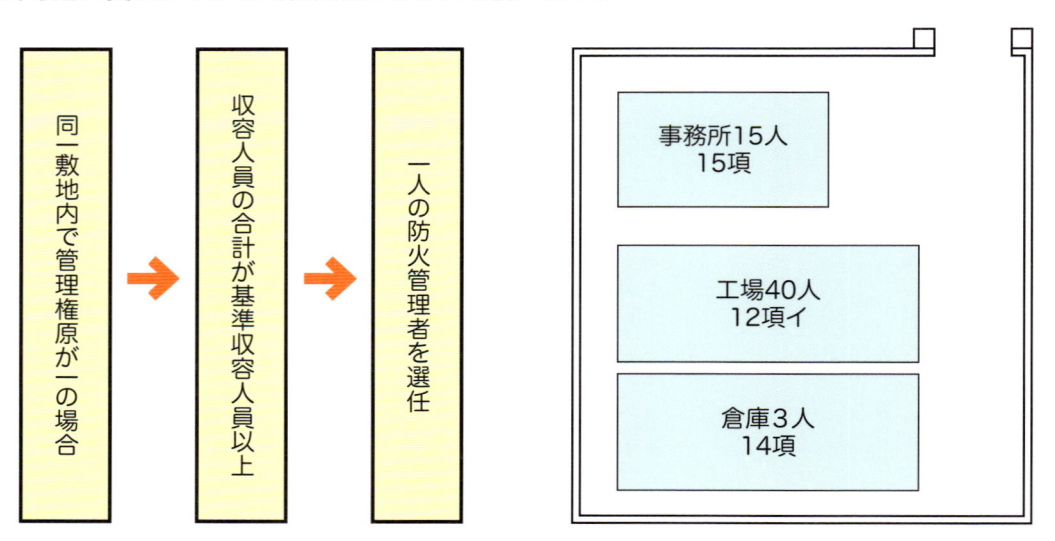

③ 管理権原が複数の場合

管理権原が複数ある防火対象物の場合、それぞれの管理権原者が所有、または占有等している部分の収容人員が基準収容人員未満であっても、当該防火対象物全体で合算した収容人員が、基準収容人員以上の場合は、管理権原ごとに防火管理者を選任しなければなりません。

※甲種防火対象物（防災管理制度が適用される甲種防火対象物を除く）のテナント等で、次のものは乙種防火管理講習の修了者を防火管理者として選任することができます。（施行規則第2条の2の2）

| 当該防火対象物を一の防火対象物とみなした場合に、 | ➡ | ❶ (6)項ロ等で収容人員が10人未満のもの
❷ 特定防火対象物（(6)項ロ等を除く）で収容人員が30人未満のもの
❸ 非特定防火対象物で収容人員が50人未満のもの |

16項イ

飲食店 20人 3項ロ 管理権原者A	➡	**甲種または乙種防火管理者の選任が必要**
物販店 40人 4項 管理権原者B	➡	**甲種防火管理者の選任が必要**
事務所 45人 15項 管理権原者C	➡	**甲種または乙種防火管理者の選任が必要**

延べ面積 400㎡

第5 管理権原者

　法第8条では、一定規模以上の防火対象物の管理について権原を有する者（以下、「管理権原者」という。）は、防火管理者を定め、防火管理上必要な業務を行わせなければならないとされています。

　管理権原者とは、一般的には防火対象物の所有者や経営者などが該当し、防火管理に関する最終的な責任を負う者です。当然ながら防火管理者を選任することによってその責任を免れるものではなく、防火管理に関する根源的な義務と責任を有します。

┤ 管理権原者が実施する主な業務と罰則 ├

① 防火管理者の選任

　資格を有する者を防火管理者として選任し、自己の持つ防火管理に関する権原を委譲します。管理権原者自身が資格を有している場合、自身を防火管理者に選任しても差し支えありません。むしろ職場の統制や実行性を考えるとそのほうが望ましい場合もあります。

【罰則】『防火管理者選任命令違反』
… 6月以下の拘禁刑または50万円以下の罰金（法第42条）
※ その他、法人にも罰則を適用する両罰規定も定められています。

② 防火管理者選任・解任の届出

　管理権原者は、防火管理者を定めたときは遅滞なくその旨を所轄消防長または消防署長に届け出なければなりません。解任したときも同様です。

【罰則】『届出を怠った者』…30万円以下の罰金または拘留（法第44条）

③ 防火管理業務の監督

　管理権原者は、防火管理者を選任したのち、防火管理業務が適正に行われるよう防火管理者を指揮監督する義務があります。また、防火管理者が消防計画を作成し、もしくは変更しようとするときまたは防火管理上必要な業務を行うときは、必要な指示を与えなければなりません。

【罰則】
法第8条第4項では、消防長または消防署長は、防火管理業務が法令の規定または消防計画に従って行われるように必要な措置を講ずべきことを命ずることができると規定されています。この命令に違反した場合、1年以下の拘禁刑または100万円以下の罰金および両罰規定があります。（法第41条、第45条）

第6 防火管理者

1 防火管理者に求められる地位

　防火管理者は、事業所において先頭に立って防火管理業務を進めていかなければならず、その実効性を考えると防火管理者は、組織においてリーダー的存在であることが求められます。施行令第3条では、防火管理者に求められる地位として、『防火管理上必要な業務を適切に遂行することができる管理的または監督的な地位にあるものとする』と規定されています。

2 防火管理者に必要な法的資格

　防火管理者は、その業務の専門性および重要性から、防火管理に関する知識および技能を有していることが必要となります。施行令第3条および施行規則第2条では、防火管理者に必要な法的資格について定めており、以下のいずれかに該当する者でなければ、防火管理者として選任することができません。

＜防火管理者として必要な法的資格を有する者＞

❶ 消防機関等が実施する防火管理講習を修了した者

❷ 学校教育法による大学または高等専門学校において総務大臣の指定する防災に関する学科または課程を修めて卒業した者で、1年以上防火管理の実務経験を有するもの

❸ 市町村の消防職員で、管理的または監督的な職に1年以上あった者

❹ 労働安全衛生法第11条第1項に規定する安全管理者として選任された者

❺ 消防法施行規則第4条の2の4第4項に規定する防火対象物の点検に関し必要な知識および技能を修得することができる講習の課程を修了し、免状の交付を受けている者

❻ 消防法第13条第1項の規定により危険物保安監督者として選任された者で、甲種危険物取扱者免状の交付を受けているもの

❼ 鉱山保安法第22条第3項に規定する保安管理者または保安統括者として選任された者

❽ 国もしくは都道府県の消防の事務に従事する職員で、1年以上管理的または監督的な職にあった者

❾ 警察官またはこれに準ずる警察職員で、3年以上管理的または監督的な職にあった者

❿ 建築主事または一級建築士の資格を有する者で、1年以上防火管理の実務経験を有するもの

⓫ 市町村の消防団員で、3年以上管理的または監督的な職にあった者

⓬ 前各号に掲げる者に準ずるものとして消防庁長官が定める者

3 防火管理者が実施する主な業務

　法第8条第1項では、管理権原者は防火管理者に消防計画を作成させ、それに基づいて実施しなければならない防火管理業務について次のように定めています。防火管理者は、他の従業員等とともにこれらの業務を実施し、防火管理体制の向上に努めましょう。

❶ 消防計画の作成
❷ 消火、通報および避難の訓練の実施
❸ 消防の用に供する設備、消防用水または消火活動上必要な施設の点検および整備
❹ 火気の使用または取扱いに関する監督
❺ 避難または防火上必要な構造および設備の維持管理
❻ 収容人員の管理
❼ その他防火管理上必要な業務

❶ 消防計画の作成

　消防計画は当該防火対象物における防火管理の基本方針であり、消防計画の良し悪しが、訓練の実施や発災時における適切な自衛消防活動に結びついていると言っても過言ではありません。ゆえに、消防計画は常に防火対象物の現状に合ったものでなければならず、現状との相違がある場合は速やかに変更し、管轄する消防機関に届け出なければなりません。

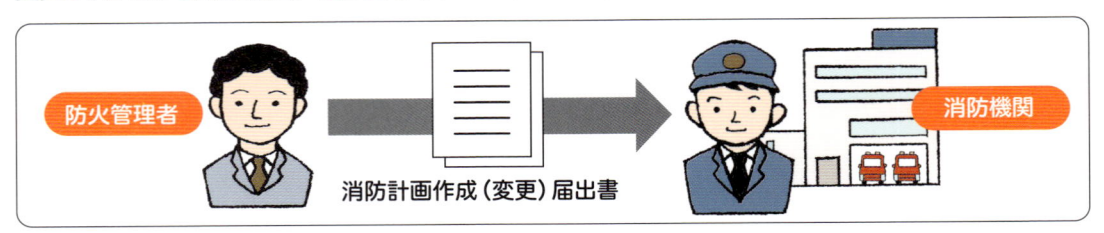

防火管理者　消防計画作成（変更）届出書　消防機関

❷ 消火、通報および避難の訓練の実施

　火災等の発災時に迅速かつ適切な行動をとるためには、日頃の訓練が必要であることは言うまでもありません。また、毎回形式的に実施するのではなく、訓練ごとに実効性のあるように実施しなければなりません。

　なお、特定防火対象物については、施行規則第3条により、消火訓練および避難訓練を年に2回以上実施しなければならないとされています。

❸ 消防の用に供する設備、消防用水または消火活動上必要な施設の点検および整備

　消防用設備等は、法第17条第1項に基づき、「消火、避難その他の消防の活動のために必要とされる性能を有するように、政令で定める技術上の基準に従って、設置し、および維持しなければならない」と

規定されています。

　また、消防用設備等または特殊消防用設備等の点検は、消防法第17条の3の3に基づく法定点検と日頃から防火管理者を中心として実施される自主点検があり、一定規模以上の防火対象物の法定点検は、消防設備士または消防設備点検資格者が点検しなければならないとされています。

　法定点検の結果は、定期的に消防長または消防署長に報告することが義務付けられています。（第5章参照）

❹ 火気の使用または取扱いに関する監督

　法令で定められた消防用設備等の設置および点検等を適切に実施しても、日常的に火気の使用や取扱いが適切になされていなければ、火災の発生を未然に防ぐことはできません。火気とは、火を使用する設備等だけでなく、喫煙などの火の気のあるものすべてを含みます。

　防火管理者は、事業所の状況を把握して、必要に応じて喫煙場所を指定したり、火気の取扱い責任者を定めるなど火気管理を適正に行わなければなりません。

❺ 避難または防火上　必要な構造　および設備の維持管理

　過去に発生した大規模な火災に、防火戸や防火シャッターの周辺に物品を放置し、これが閉鎖障害の原因となり火災が拡大した事例が多くあります。これらの設備等が適正に作動するように、防火管理者をはじめ従業員全員が、避難または防火上必要な構造および設備の維持管理に努めましょう。

> **❗ 雑居ビルでの火災事例**
>
> 　平成13年に発生した新宿区歌舞伎町の雑居ビル火災では、3階エレベーターホール付近から出火（放火の疑い）し、周辺の集積物に延焼、拡大していきました。さらに集積物が障害となり防火戸が閉鎖しなかったため、火煙は唯一の避難路である屋内階段を経由して上階へ拡大していきました。
>
> 　窓の少ない密室構造だったこともあり、上階の人々は逃げ場を失い、結果44名の方が亡くなるという大惨事となりました。
>
>

❻ 収容人員の管理

　建物の広さや避難施設等の実態を無視した過剰な人員を収容すれば、災害による直接的な被害に加え、混乱による死傷者が発生するなど大惨事になりかねません。

　特に劇場、映画館など多数の人を収容する施設では、定員に達したときは、入場制限を実施し、適正に収容人員の管理をしなければなりません。

第7 甲種防火管理再講習

　平成15年6月の消防法令の改正により、大規模な防火対象物の防火管理者に対して、消防法令の改正等の把握や防災設備の高度化、防火対象物の複雑多様化への順応等、防火管理者が防火管理業務を適切に行うために必要な最新の知識、技能を身につけるため、甲種防火管理再講習（以下、「再講習」という。）の受講が義務化されました。

　再講習の受講が義務となる防火管理者は、劇場、飲食店、店舗、ホテル、病院など不特定多数の人が出入りする建物（施行令別表第1（1）項から（4）項まで、（5）項イ、（6）項、（9）項イ、（16）項イおよび（16の2）項に掲げる防火対象物。）で、建物全体の収容人員が300人以上あり、甲種防火管理者の選任を必要とする事業所の 防火管理者に選任されている方です。

── 再講習受講対象となる防火管理者の例（管理権原が分かれている場合）──

○○ビル《消防法施行令別表第1（16）項イ、収容人員300人》	
管理権原者A 事務所（収容人員40人）	防火管理者a 乙種防火管理講習の課程修了者
管理権原者B 事務所（収容人員120人）	防火管理者b 一級建築士の資格を有する者で 1年以上防火管理の実務経験を有するもの
管理権原者C 物販店（収容人員120人）	防火管理者c 甲種防火管理新規講習の課程修了者
管理権原者D 飲食店（収容人員20人）	防火管理者d 甲種防火管理新規講習の課程修了者

防火管理者a	防火管理者b	防火管理者c	防火管理者d
義務無し 施行規則第2条の2の2に該当	**義務無し** 施行令第3条第1項第1号ニに該当	**義務有り** 施行規則第2条の3に該当	**義務無し** 施行規則第2条の2の2に該当

CHECK!

① 甲種防火管理新規講習（再講習を含む）の修了日から防火管理者に選任された日までの期間が4年より長い場合は、防火管理者に選任された日から1年以内に再講習の受講が必要です。

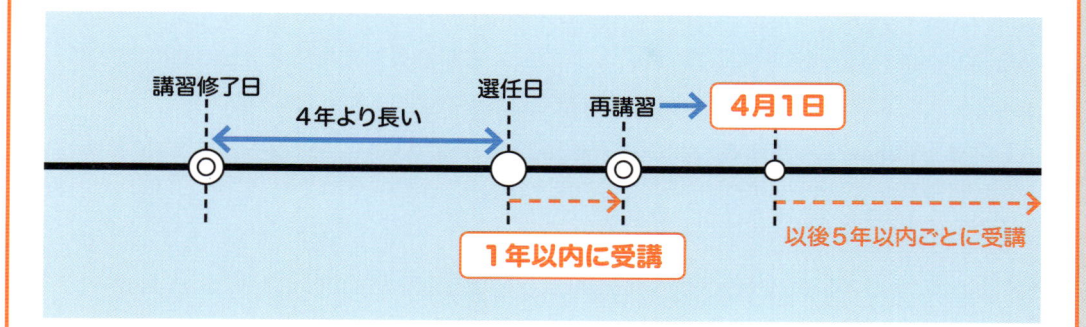

② 甲種防火管理新規講習（再講習を含む）の修了日から防火管理者に選任された日までの期間が4年以内の場合は、講習修了日以後における最初の4月1日から5年以内に再講習の受講が必要です。

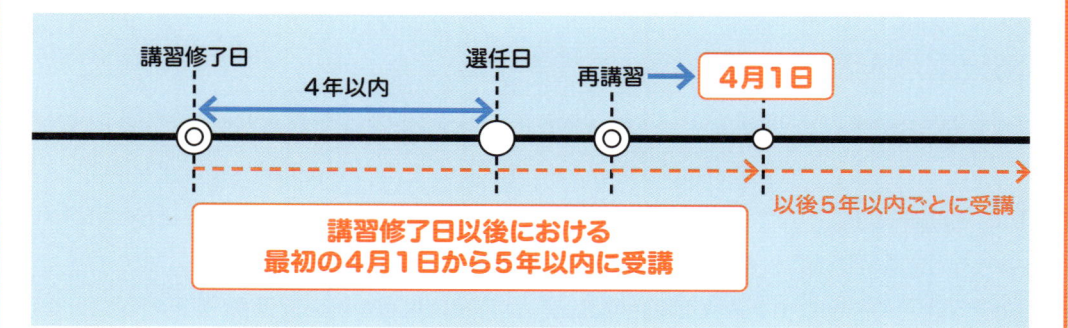

　また、その後は再講習修了日以後における最初の4月1日から5年以内ごとに再講習の受講が必要です。

甲種防火管理再講習について定める件（平成16年4月27日　消防庁告示第2号）

1 消防法施行令第4条の2の2第1号の防火対象物の防火管理者（消防法施行規則（以下、「規則」という。）第2条の2の防火対象物の部分に係る防火管理者を除く。以下、「防火管理者」という。）に定められた日の4年前までに講習（規則第2条の3第1項に規定する甲種防火管理新規講習又は再講習をいう。以下同じ。）の課程を修了した防火管理者にあっては防火管理者に定められた日から1年以内に、それ以外の防火管理者にあっては最後に講習の課程を修了した日以後における最初の4月1日から5年以内に再講習の課程（次号において「直近の再講習の課程」という。）を修了しなければならない。

2 前号の防火管理者は、直近の再講習の課程を修了した日以後における最初の4月1日から5年以内に再講習の課程を修了しなければならない。当該再講習の課程を修了した日以降においても同様とする。

第8　防火管理の委託

1　防火管理業務の一部委託

　防火管理の原則として、「自分のところは自分で守る」とされていますが、近年、建築物の大規模化、複雑化または事業経営の多角化、合理化の面から、専門的な業務分野を外部へ委託する傾向にあります。防火管理の分野についても同様に、管理権原者が防火管理業務の一部を警備会社やビルメンテナンス会社などに委託する場合があります。

　防火管理業務の一部が委託された場合であっても、管理権原者や防火管理者、受託者が防火管理業務について密接に連携し、一体的な処理がなされなければならず、防火管理が適正に行われるためには委託する業務範囲、委託者、受託者の権限および責務、防火管理組織内での受託者の位置づけなどを委託契約時に明確にし、消防計画に明記する必要があります。

　また、防火管理業務の一部が委託された場合においても管理権原者および防火管理者は法令に基づく責任を免れるものではありません。

【消防計画に定める事項（施行規則第3条第2項）**】**

① 受託者の氏名（法人にあっては法人の名称）

② 受託者の住所（法人にあっては主たる事業所の所在地）

③ 受託者の行う防火管理上必要な業務の範囲および方法

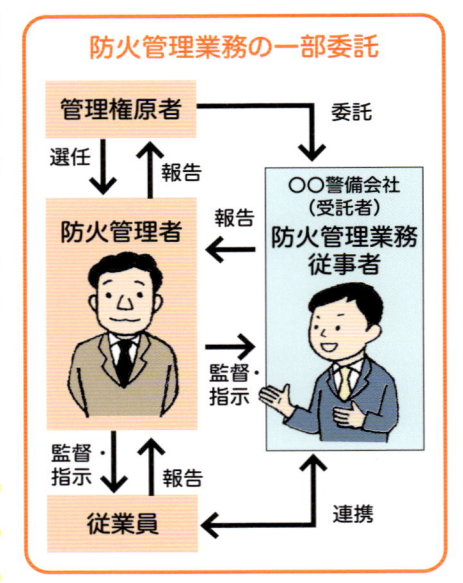

防火管理業務の一部委託

管理権原者 → 委託
選任 ↑ 報告
防火管理者 ← 報告
○○警備会社（受託者）防火管理業務従事者
監督・指示 ↓ ↑ 報告
従業員 ← 連携
監督・指示

2 防火管理者の外部委託

施行令第3条第1項では、「防火管理者は、当該防火対象物において防火管理上必要な業務を適切に遂行することができる管理的または監督的な地位にあるものとする」とされていますが、同条第2項により、共同住宅等で、管理的または監督的な地位にある者のいずれもが遠隔の地に勤務していること等、防火管理上必要な業務を適切に遂行することができないと消防長または消防署長が認めるものについては防火管理者を外部の者に委託することができるとされています。

防火管理者の委託ができる防火対象物（施行規則第2条の2）

防火管理者を委託できる防火対象物は、次に掲げるもので管理または監督的な地位にあるいずれもが遠隔の地に勤務しているなどの事由により防火管理上必要な業務を遂行することができないと、消防長または消防署長が認めるものです。

① 共同住宅
② 複数の防火対象物の管理について権原を有する者が同一の者である場合における当該防火対象物
③ その管理について権原が分かれている防火対象物で、次に掲げる部分を有するもの
   ア （6）項ロ等に該当する施設で収容人員が10人未満のもの
   イ 飲食店、物販店などの用途（特定用途）で収容人員が30人未満のもの
   ウ 作業所、事務所などの用途（非特定用途）で収容人員が50人未満のもの
④ 特定資産または不動産特定共同事業契約に係る不動産に該当する防火対象物

※ **管理的または監督的な地位にあるいずれの者も防火管理上必要な業務を遂行することが困難とされる事由例**

ア 原則として管轄する消防本部の地域内に勤務または居住していないもの

イ 従業員が少ないことから防火管理者を選任することが困難なもの

ウ 所有者または占有者が外国人であることまたは病気や高齢など身体的事由により実態として防火管理業務が行われていないもの

エ 所有者、占有者または管理組合の代表者が頻繁に代わるもの

オ 不動産証券化された防火対象物の管理権原者およびその従業員の中から防火管理者を選任することが困難なもの

カ 共同住宅のうち、その管理について管理会社に委託することが適切であると判断されるもの

委託するための要件（施行令第３条第２項、施行規則第２条の２）

　23ページの防火対象物において防火管理者を外部に委託するためには、委託を受ける防火管理者が、当該防火対象物の知識および実施すべき防火管理業務の内容について把握しておかなければならず、次に掲げる要件を満たさなくてはなりません。

① 防火管理上必要な業務を適切に遂行するために必要な次の権限が付与されていること

- ア　消防計画の作成および変更に関する権限
- イ　消火、通報および避難の訓練の実施に関する権限
- ウ　消防用設備等または特殊消防用設備等の点検および整備に関する権限
- エ　火気使用設備等の使用制限等に関する権限
- オ　避難施設等に置かれた物件を除去する権限
- カ　劇場等の適正な収容人員の管理に関する権限
- キ　火元責任者その他の防火管理業務従事者に対する指示および監督に関する権限
- ク　その他防火管理者の責務を遂行するために必要な権限

② 管理権原者から次の防火管理上必要な業務内容を明らかにした文書を交付されており、かつ、当該内容について十分知識を有していること

- ア　消防計画の作成および変更に関すること
- イ　消防訓練の実施に関すること
- ウ　消防用設備等または特殊消防用設備等の点検および整備の監督に関すること
- エ　火気の使用または取扱いの監督に関すること
- オ　避難施設の管理に関すること
- カ　収容人員の適正な管理に関すること
- キ　火元責任者その他の防火管理業務従事者に対する指示および監督に関すること
- ク　その他防火管理者として行うべき業務に関すること

③ 管理権原者から、次の防火管理上必要な事項について説明を受けており、かつ、十分な知識を有していること

- ア　防火対象物の位置、構造および設備等の状況
- イ　防火管理体制および自衛消防組織の編成
- ウ　従業員等に対する防火上必要な教育の実施状況
- エ　消火、通報および避難の訓練の実施状況
- オ　その他防火管理上必要な事項

第2章 統括防火管理制度

第1 統括防火管理者

　1つの防火対象物に複数の事業所やテナントがあり、管理権原者が複数存在している場合には、それぞれの事業所がどれだけ防火管理に取り組んでいても、建物全体で連携・協力しあう体制が整っていなければ、万一火災が発生した場合に混乱を招いてしまう恐れがあります。そのため、一定規模以上の建物において管理権原者が複数いる場合には、建物全体の一体的な防火管理体制の確立を図り、防火管理の役割分担を明確にするために、各管理権原者が協議をして、建物全体の防火管理業務を行う「統括防火管理者」を選任することが義務付けられています。

　管理権原者は、統括防火管理者を選任したときは、遅滞なくその旨を所轄消防長または消防署長に届け出なければなりません。解任したときも同様です。

　選任された統括防火管理者は、防火対象物の全体についての消防計画の作成、消火、通報および避難の訓練の実施、廊下、階段、避難口その他の避難上必要な施設の管理、その他防火対象物の全体についての防火管理上必要な業務を行います。

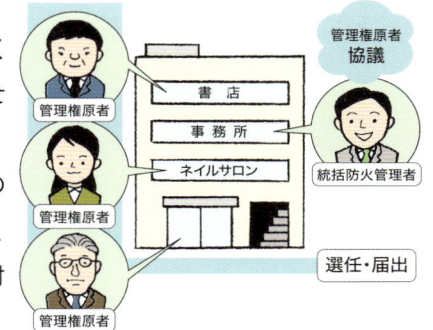

第2 統括防火管理者を選任しなければならない防火対象物

　統括防火管理者を選任しなければならない防火対象物は、次のいずれかに該当する防火対象物で<u>管理権原が分かれているもの</u>です。

法第8条の2第1項・施行令第3条の3

❶ 高層建築物（高さ31mを超えるもの）　❷ 地下街（消防長もしくは消防署長が指定するもの）

31mを超える

❸ 施行令別表第1（16の3）項に掲げる防火対象物

　建築物の地階（（16の2）項に掲げるものの各階を除く。）で連続して地下道に面して設けられたものと当該地下道とを合わせたもの（（1）項から（4）項まで、（5）項イ、（6）項または（9）項イに掲げる防火対象物の用途に供される部分が存するものに限る。）

❹ 施行令別表第1（6）項ロおよび
　（16）項イに掲げる防火対象物のうち、
　地階を除く階数が3以上で、かつ、
　収容人員が10人以上のもの

　※（16）項イに掲げる防火対象物にあっては、（6）項ロに掲げる防火対象物の用途に供される部分が存するものに限る。

❺ 施行令別表第1（1）項から（4）項まで、（5）項イ、（6）項イ、ハおよびニ、（9）項イならびに
　（16）項イに掲げる防火対象物のうち、地階を除く階数が3以上で、かつ、収容人員が30人
　以上のもの

※（16）項イに掲げる防火対象物にあっては、（6）項ロに掲げる防火対象物の用途に供される部分が存するものを除く。

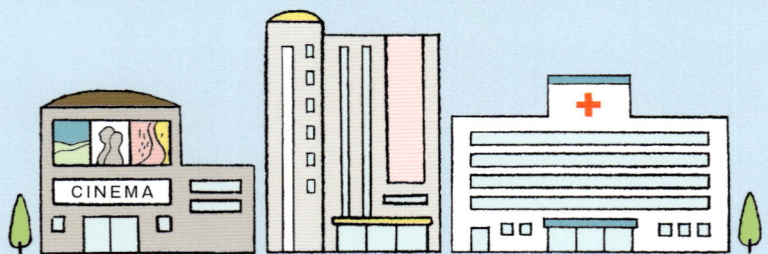

❻ 施行令別表第1（16）項ロに掲げる防火対象物のうち、地階を除く階数が5以上で、かつ、収
　容人員が50人以上のもの

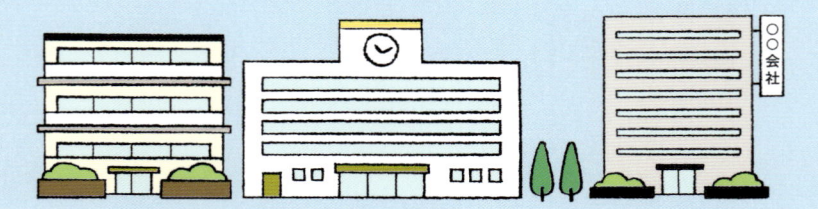

第3 統括防火管理者の資格

1 統括防火管理者に必要な法的資格

　統括防火管理者に選任されるために必要な資格は、防火対象物の用途、大きさ、収容人員等により、次の表のとおり区分されます。

┤ 甲種防火管理者の資格が必要な防火対象物 ├

用 途 等		階数(地階を除く。)	収容人員
①高層建築物（高さ31mを超えるもの）（⑦を除く。）		―	―
②施行令別表第1(6)項ロ、(6)項ロの用途が存する(16)項イ	（⑧⑨⑩を除く。）	3階以上	10人以上
③特定防火対象物（②⑥⑪を除く。）		3階以上	30人以上
④施行令別表第1(16)項ロ		5階以上	50人以上
⑤施行令別表第1(16の3)項		―	―
⑥地下街（⑪を除く。）		―	―

┤ 甲種または乙種防火管理者の資格が必要な防火対象物 ├

用 途 等		建物全体の延べ面積	階数(地階を除く。)	収容人員
⑦高層建築物(高さ31mを超えるもの)	特定防火対象物（②⑥⑪を除く。）	300㎡未満	―	―
	非特定防火対象物	500㎡未満	―	―
⑧特定防火対象物（②⑥⑪を除く。）		300㎡未満	3階以上	30人以上
⑨施行令別表第1(16)項ロ		500㎡未満	5階以上	50人以上
⑩施行令別表第1(16の3)項((6)項ロの用途が存するものを除く。)		300㎡未満	―	―
⑪地下街((6)項ロの用途が存するものを除く。)		300㎡未満	―	―

2 統括防火管理者の資格を有する者であるための要件

　統括防火管理者は、防火対象物の全体についての防火管理上必要な業務を適切に遂行するために必要な権限および知識を有するものとして、次に定める要件を満たさなければなりません。

① 管理権原者から、それぞれが有する権限のうち、防火対象物の全体についての防火管理上必要な業務を適切に遂行するために必要な権限が付与されていること。

② 管理権原者から、防火対象物の全体についての防火管理上必要な業務の内容について説明を受けており、かつ、内容について十分な知識を有していること。

③ 管理権原者から、防火対象物の位置、構造および設備の状況その他防火対象物の全体についての防火管理上必要な事項について説明を受けており、かつ、その事項について十分な知識を有していること。

第4 統括防火管理者が実施する業務等

1 統括防火管理者が実施する主な業務

　法第8条の2第1項では、管理権原者は統括防火管理者に防火対象物の全体についての消防計画を作成させ、それに基づいて実施しなければならない防火対象物の全体についての防火管理業務について定めています。

　統括防火管理者は、必要に応じて管理権原者からの指示を求め、各テナント等の防火管理者と連携、協力しながら次の業務を実施します。

❶ 全体についての消防計画の作成と届出

　施行規則第4条に定める事項について、防火対象物の全体についての消防計画を作成し、管轄する消防長または消防署長に届け出なければなりません。

❷ 消火、通報および避難の訓練の実施

　全体についての消防計画に基づき、定期的に防火対象物全体で消火、通報および避難の訓練を実施しなければなりません。

❸ 廊下、階段、避難口その他の避難上必要な施設の管理

　廊下、階段、避難口等に物品等が置かれていると、火災が発生した場合に避難障害または防火戸や防火シャッターの閉鎖障害となってしまいます。そのため、これらの障害とならないように、廊下、階段、避難口等の避難施設について日頃から維持管理を行います。

❹ その他防火対象物の全体についての防火管理上必要な業務

2 統括防火管理者の指示権

　統括防火管理者は、各防火管理者による防火管理業務が適正に行われていないために、自ら課せられている防火対象物の全体についての防火管理業務を遂行できないと認める場合には、その権限の範囲において各防火管理者に対して必要な措置を講ずることを指示することができます。

　統括防火管理者の各防火管理者に対する指示権については、統括防火管理者が行う防火管理業務の実効性を確保するために、ひいては防火対象物における自立的な防火管理体制を構築するために必要で、その指示内容については、主に次のとおりです。

① 防火対象物の廊下等に、避難の支障となる物件を置いてある状態を是正しようとしない防火管理者に対し、当該物件を撤去すること。

② 防火対象物の全体についての消防計画に従って実施される訓練に参加しない防火管理者に対して、訓練の参加を促すこと。

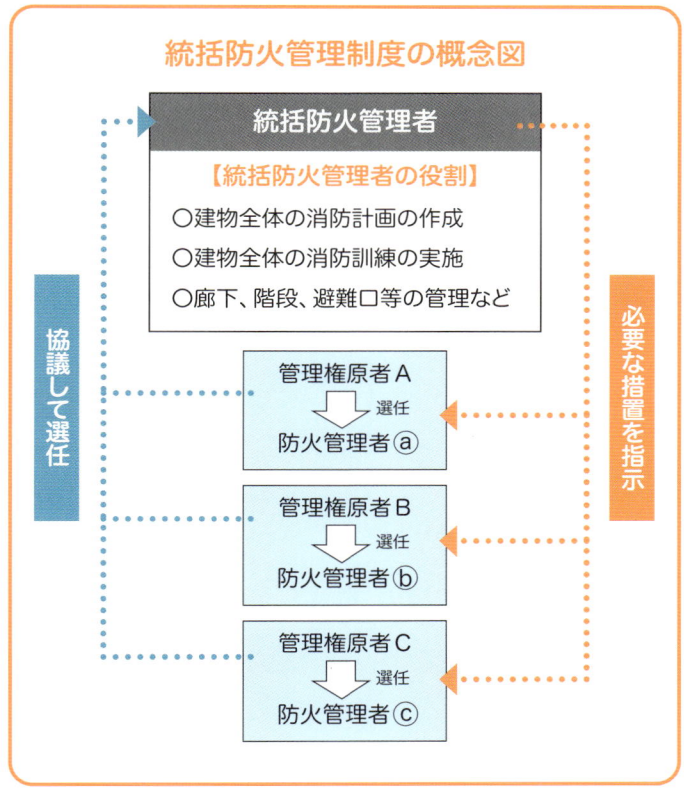

統括防火管理制度の概念図

統括防火管理者

【統括防火管理者の役割】
○建物全体の消防計画の作成
○建物全体の消防訓練の実施
○廊下、階段、避難口等の管理など

協議して選任

必要な措置を指示

管理権原者 A
↓ 選任
防火管理者 ⓐ

管理権原者 B
↓ 選任
防火管理者 ⓑ

管理権原者 C
↓ 選任
防火管理者 ⓒ

第3章 消防計画

第1 消防計画の意義

　消防計画は、事業所における防火管理の基本となります。つまり火災等の災害を起こさないためにはどうすればよいか、また、万が一災害が発生した場合、それを最小限に止めるためには、誰がどのような行動をとらなければならないかを事前に決めておくものです。

　消防計画で定めた事項は、事業所の一部の者が行えばよいのではなく、全従業員が一致協力してこそ、実効的な防火管理体制となります。したがって消防計画の作成は、形式にとらわれず具体的に誰にでも理解できるように定めておくことが必要とされます。従業員はもちろん、その事業所に出入りする者にも遵守させなければなりません。

消防計画作成（変更）届出書記載例

別記様式第1号の2　（第3条、第51条の8関係）

消防計画作成（変更）届出書

(1)　○○年○○月○○日

(2)新潟市○○消防署長　殿

(3)　☑防火　管理者
　　　□防災

(4)　住　所　新潟市西区○○町○丁目○番○号

　　　氏　名　株式会社○○　総務部長　消防　太郎

別添のとおり、☑防火/□防災　管理に係る消防計画を作成（変更）したので届け出ます。

管理権原者の氏名 （法人の場合は、名称及び代表者氏名）	(5) 株式会社○○　代表取締役　新潟　消太		
防火対象物　又は　の所在地 建築物その他の工作物	(6) 新潟市中央区礎木○○番地		
防火対象物　又は　の名称 建築物その他の工作物 （変更の場合は、変更後の名称）	(7) ○○ビル		
複数権原の場合に管理権原 に属する部分の名称 （変更の場合は、変更後の名称）	(8) ○○ビル　2階　株式会社○○		
防火対象物　又は　の用途※1 建築物その他の工作物 （変更の場合は、変更後の用途）	(9)　事務所	令別表第1※1	(10) (15) 項
その他必要な事項 （変更の場合は、主要な変更事項）	(11)防火管理者の変更		
受　付　欄※2	経　過　欄※2		

備考　1　この用紙の大きさは、日本産業規格A4とすること。
　　　2　□印のある欄については、該当の□印にレを付けること。
　　　3　※1欄は、複数権原の場合にあっては管理権原に属する部分の情報を記入すること。
　　　4　※2欄は、記入しないこと。

第2 消防計画の届出

　消防計画は管理権原者の指示のもと、防火管理者が作成します。防火管理者は、消防計画を作成（変更）した場合は、事業所が所在する地域を管轄する消防長または消防署長に届け出なければなりません。

　届出は、当該防火対象物の使用開始時までに「消防計画作成（変更）届出書」（施行規則別記様式第1号の2）に作成した消防計画を添付し、必要に応じて、次に掲げる資料を添えて届出します。

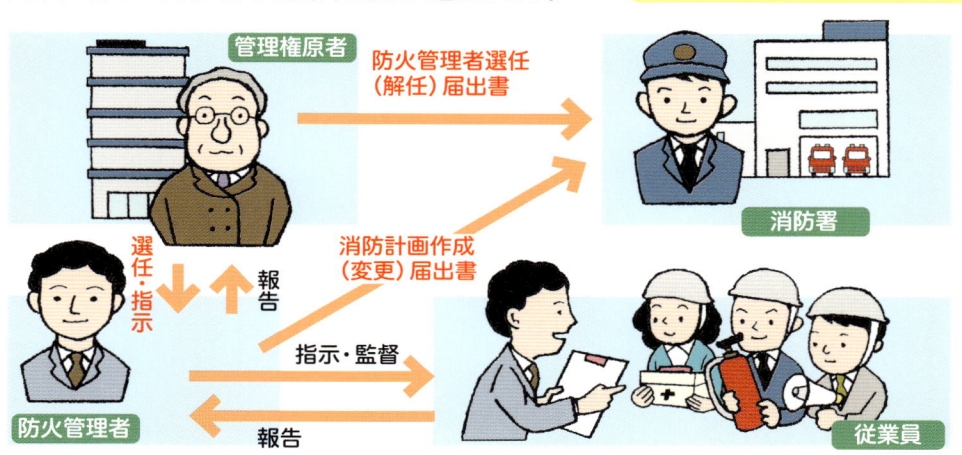

第3 消防計画の変更

　消防計画は、事業所の防火管理の基本となるものですから、常に現状に適合したものにしておく必要があります。そのためには、事業所の組織や設備等の変更に伴って消防計画も見直し、修正を加え変更しなければなりません。

　なお、消防計画を変更（作成）した場合には、消防長または消防署長への届出が義務づけられています。

CHECK!

消防計画変更の届出を要する事項

(1) 防火管理者が変更した場合
(2) 自衛消防の組織の編成等について変更した場合
(3) 防火対象物の用途変更、増築、改築および模様替え等による消防用設備等の設置、点検および整備に関する事項の変更、避難施設の維持管理に関する事項の変更ならびに防火上の構造維持管理に関する事項等を変更した場合
(4) 消火活動、通報連絡および避難誘導に関する事項を変更した場合
(5) 防火管理業務の一部を、防火対象物の関係者以外の者に委託した場合
(6) 南海トラフ地震臨時情報（巨大地震警戒）＊が発せられた場合における対応策（地震防災規程）を定めた、または
　は、変更した場合

※気象庁が発表する「南海トラフ地震臨時情報」に丸かっこ書きで付されるキーワードのうち、想定震源域内のプレート境界において、モーメントマグニチュード 8.0 以上の地震が発生したと評価した場合（詳しくは137～139ページを参照。）。以下「巨大地震警戒」という。

第4 消防計画の内容

　消防計画は、単に形式にとらわれず、具体的な内容で、誰でも理解でき、火災等の各種災害が発生した場合に、消防計画に基づいた行動がとれるようにしなければならず、防火対象物の用途、構造、規模、設備等に応じ、実態に即した内容とすることが重要です。

　消防計画に定めるべき主な事項は、施行規則第3条第1項に定められていますが、その内容を分類し、整理すると以下のようになります。

消防計画に定めるべき主な事項

	内　　容
1 総則	(1) 消防計画の目的および運用に関すること。 (2) 防火管理者の業務および権限に関すること。 (3) 防火管理委員会等の設置および運営に関すること。
2 予防管理	(1) 予防管理組織の編成および任務分担に関すること。 (2) 自主点検、自主検査の方法および実施時期に関すること。 (3) 自主点検、自主検査の結果等に基づく改善、整備に関すること。 (4) 火災予防上遵守すべき事項に関すること。 (5) 工事に係る安全対策に関すること。 (6) ガス漏えい事故防止対策に関すること。 (7) 放火防止措置に関すること。 (8) 災害予防措置に関すること。 (9) その他予防管理対策上必要な事項
3 自衛消防の組織	(1) 自衛消防の組織および装備に関すること。 (2) 自衛消防活動の方法および要領等に関すること。 (3) 夜間、休日等の保安体制に関すること。 (4) ガス漏えい時および地震時における自衛消防隊の活動に関すること。 (5) その他自衛消防活動上必要な事項
4 震災対策	(1) 事業所の地震に対する事前対策に関すること。 (2) 事業所の地震発生時の応急対策に関すること。 (3) その他震災対策上必要な事項
5 巨大地震警戒発令時における応急対策	(1) 巨大地震警戒が発せられた場合における自衛消防組織に関すること。 (2) 南海トラフ地震臨時情報発表時から巨大地震警戒が発令されるまでの間における対応措置 (3) 関係者および顧客等に対する巨大地震警戒その他必要な情報伝達に関すること。 (4) 顧客、従業員その他施設の利用者の安全確保に関すること。 (5) 施設、設備の点検および整備その他地震による被害の発生の防止または軽減を図るための応急対策に関すること。 (6) 大規模な地震に係る防災訓練の実施に関すること。 (7) 大規模な地震による被害の発生の防止または軽減を図るために必要な教育および広報に関すること。 (8) その他大規模な地震に係る応急対策上必要な事項
6 教育・訓練	(1) 従業員等に対する防災教育の実施方法および実施時期に関すること。 (2) 自衛消防訓練の実施方法および実施時期に関すること。 (3) その他防災教育および訓練に関する必要な事項

新築工事中の建築物および建造中の旅客船の場合

　新築工事中の建築物および建造中の旅客船であって、防火管理者を定めなければならない対象物では、施行規則第3条第1項第2号により同項第1号に規定されている事項のほか、火の使用または取扱いの監督に関することや工事中に使用する危険物の管理に関することなどを消防計画に定めなければなりません。

消防法施行規則

第三条　防火管理者は、令第三条第二第一項の規定により、防火対象物の位置、構造及び設備の状況並びにその使用状況に応じ、次の各号に掲げる区分に従い、おおむね次の各号に掲げる事項について、当該防火対象物の管理について権原を有する者の指示を受けて防火管理に係る消防計画を作成し、別記様式第一号の二の届出書によりその旨を所轄消防長（消防本部を置かない市町村においては、市町村長。以下同じ。）又は消防署長に届け出なければならない。防火管理に係る消防計画を変更するときも、同様とする。

一　令第一条の二第三項第一号に掲げる防火対象物及び同項第二号に掲げる防火対象物（仮使用認定を受けたもの又はその部分に限る。）

イ　自衛消防の組織に関すること。
ロ　防火対象物についての火災予防上の自主検査に関すること。
ハ　消防用設備等又は法第十七条第三項に規定する特殊消防用設備等（以下「特殊消防用設備等」という。）の点検及び整備に関すること。
ニ　避難通路、避難口、安全区画、防煙区画その他の避難施設の維持管理及びその案内に関すること。
ホ　防火壁、内装その他の防火上の構造の維持管理に関すること。
ヘ　定員の遵守その他収容人員の適正化に関すること。
ト　防火管理上必要な教育に関すること。
チ　消火、通報及び避難の訓練その他防火管理上必要な訓練の定期的な実施に関すること。
リ　火災、地震その他の災害が発生した場合における消火活動、通報連絡及び避難誘導に関すること。
ヌ　防火管理についての消防機関との連絡に関すること。
ル　増築、改築、移転、修繕又は模様替えの工事中の防火管理者又はその補助者の立会いその他火気の使用又は取扱いの監督に関すること。
ヲ　イからルまでに掲げるもののほか、防火管理に関し必要な事項

二　令第一条の二第三項第二号に掲げる防火対象物（仮使用認定を受けた防火対象物及び同項第三号に掲げる防火対象物

イ　消火器等の点検及び整備に関すること。
ロ　避難経路の維持管理及びその案内に関すること。
ハ　火気の使用又は取扱いの監督に関すること。
ニ　工事中に使用する危険物等の管理に関すること。
ホ　前号イ及びトからヌまでに掲げる事項
ヘ　イからホまでに掲げるもののほか、防火対象物における防火管理に関し必要な事項

複数の管理権原者で構成される防火対象物の場合

　その管理について権原が分かれている対象物にあっては、その権原の範囲を定めなければなりません。特に共用部分（階段、廊下等）の防火管理について、責任を有する管理権原者の区分が明確にされていないことがあるため、使用形態、管理形態等を総合的に考慮してそれぞれの消防計画の中に、管理区分を明確にしておかなければなりません。

防火管理上必要な業務の一部を委託している場合の注意事項

　委託される防火管理業務とは、おおむね次の事項です。

① 火気の使用または取り扱いに関する事項
② 避難または防火上必要な構造および設備の維持管理
③ 火災等の災害が発生した場合における消火活動、通報連絡および避難誘導等
④ 火災等の異常の監視業務
⑤ 防火対象物周囲の可燃物の管理
⑥ 震災予防措置および震災時の活動体制

消防法施行規則

第三条　3　その管理について権原が分かれている防火対象物にあっては、第一項の消防計画に、当該防火対象物の当該権原の範囲を定めなければならない。

33ページに①〜⑥で記載した事項について、部外者である警備会社またはビルメンテナンス会社等へ委託している防火対象物においては、受託者の氏名および住所ならびに当該受託者の行う業務の範囲、方法等について消防計画に明示しなければなりません。

ただし③および⑥にあっては、常駐体制が取られていない場合には機能しない恐れがありますので、注意が必要です。

なお、このような防火管理業務委託の消防計画作成にあっては、委託方式別（常駐方式、巡回方式、遠隔移報方式）に委託状況票に必要事項を記入して行います。

> ## 消防法施行規則
>
> 第三条
>
> 2　防火対象物の関係者（所有者、管理者又は占有者をいう。以下同じ。）及び関係者に雇用されている者（当該防火対象物で勤務している者に限る。第四条第一項第二号、第二十八条の三第四項第一項第二号、第二十九条第二号において同じ。）以外の者に委託されている防火対象物にあっては、当該防火対象物の防火管理者は、前項の消防計画に、当該防火管理上必要な業務（法第十七条の三の三の規定による消防用設備等又は特殊消防用設備等についての点検を除く。以下この項において同じ。）の受託者の氏名及び住所（法人にあっては、名称及び主たる事務所の所在地。第四条第一項第二号において同じ。）並びに当該受託者の行う防火管理上必要な業務の範囲及び方法を定めなければならない。

第5　用途別の重点事項

消防計画の内容は、防火対象物の用途ごとの出火原因、延焼要因、人命損傷要因における特異性等も加味して作成しなければなりません。

主な用途別の重点事項としては、おおむね次の事項があります。

用　途	計画作成上の重点事項
劇場 映画館 集会場 観覧場 等	1　喫煙禁止場所・喫煙所の指定、喫煙管理 2　発災時における避難誘導の方法 3　収容人員の適正な管理 4　避難通路、非常口の適正な管理 5　館内施設の自主点検、検査 6　終演時の火気設備・器具の安全確認および吸がら処理等の火気管理体制 7　震災予防措置、震災時の活動体制および警戒宣言発令時の対策 8　従業員等の防災教育、訓練
バー キャバレー 料理飲食店 等	1　避難誘導を主とした自衛消防の組織編成 2　終業時の喫煙等や火気の安全確認（客、従業員の吸がら処理等） 3　非常口等の適正な管理 4　他の事業所との防火管理上の協力体制 5　厨房火気設備（天がい、ダクト等）の火気管理 6　従業員等の防災教育、訓練 7　震災予防措置、震災時の活動体制および警戒宣言発令時の対策

用　途	計画作成上の重点事項
百貨店 スーパー マーケット 等	1　収容人員の適正管理 2　バックヤード等、商品置場の管理 3　避難誘導を主とした自衛消防の組織編成 4　売場内での火気管理 5　売場内の主要通路、補助通路の確保 6　階、区域ごとの従業員の任務の明確化 7　発災時の非常放送等情報伝達、案内方法 8　改装、模様替え等、工事中における火災予防措置 9　従業員等の防災教育、訓練 10　放火防止対策 11　震災予防措置、震災時の活動体制および警戒宣言発令時の対策
旅館 ホテル等	1　避難誘導の方法 2　客室の喫煙管理 3　夜間の活動体制 4　夜間 (想定を含む) における消防訓練の実施 5　従業員等の防災教育、訓練 6　震災予防措置、震災時の活動体制および警戒宣言発令時の対策
アパート マンション 等	1　階段・廊下・ベランダの管理 2　放火防止対策 3　消防訓練参加の呼びかけ 4　居住者への周知徹底 5　震災予防措置、震災時の活動体制および警戒宣言発令時の対策
病院 診療所 老人福祉施設 救護施設 障害者支援施設 等	1　入院患者等在館 (園) 者の救出区分 (担送、護送、独歩) の明確化と周知徹底 2　夜間、休日の活動体制 3　夜間 (想定を含む) における消防訓練の実施 4　避難誘導、救出救護、搬送体制 5　火気予防管理体制 6　喫煙管理、火気使用器具等の管理の徹底 7　震災予防措置、震災時の活動体制および警戒宣言発令時の対策 8　従業員等の防災教育、訓練
幼稚園 保育所 特別支援学校 等	1　避難誘導および救出体制 2　少数職員等による自衛消防の組織の効率的運用 3　歩行困難者に対する補助者の指定 4　保護者への引き渡し対策 5　園児等への防災教育、避難訓練 6　業務時間外で他の目的に使用する場合の防火対策 7　震災予防措置、震災時の活動体制および警戒宣言発令時の対策
工場 作業場 等	1　火気管理 2　危険物等の安全対策 3　従業員等の防災教育、訓練 4　震災予防措置、震災時の活動体制および警戒宣言発令時の対策 5　従業員の任務分担の明確化 6　隣接事業所等との応援体制
事務所等	1　火気管理 2　従業員等の防災教育、訓練 3　震災予防措置、震災時の活動体制および警戒宣言発令時の対策 4　放火防止対策

※震災予防措置にあっては、南海トラフ地震臨時情報発表時から巨大地震警戒発令にかかる対策、措置も含まれます。

第6　消防計画の構成

　消防計画は、火災、地震等の予防対策と災害が発生した場合の被害の軽減策を取り決めることおよび訓練の実施等について定めます（地震対策については、第11章を参照してください。）。

　なお消防計画の規模別の構成は次のとおりです。

大規模対象物の場合

第1章　総則

第1節　計画の目的、適用範囲

第2節　防火管理者の業務および権限

第3節　防火管理委員会の設置等

第2章　予防管理対策

第1節　予防管理組織（火災予防のための組織、自主点検、検査を実施するための組織）

第2節　火災予防措置（火気の取り扱い、制限等）

第3節　放火防止対策

第4節　建築物の自主検査

第5節　消防用設備の点検

第3章　自衛消防活動

第1節　自衛消防の組織の編成（通報連絡、消火、避難誘導、安全防護、救出救護等）

第2節　夜間等の自衛消防活動（夜間、休日の活動等）

第4章　震災対策

第1節　震災予防対策（備蓄品、救助資機材等の準備等）

第2節　地震時の活動（情報収集、出火防止その他安全措置および活動）

第5章　巨大地震警戒発令時の応急対策

第1節　巨大地震警戒発令時の組織等

第2節　南海トラフ地震臨時情報発表時から巨大地震警戒が発令されるまでの間における対応措置

第3節　巨大地震警戒発令から発生（または解除）までの間における対策

第6章　防災教育、訓練

第1節　教育

第2節　訓練

中規模対象物の場合

第1 総則

1 計画の目的
2 防火管理者の業務および権限

第2 予防管理対策

1 予防管理組織
2 火災予防措置
3 放火防止
4 建築物の自主検査
5 消防用設備等の点検

第3 自衛消防活動対策

1 自衛消防の組織
2 自衛消防活動

第4 地震対策

1 震災予防対策
2 巨大地震警戒発令時の応急対策
3 地震時の活動

第5 教育・訓練

消防計画の作成
・具体的に
・簡潔に
・理解しやすく
・環境に応じて

小規模対象物の場合

1 設備・機器等の点検および担当者
2 日常における火災予防上の遵守事項
3 火災発生時の任務分担
4 火災発生時の活動要領
5 巨大地震警戒を発令時の活動要領
6 地震発生時の活動要領
7 教育・訓練（地震対策を含む）

第3章 消防計画

第7 防火対象物の全体についての消防計画

1 防火対象物の全体についての消防計画

統括防火管理者は、各防火管理者と調整し、管理権原者の確認を受けて防火対象物の全体についての消防計画を作成します。

全体についての消防計画を作成または変更した場合は、事業所が所在する地域を管轄する消防長または消防署長に届け出なければなりません。届出は、「全体についての消防計画作成（変更）届出書」（施行規則別記様式第1号の2の2の2）に作成した全体についての消防計画を添付して届け出します。

なお、各防火管理者が作成する消防計画は、全体についての消防計画に適合するものでなければなりません。

2 防火対象物の全体についての消防計画の内容

防火対象物の全体についての消防計画に定めるべき主な事項は、施行規則第4条第1項に定められていますが、その内容を分類し、整理すると次のようになります。

| 全体についての消防計画に定めるべき主な事項 |

	内　容
1 総則	(1) 全体についての消防計画の目的に関すること。 (2) 管理権原者の権原の範囲に関すること。 (3) 防火対象物の全体についての防火管理上必要な業務の一部が委託されている場合 ・受託者の氏名および住所 ・受託者の行う業務の範囲および方法
2 予防管理	(1) 廊下、階段、避難口、安全区画、防煙区画その他の避難施設の維持管理およびその案内に関すること。 (2) その他予防管理対策上必要な事項
3 自衛消防	(1) 火災、地震その他の災害が発生した場合における消火活動、通報連絡および避難誘導に関すること。 (2) 火災の際の消防隊に対する当該防火対象物の構造その他必要な情報の提供および消防隊の誘導に関すること。 (3) その他自衛消防活動上必要な事項
4 巨大地震警戒 発令時に おける 応急対策	(1) 巨大地震警戒が発せられた場合における自衛消防の組織に関すること。 (2) 南海トラフ地震臨時情報の伝達に関すること。 (3) 巨大地震警戒が発せられた場合における避難誘導に関すること。 (4) 巨大地震警戒が発せられた場合における施設、設備の点検および整備その他地震による被害の発生の防止または軽減を図るための応急対策に関すること。 (5) 大規模な地震に係る防災訓練の実施に関すること。 (6) 大規模な地震による被害の発生の防止または軽減を図るために必要な教育および広報に関すること。 (7) その他大規模な地震に係る応急対策上必要な事項
5 教育・訓練	(1) 消火、通報および避難の訓練その他防火対象物の全体についての防火管理上必要な訓練の定期的な実施に関すること。 (2) その他訓練に関する必要な事項

第4章 自衛消防活動

第1 自衛消防活動とは

火災が発生した場合、消防隊が到着するまでの初動対応の良し悪しが、その後の被害の程度を決定づけると言っても過言ではありません。「自分のところは自分で守る」という自主防火管理の基本精神のもと、火災発生から消防隊到着まで、さらには火災の鎮火に至るまでを、事業所の総力をあげて通報、初期消火、避難誘導など、人員と資機材を有効活用した組織的な活動を実施することが自衛消防活動です。

第2 自衛消防の組織の編成

法第8条の規定に基づき、防火管理者の選任を必要とする防火対象物では、防火管理者は、防火管理の基本となる消防計画を作成し、その中に自衛消防の組織に関することを定めることとされています。

自衛消防の組織は、事業所の業態や規模等によって適した編成を行いますが、基本的には次のような編成になります。

自衛消防の組織編成例

〔小規模な事業所〕

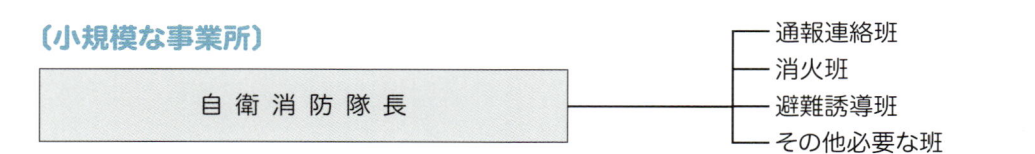

〔大規模な事業所および統括防火管理者の選任が必要な対象物〕

事業所の規模等により、必要な班の編成を行う。

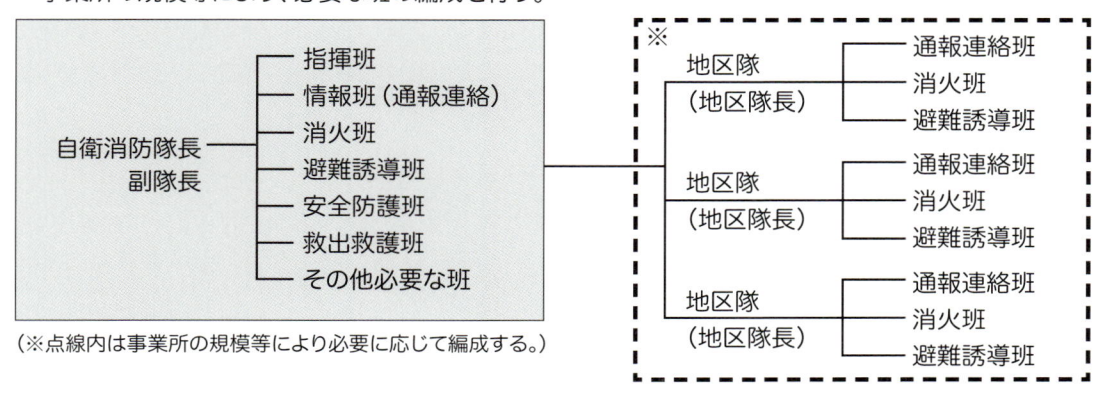

（※点線内は事業所の規模等により必要に応じて編成する。）

自衛消防隊長は、緊急時の指示命令の権限行使ができる管理的または監督的な地位にある者を選任するのが望ましいと言えます。自衛消防隊長を中心とした指揮統制の拠点を自衛消防本部とし、防災センター、管理事務所や工場構内などで全体を把握できる場所に設置します。また、事業所の規模に応じ、棟、階または職場ごとに地区隊を設置します。

第3 自衛消防活動

1 通報・連絡

　過去の火災では、消防機関への通報または関係者、お客等への連絡の遅れから、被害を拡大させた事例が少なくありません。火災の発生を確認したら迅速に消防機関へ通報し、詳しい状況が確認できしだい随時情報を連絡します。同時に事業所内または関係者に対する通報連絡も重要な任務です。

⑴ 119番通報

　火災を発見した者は、法第24条の規定により、通報義務が課せられています。あわてず、正確に次の事項を伝えてください。

> **119番通報要領**
>
> ● **何があったか**
> 「火事です」「救急です」「救助です」
>
> ● **場所はどこか**
> 「住所」と「建物の名称」
> 住所が分からないときは、目標になる建物などを伝える
> 「○○ビルの東50mです」「○○交差点の北西かどです」
>
> ● **どのような状況か**
> 「建物の階数」「用途」「出火場所」「燃えているもの」「逃げ遅れの有無」
> 例：○○階建ての事務所ビルの○階から火災が発生しました。
>
> ● **あなたの名前、お使いの電話番号**
> 通報を切断した後、状況を確認するために電話をする場合があります。

⑵ 到着消防隊への情報提供

　火災の拡大を防止するためには、自衛消防活動が中断することなく消防隊に引き継がれなくてはなりません。逃げ遅れの有無などを到着した消防隊へ伝えるとともに、火災現場へ迅速に到達するため、進入門等の開放、出火場所への誘導等を実施します。

⑶ お客等への連絡

　消防機関等への通報・連絡と同時に、放送設備等を利用し、関係者やお客に対して火災の発生や、避難についての情報提供を行います。

2 初期消火

　消防隊が到着するまでの間に、消防用設備等を活用して初期消火活動を実施し、被害を最小限にとどめなければなりません。また、放水した際の水損防止にも配慮しなければなりません。

> **初期消火活動のポイント**
> ● 煙に惑わされず、燃えているものに直接注水する。
> ● 水バケツや消火器は、火元近くにできるだけ多く集め、集中的、連続的に使用する。
> ● 姿勢を低くし、煙を吸わないようにする。
> ● 屋外の場合は、風上側から消火することを原則とする。
> ● 電気火災の場合は、電源を遮断し、感電防止に努める。

3 避難誘導

　火災が発生した場合に従業員等による避難誘導が実施されなければ、安全・迅速な避難は望めません。また、不特定多数の方が出入りする施設などでは、その建物の構造について不慣れな方が多く、パニックなどにより、災害による直接的な被害以上の被害が生じかねません。事業所の規模、用途、施設の状況および収容人員などを前提に、その事業所の実態にあった避難誘導対策を検討しましょう。

> **避難誘導のポイント**
> ● 放送設備、メガホン、携帯用拡声器等を活用し、火災の状況や避難経路を繰り返して知らせる。
> ● 出火階および出火階の直上階を最優先とし、通路の角、階段の出入口等に誘導員を配置する。
> ● 特別避難階段、避難階段等の安全で多数の人が避難しやすい施設を優先的に使用する。
> （避難器具はそれらの施設が使用できない場合に使用する）
> ● エレベーターの利用を制止する誘導員を配置する。
> ● 原則地上へ避難させる。

4 その他の活動

　前述の活動のほか、次の活動についても事前に検討しておきましょう。

(1) 安全防護活動

　　・防火戸、防火シャッターの開閉など区画形成に関する活動

　　・停電時の非常電源の確保および消防活動のための電源の遮断に関する活動

　　・危険物施設、高圧ガス施設等に対する防護活動

　　・水損防止活動

(2) 救出救護活動

　　負傷者の救出、応急手当などの救急活動

(3) 搬出活動

　　事業所における重要物品、書類等、非常持ち出し品の
搬出および管理に関する活動

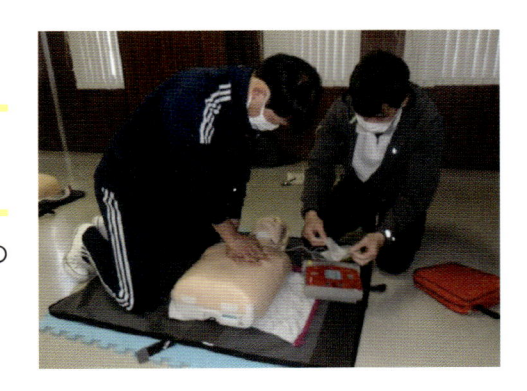

5 自衛消防の組織の主な資機材（参考例）

任務別	品　名			
	用意すべき資機材	○ ×	用意が推奨される資機材	○ ×
指　揮	消防計画（自衛消防活動要領）		携帯用拡声器	
	建物図面（平面図・配管図・電気設備図等）		指揮本部用の資機材および標識（隊旗）	
	名簿（従業員・宿泊者・入院者等）		照明器具（懐中電灯・投光器等）	
			情報伝達機器（トランシーバー等）	
通報連絡	非常通報連絡先一覧表		携帯用拡声器	
			情報伝達機器（トランシーバー等）	
初期消火	防火衣または作業衣		可搬消防ポンプ	
	消火器具		破壊器具（とび口等）	
			防水シート	
避難誘導	マスターキー		ロープ	
	切断器具（ドアチェーン等切断用）		誘導の標識（案内旗等）	
	名簿（従業員・宿泊者・入院者等）			
	携帯用拡声器			
	照明器具（懐中電灯等）			
安全防護	キー、手動ハンドル（防火シャッター、エレベーター、非常ドア等）		エンジンカッター	
	救助器具（ロープ、バール、ジャッキ等）		油圧式救助器具セット	
	建物図面（平面図・配管図・電気設備図等）			
応急救護	応急医薬品		応急救護所設置資機材（テント、ベッド等）	
	担架		受傷者記録用紙	
			車イス	
			自動体外式除細動器（AED）	
搬　出	非常用搬出品リスト（契約書類、台帳、PC、電子記録等）		防水シート	
			保管標識	
その他	災害用活動服、ヘルメット、運動靴、手袋、警笛		携帯発電機	

※ 資機材は持ち出しやすい場所に備蓄・保管します。
※ 備蓄・保管施設に損壊等のおそれがある場合は、分散して保管します。
※ 食料（缶詰、乾パン等）：必要日数×必要人数分
※ 飲料水（目安3リットル／1日）：必要日数×必要人数分

自動火災報知設備のベルが鳴動した場合

① 自動火災報知設備の
ベルが鳴動

② 受信機の火災表示を確認

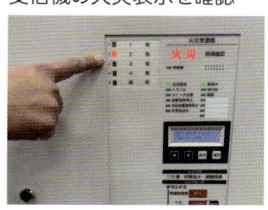

③ 警戒区域一覧図で作動場所
を確認

④ 資機材を携行して現場に向かう

消火器・送受話器・携帯電話・マスターキー・サーチライト・メガホン・非常用エレベーターキー

 **の場合**

消防計画に基づく
・初期消火
・通報連絡
・避難誘導
を実施する

ではなかった場合

現場確認の結果火災でなかったとき

① ベルを止める
（主音響・地区音響共）

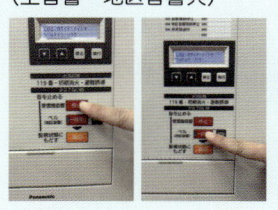

② 表示区域内の感知器を確認
し作動表示灯が点灯してい
るものを探す

作動表示灯

③ 発信機のボタンを復旧する
（復旧方法は、ボタンを引き
戻すタイプと小窓の中の復旧
スイッチを押すタイプがあり
ます）

④ 復旧スイッチを操作する

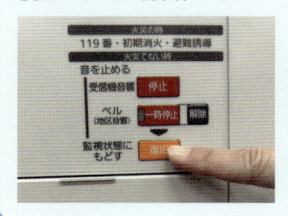

⑤ 主・地区音響スイッチを定位に戻す

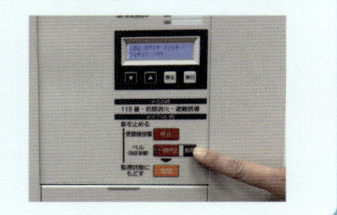

! 発信機上部の表示灯
が点滅、または消火
栓起動表示灯が点灯
している時は、最後に
ポンプ停止操作が必
要となります。

**チェック
ポイント**

●スイッチ注意灯が点滅していませんか
●主音響および地区音響スイッチが停止になっていませんか
●警戒区域一覧図はありますか
●携行品は備えてありますか

CHECK!

目視で火災を発見した場合

① その場で災害の発生を周囲の人に知らせる。

火事です！落ち着いて避難して下さい

② 非常ベルの起動装置を押し、火災の発生を建物内の人々に知らせる。

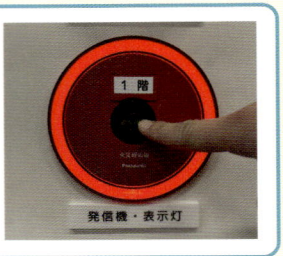

1 階
発信機・表示灯

③ 消防機関、防災センター、自衛消防隊長等へ通報するとともに、初期消火を実施。

※火災の状況によって、順番が前後することがあります。

災害時の行動心理

■ 災害時の行動特性

　火災などによる環境の変化は、人間に不安や恐怖をもたらし、それを感じたとき、その場所から避難しようとする行動を生み出します。これは、不安や恐怖、煙や熱気などの苦痛に対する反応であり、一般には次のような行動特性を持っていると言われています。

① 日常動線志向性

　身に迫った恐怖から逃れるために、本能的に日常使い慣れた通路を利用して避難をしようとすること。

② 帰巣性

　建物などで内部状況を知らない場所において、冷静な状況判断ができない場合に、入ってきた経路を逆に戻って避難しようとすること。

③ 向光性・向開放性

　人間は、一般に暗闇に対して不安感を抱くもので、煙に襲われ、視界をさえぎられたり、照明が消えた暗闇の世界に閉じ込められたりすると、習性として明るい方向や開放された方向に向かって避難しようとすること。

④ 危機回避性

　煙や炎の危険から、煙や炎の見えない方向へと避難しようとすること。

　この避難は、目前の危険のみに着眼した単純行動となり、煙や炎に追い詰められて、他に避難する方法がないときには、高所から飛び降りるなど思わぬ衝動的行為をする場合があります。

⑤ 追従性

　自分自身で避難の方向を決める判断をしないで、逃げる人の後について、ただやみくもに追従し避難しようとすること。

⑥ 易視経路選択性

　煙や炎の刺激により判断力が欠如し、最初に目に付いた階段などを使って避難しようとすること。

⑦ 直進性

　まっすぐの通路などを選択すること。

■ パニック

　パニックとは、身にさし迫った危険から逃れるため、自己防衛的になり、他人を排除し、無統制な行動を起こし、群集が混乱した状態です。パニックの発生は、最初は1人、2人のわずかな人が、周囲の人々に強い影響を与えることによって、人々を異常な避難行動へと導き、パニックを誘発させると言われています。

　火災に直面した群集は、煙や炎で避難の方向や方法がわからなくなり、さらに停電、喧騒などの要素が加わり、これが相乗的に働き、一層の不安感を増長し混乱が大きくなります。いったんこのような状態に陥ると周囲の感情的な雰囲気に支配されやすくなり、自分自身の判断を放棄し、デマ情報や間違った指示にも従うようになってしまいます。

　このように、パニックが発生すると人々は、もはや外部からの制御を受け入れることができにくくなり、正常な判断のできない人々の集まりとなり、極めて大きな被害を発生させることがあります。

第5章 消防用設備等または特殊消防用設備等の点検および報告

　消防用設備等においては、技術上の基準に従い「設置」および「維持管理」しなければなりません。過去において、多額の費用を投じて設置した消防用設備等が保守管理を適正に実施していなかったため、火災発生時に、有効に作動せず、惨事に至った事例が数多く発生しています。こうした事故を防止するため、法第17条の3の3では、防火対象物の関係者に消防用設備等の点検を定期的に実施し、その結果を消防長または消防署長へ報告することが定められています。また、この報告をせずまたは虚偽の報告をした者には、30万円以下の罰金または拘留に処されることが定められています。

> **消防法**
>
> **第十七条の三の三**
>
> 第十七条第一項の防火対象物（政令で定めるものを除く。）の関係者は、当該防火対象物における消防用設備等又は特殊消防用設備等（第八条の二の二第一項の防火対象物にあっては、消防用設備等又は特殊消防用設備等の機能）について、総務省令で定めるところにより、定期に、当該消防設備士免状の交付を受けている者又は総務省令で定める資格を有する者に点検させ、その他のものにあっては自ら点検し、その結果を消防長又は消防署長に報告しなければならない。

防火対象物	点検実施者	点検区分	結果報告
㋐ 特定防火対象物で、延べ面積が1,000㎡以上のもの ㋑ 非特定防火対象物で、延べ面積が1,000㎡以上のもののうち、消防長または消防署長が火災予防上必要があると認めて指定するもの（※） ㋒ 特定用途に供される部分が避難階以外の階に存する防火対象物で、当該避難階以外の階から避難階または地上に直通する階段が2（当該避難階段が屋外に設けられ、または省令で定める避難上有効な構造を有する場合にあっては、1。）以上設けられていないもの	・消防設備士 ・消防設備点検資格者	総合点検 ⬇ 1年に1回 機器点検 ⬇ 6カ月に1回	特定防火対象物 ⬇ 1年に1回 非特定防火対象物 ⬇ 3年に1回
上記以外の防火対象物	・消防設備士 ・消防設備点検資格者 ・防火管理者等		

※ 市町村の告示等により指定されています。

1 消防用設備等

消防用設備等の点検は、種類ごとに、次のとおり定められています。

● 点検の種類別内容

機器点検は、6カ月ごとに次の事項について、消防用設備等の種類等に応じ、告示で定める基準に従い確認すること。

⑴ 消防用設備等に附置される非常電源（自家発電設備に限る。）または動力消防ポンプの正常な作動

⑵ 消防用設備等の機器の適正な配置、損傷等の有無、その他主として外観から判別できる事項

⑶ 消防用設備等の機能について、外観からまたは簡易な操作により判別できる事項

総合点検は、1年ごとに消防用設備等の全部もしくは一部を作動させ、または当該消防用設備等を使用することにより、当該消防用設備等の総合的な機能を確認すること。

● 点検の種類別期間

機器点検	6カ月ごと実施
告示で定める基準に従い、点検項目を目視やスイッチ等の操作により確認	

総合点検	1年ごと実施
消防用設備等を作動させ、総合的な機能を確認	

消防用設備等の種類および点検内容に応じて行う点検の期間および方法

消防用設備等の種類等	点検の内容および方法	点検の期間
消火器具、消防機関へ通報する火災報知設備、誘導灯、誘導標識、消防用水、非常コンセント設備、連結散水設備、無線通信補助設備および共同住宅用非常コンセント設備	機器点検	6カ月
屋内消火栓設備、スプリンクラー設備、水噴霧消火設備、泡消火設備、不活性ガス消火設備、ハロゲン化物消火設備、粉末消火設備、屋外消火栓設備、動力消防ポンプ設備、自動火災報知設備、ガス漏れ火災警報設備、漏電火災警報器、非常警報器具および設備、避難器具、排煙設備、連結送水管、非常電源（配線の部分を除く。）、総合操作盤、パッケージ型消火設備、パッケージ型自動消火設備、共同住宅用スプリンクラー設備、共同住宅用自動火災報知設備、住戸用自動火災報知設備、共同住宅用非常警報設備、共同住宅用連結送水管、特定小規模施設用自動火災報知設備、加圧防排煙設備、複合型居住施設用自動火災報知設備ならびに特定駐車場用泡消火設備	機器点検	6カ月
	総合点検	1年
配線	総合点検	1年

2 特殊消防用設備等

特殊消防用設備等の点検は、施行規則第31条の3の2の規定に基づき設備等設置維持計画に記載された点検の基準、点検の期間および点検の結果についての報告の期間により実施することとされています。

特殊消防用設備等

法第17条第3項により、通常用いられる消防用設備等と同等以上の性能を有する特殊消防用設備等については、設備等設置維持計画に従って設置し、および維持するものとして総務大臣が認定した場合、これを用いることができます。

☐ 設備等設置維持計画に定める事項（施行規則第31条の3の2）

① 防火対象物の概要に関すること。
② 消防用設備等の概要に関すること。
③ 特殊消防用設備等の性能に関すること。
④ 特殊消防用設備等の設置方法に関すること。
⑤ 特殊消防用設備等の試験の実施に関すること。
⑥ 特殊消防用設備等の点検の基準、点検の期間および点検の結果についての報告の期間に関すること。
⑦ 特殊消防用設備等の維持管理に関すること。
⑧ 特殊消防用設備等の工事および整備ならびに点検に従事する者に関すること。
⑨ 前各号に掲げるもののほか、特殊消防用設備等の設置および維持に関し必要な事項に関すること。

第2 消防機関への報告

防火対象物の関係者は、消防用設備等の点検結果を維持台帳に記録するとともに、特定防火対象物にあっては、1年に1回、その他の防火対象物は3年に1回、最も新しい時期に実施した点検結果を記載した点検票（総合点検まで実施したものに限る。）を消防用設備等（特殊消防用設備等）点検結果報告書に添付して、消防長または消防署長へ報告しなければなりません。

第6章 防火対象物の点検および報告制度

第1 制度の概要

平成13年9月1日、東京都新宿区歌舞伎町の小規模雑居ビルで44名の方が亡くなる火災が発生しました。多くの方が犠牲となった大きな要因としては、防火管理の不備が挙げられます。また、近年、防火対象物の大規模化、設備の高度化が進んでおり、防火対象物の防火管理を適正に行うために、消防法令や火災予防等に係る高度な知識や経験が必要となってきています。

そのため平成14年に消防法の改正が行われ、一定の防火対象物の管理権原者の方は、<u>1年に1回、防火対象物点検資格者に防火管理上必要な業務等について点検をさせ、その結果を消防長または消防署長に報告</u>することが義務付けられました。

また、法令の遵守状況が優良な防火対象物については、管理権原者の申請により、消防機関が検査し、特例認定要件に適合している場合は、点検と報告が3年間免除される特例認定制度が設けられています。

※この防火対象物の点検および報告制度は、『消防用設備等または特殊消防用設備等の点検および報告制度』とは異なる制度です。

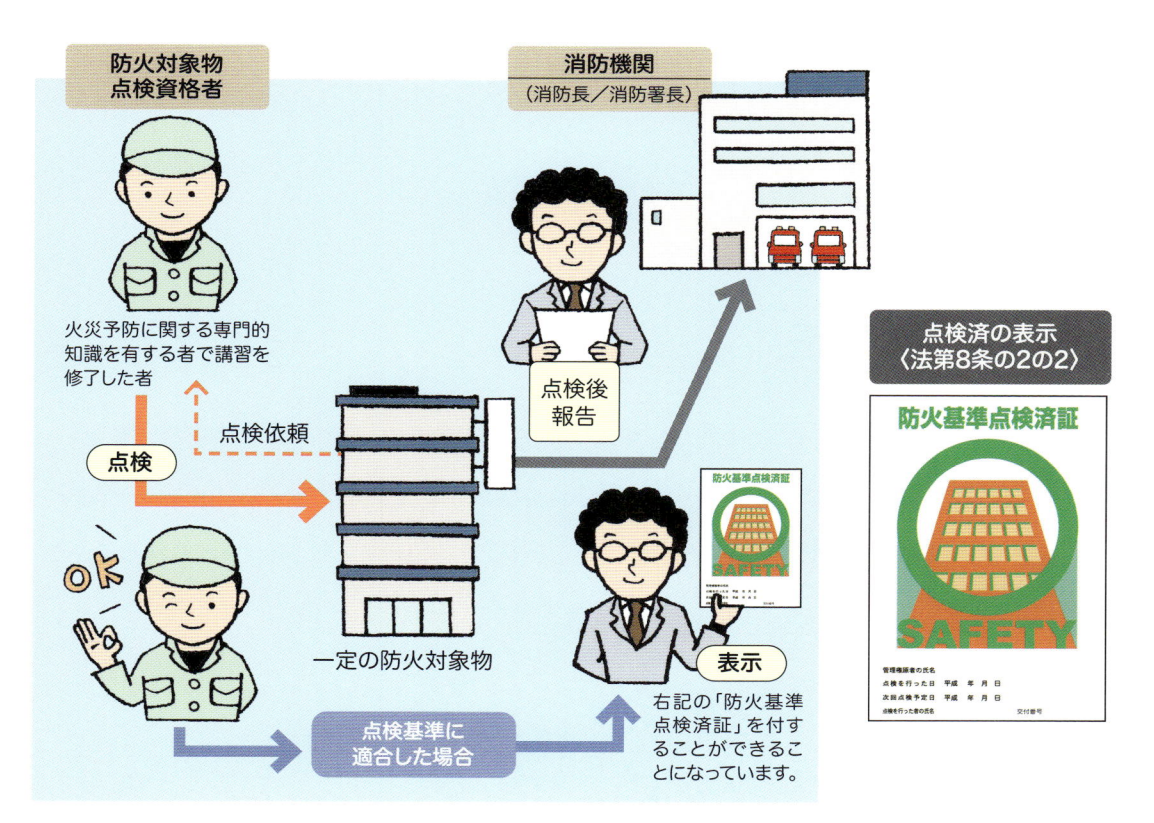

☆表示は、防火対象物のすべての部分が点検基準に適合していることを示すものです。
☆表示は、見やすいところに付されることにより、利用者に消防法令を遵守していることを情報提供するものです。

防火対象物の点検及び報告（消防法）

第八条の二の二

第八条第一項の防火対象物のうち火災の予防上必要があるものとして政令で定めるものの管理について権原を有する者は、総務省令で定めるところにより、定期に、防火対象物における火災の予防に関する専門的知識を有する者で総務省令で定める資格を有するもの（次項、次条第一項及び第三十六条第四項において「防火対象物点検資格者」という。）に、当該防火対象物における防火管理上必要な業務、消防の用に供する設備、消防用水又は消火活動上必要な施設の設置及び維持その他火災の予防上必要な事項（次項、次条第一項及び第三十六条第四項において「点検対象事項」という。）がこの法律又はこの法律に基づく命令に規定する事項に関し総務省令で定める基準（次項、次条第一項及び第三十六条第四項において「点検基準」という。）に適合しているかどうかを点検させ、その結果を消防長又は消防署長に報告しなければならない。ただし、第十七条の三の三の規定による点検及び報告の対象となる事項については、この限りでない。

防火対象物の点検及び報告の特例（消防法）

第八条の二の三

消防長又は消防署長は、前条第一項の防火対象物であって次の要件を満たしているものを、当該防火対象物の管理について権原を有する者の申請により、同項の規定の適用につき特例を設けるべき防火対象物として認定することができる。

一 申請者が当該防火対象物の管理を開始した時から三年が経過していること。

二 当該防火対象物について、次のいずれにも該当しないこと。

イ 過去三年以内において第五条第一項、第五条の二第一項、第五条の三第一項、第八条の二の五第三項又は第十七条の四第一項若しくは第二項の規定による命令（当該防火対象物の位置、構造、設備又は管理の状況がこの法律若しくはこの法律に基づく命令又はその他の法令に違反している場合に限る。）がされたことがあり、又はされるべき事由が現にあること。

ロ 過去三年以内において第八項の規定による取消しを受けたことがあり、又は受けるべき事由が現にあること。

ハ 過去三年以内において前条第一項の規定にかかわらず同項の規定による点検若しくは報告がされなかったことがあり、又は同項の報告について虚偽の報告がされたことがあること。

三 前号に定めるもののほか、当該防火対象物について、この法律又はこの法律に基づく命令の遵守の状況が優良なものとして総務省令で定める基準に適合しているものであると認められること。

過去三年以内において前条第一項の規定による点検の結果、防火対象物点検資格者により点検対象事項が点検基準に適合していないと認められたことがあること。

第2 点検が必要な防火対象物

点検が必要な防火対象物は、防火管理者の選任を必要とする特定防火対象物（施行令別表第1（1）項から（4）項まで、（5）項イ、（6）項、（9）項イ、（16）項イおよび（16の2）項に掲げる防火対象物）のうち、次のいずれかに該当するものです。

① 収容人員300人以上のもの
② 施行令別表第1（1）項から（4）項まで、（5）項イ、（6）項または（9）項イに掲げる防火対象物の用途に供される部分が、避難階（注）以外の階（1階および2階を除く。）に存する防火対象物で当該避難階以外の階から避難階または地上に直通する階段が2（階段が屋外に設けられている場合等にあっては、1）以上設けられていないもの

※注 『避難階』とは直接地上へ通ずる出入口のある階

点検報告を必要とする防火対象物

◆表1の用途に使われている部分のある防火対象物では、表2の条件に応じて防火対象物全体で点検報告が義務となります。

〈表1〉

	用 途
①	劇場、映画館、演芸場または観覧場
	公会堂または集会場
②	キャバレー、カフェー、ナイトクラブその他これらに類するもの
	遊技場またはダンスホール
	ファッションマッサージなどの性風俗営業店舗等
	カラオケボックス、テレクラなど
③	待合、料理店その他これらに類するもの
	飲食店
④	百貨店、マーケットその他の物品販売業を営む店舗または展示場
⑤	旅館、ホテル、宿泊所その他これらに類するもの
⑥	病院、診療所または助産所
	特別養護老人ホーム、障害児入所施設
	老人デイサービスセンター、保育所
	幼稚園、特別支援学校
⑦	公衆浴場のうち、蒸気浴場、熱気浴場その他これらに類するもの
⑧	複合用途防火対象物のうち、その一部が表1の①から⑦に該当する用途に供されているもの
⑨	地下街

〈表2〉

防火対象物全体の収容人員	300人未満	300人以上
点検報告義務の有無	次の1および2の条件に該当する場合は点検報告が義務となります。 1. 特定用途（表1の①から⑦に該当する用途のこと）が3階以上の階または地階に存するもの 2. 階段が1つのもの（屋外に設けられた階段等であれば免除）	すべて点検報告の義務があります。

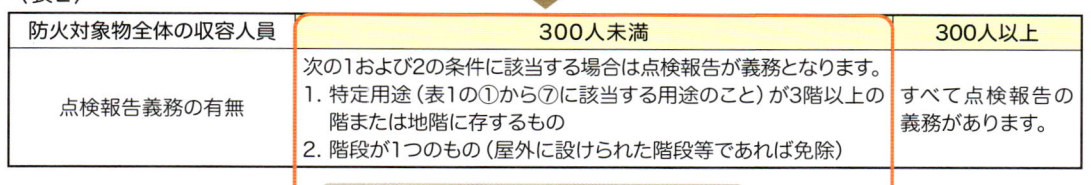

点検報告が必要な防火対象物の例

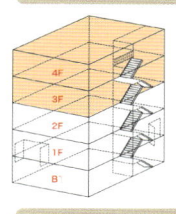 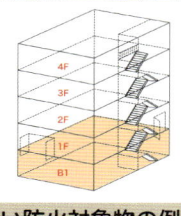 特定用途に供される部分

点検報告が必要でない防火対象物の例

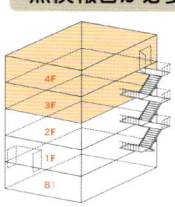 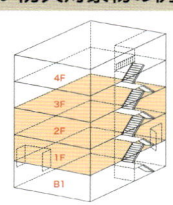

※ 防火管理者の選任を要しない防火対象物は、点検報告の義務はありません。

第3 資格者による点検

　点検は、防火対象物の火災の予防に関し専門的知識を有する防火対象物点検資格者に行わせなければなりません。

★防火対象物点検資格者は、総務大臣の登録を受けた登録講習機関が行う講習を修了し、免状の交付を受けた者のことです。
　防火管理者として選任され、3年以上の実務経験を有する者などが、この講習を受講することができます。

点検項目

消防法施行規則第4条の2の6

① 消防機関に防火管理者選任（解任）および消防計画の届出がされているか。

② 自衛消防組織設置防火対象物については、自衛消防組織の届出がされているか。

③ 消防計画に定められた事項が適切に行われているか。

④ 管理について権原が分かれている防火対象物については、統括防火管理者選任（解任）および全体についての消防計画作成（変更）の届出がされているか。

⑤ 避難通路、避難口および防火戸等について適切に管理されているか。

⑥ 防炎対象物品の使用を要するものに、防炎性能を有する旨の表示がされているか。

⑦ 圧縮アセチレンガス、液化石油ガスその他の火災予防または消防活動に重大な支障を生ずるおそれのある物質を貯蔵し、または取り扱っている場合には、その届出がなされているか。

⑧ 消防用設備等（特殊消防用設備等）が防火対象物の用途、構造および規模等に応じて設置されているか（機能に係る部分を除く）。

⑨ 消防用設備等（特殊消防用設備等）を設置した場合、必要な届出がなされ、消防機関の検査を受けているか。

⑩ その他消防法または消防法に基づく命令に規定する事項で、市町村長が定める基準に適合しているか。

第4 点検報告および点検結果報告書の保存等

1 点検および報告の回数

　1年に1回、点検結果を記載した点検票を防火対象物点検結果報告書に添付して、管轄する消防長または消防署長へ報告することとされています。

2 防火管理維持台帳

　防火対象物点検報告を行わなければならない防火対象物の管理権原者は、点検結果を防火管理維持台帳に記録し、保存することが義務付けられています。

　また、防火管理維持台帳には次の書類を編冊しなければなりません。

防火管理維持台帳に編冊する書類（施行規則第4条の2の4）

① 甲種防火管理再講習の修了証の写し
② 消防計画の届出に係る書類の写し
③ 防火管理者選任（解任）の届出に係る書類の写し
④ 防火対象物の全体についての消防計画の届出に係る書類の写し
⑤ 統括防火管理者選任（解任）の届出に係る書類の写し
⑥ 自衛消防組織設置の届出に係る書類の写し
⑦ 防火対象物点検結果報告書の写し
⑧ 防火対象物点検報告特例認定申請書の写し
⑨ 上記特例認定に係る認定通知書または不認定通知書
⑩ 消防用設備等（特殊消防用設備等）の設置の届出に係る書類の写し
⑪ 消防用設備等（特殊消防用設備等）の設置検査に係る検査済証
⑫ 消防用設備等（特殊消防用設備等）点検結果報告書の写し
⑬ 消防計画に基づき実施される事項の状況を記録した書類
⑭ 消防用設備等（特殊消防用設備等）の工事、整備等の経過一覧表
⑮ その他防火管理上必要な書類

第5　特例認定制度

　　防火対象物の点検報告が義務となる防火対象物のうち、防火対象物の管理権原者が消防長または消防署長に申請を行い、検査の結果、一定期間以上継続して消防法令の遵守状況が優良と認められた場合、3年間、防火対象物点検報告が免除される制度です。

特例認定の表示（例）
〈法第8条の2の3〉

★表示は、防火対象物のすべての部分が、3年間継続して消防法令を遵守しているとして認定を受けていることを示すものです。
★表示は、見やすいところに付されることにより、利用者に消防法令を遵守していることを情報提供するものです。

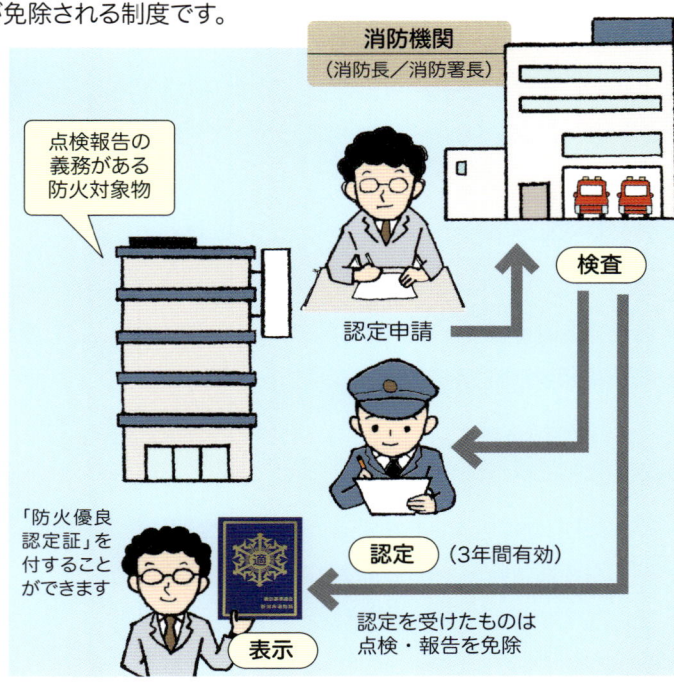

1 特例認定制度の認定要件

　消防長または消防署長が行う検査において、次の要件を満たしていることが確認された場合に認定されます。

<table>
<tr><td rowspan="10">認定要件</td><td>●管理権原者が当該防火対象物の管理を開始してから3年以上経過していること。</td></tr>
<tr><td>●過去3年以内に次の事項に該当していないこと。</td></tr>
<tr><td>　ア　消防法令等による措置命令等を受けたことがある。または受けるべき事由が現にある。</td></tr>
<tr><td>　イ　特例認定の取り消しを受けたことがある。または受けるべき事由が現にある。</td></tr>
<tr><td>　ウ　防火対象物の点検および報告を怠ったことがある。または虚偽の報告をしたことがある。</td></tr>
<tr><td>　エ　点検基準に適合していないと認められたことがある。</td></tr>
<tr><td>●防火対象物の点検基準に適合していること。</td></tr>
<tr><td>●消防用設備等が設備等技術基準に従って設置され、もしくは維持されていること、または特殊消防用設備等が設備等設置維持計画に従って設置され、もしくは維持されていること。</td></tr>
<tr><td>●消防用設備等または特殊消防用設備等の点検報告が適正にされていること。</td></tr>
<tr><td>●その他消防法または消防法に基づく命令に規定する事項で、市町村長が定める基準に適合していること。</td></tr>
</table>

2 認定の申請と認定通知

　特例認定を受けようとする防火対象物の管理権原者は、防火対象物点検報告特例認定申請書に必要な書類（※）を添えて、管轄する消防長または消防署長に申請します。

　消防機関による検査の結果、認定要件に適合していると認められた場合は「認定通知書」により、その旨が通知されます。また、認定要件に適合しない場合は、不認定の通知がされます。

※必要な書類とは、不動産登記簿謄（抄）本、賃貸借契約書の写し、営業許可証の写し等、防火対象物の所在地や管理権原者が管理を開始した日が記載された書類をいいます。

3 特例認定の失効

　次のいずれかに該当した場合は、特例認定が失効されます。

① 特例認定を受けてから3年が経過したとき（再申請により、更新することができます）

② 管理権原者が変更したとき

4 特例認定の取消し

　次のいずれかに該当した場合は、特例認定が取り消されます。

① 不正な手段で特例認定を受けたことが判明したとき

② 消防法令に基づく命令を受けたとき

③ 前1に掲げる認定要件に適合しなくなったとき

第1 防火対象物の自主検査

1 自主検査の意義

　自主検査とは、防火管理者や関係者（所有者など）が、防火対象物の建築構造、建築設備、火気使用設備・器具、電気設備および消防用設備等について「自分のところは自分で守る」という意識のもとに、建物全般について自主的に検査を行い、火災予防上安全な状態に維持管理するものです。

　法第8条では、防火管理者が行う防火管理業務の一つとして"消防計画の作成"があげられていますが、その消防計画の中で「自主検査に関すること」を定め、実施するようになっています。

　また、自主検査を実施した場合に、その結果を記録して防火管理者や管理権原者まで報告させるように、消防計画に記載しましょう。

2 自主検査の目的

火災発生危険の排除	火災原因となるものを事前に発見し、取り除くこと。
火災拡大危険の排除	延焼拡大の要素を取り除くこと。
人命損傷危険の排除	火災発生時の安全を確保するため、避難通路、避難口、避難施設や避難器具の維持管理を徹底すること。

3 自主検査の要領

　自主検査は、火災予防上必要な「建築物」、「火気使用設備・器具」、「危険物施設」、「電気設備」、「消防用設備等」について自主的に検査するもので、防火管理上の不適を早期に発見し、改善を図るため、それぞれの施設等において"計画的"に実施することが必要です。

　また、必要な検査項目と具体的な実施要領は自主検査基準として57～58ページにまとめられていますので参照してください。自主検査はこの自主検査基準に基づいて作成する自主検査票によって適正に行うようにしましょう。

4 自主検査基準、自主検査票について

　自主検査基準は、自主検査を行う上で必要な着眼点を例示したものです。そして自主検査票（防火管理維持台帳参照）は自主検査基準をチェックしながら記録することができるようにしたものです。したがって自主検査票にない施設や設備がある場合は、自主検査票に項目を追記し、施設、設備の実態にあった検査を行うようにしてください。

5 自主検査の周期

　自主検査基準の項目は、日常的に行うべきものや、ある程度期間をおいて行うべきものも含まれています。定期的なものは少なくとも6カ月に1回は、この自主検査基準を確認しながら自主検査を実施し、

確実に自主検査票に記入してください。

　いずれにしても、事業所の消防計画に周期や実施日、実施者等を定めておいて、確実に行うようにしてください。

日常的なもの	① 火気使用の状況（臨時に火気を使用する場合を含む） ② 火災危険のある物件の保管状況 ③ 整理整頓状況 ④ 避難用の通路、出入口（扉）、階段等の機能および障害物の有無 ⑤ 消火器等の消防用設備等の使用障害となる物件の有無 ⑥ 危険物、指定可燃物などの取扱い ⑦ 作業終了後（退社時）の火の始末 ⑧ 火気使用器具の始末、管理の適否 ⑨ 防炎物品の使用の状況

定期的なもの	① 電気配線および発電、変電設備等の点検 ② 消防用設備等の機器点検 ③ 建築物の構造および設備の点検 ④ 火災発生危険のある機器、設備の点検

6 自主検査実施者の選定

　全従業員が基準を理解し、全員の目でチェックできる体制を築き上げることが最終目標ですが、自主検査実施（記録）の責任を明確にするため、それぞれの部署（階、部屋、テナント等）ごとに実施者を指定します。なお、電気設備に対しては電気主任技術者、危険物施設に対しては危険物取扱者等、その設備に対する知識のある方を指定すれば、確実な検査を行うことが可能となり、不良箇所等があればすみやかに修理等の措置をとることができます。

7 自主検査実施上の留意点

　建築物の検査はどのような用途であっても、自主検査票（建築物区分）にしたがって確実に実施することが大切です。

　火気使用設備の検査は、火気と可燃物との関係など出火危険の排除に重点をおいて検査してください。火気と可燃物との安全距離等については、火災予防条例に定められている離隔距離基準を参考にしてください。

　また、電気設備等の検査は、配線の適否、接続点の結線状態の適否、設備と可燃物の接触の有無、充電部にほこりが付いていないかなどについて、確実に検査する必要があります。

8 検査票の保存方法

　自主検査票は、建築物、消防用設備等、その他（危険物等）について、防火管理者や関係者が保存し、検査の結果を把握するとともに不良事項についてはすみやかに改善の措置をとるようにしてください。

　また、検査の経過・状況を明らかにしておくため、その結果を防火管理維持台帳に編集しておいてください。

次の表は自主検査基準についてまとめたものです。管理する事業所の防火管理者は、その用途・規模に応じた自主検査票を作成し、検査を適正に実施してください。

区分		検査内容
建築物	周囲等	・可燃物が放置されていないか ・避難上、消火活動上有効な通路が確保されているか
	防火区画	・改装工事等により防火区画が改造または撤去されていないか ・防火区画を貫通する配管等のすき間は完全に埋められているか ・パイプスペース等が物置になっていないか ・防火シャッター・防火戸の変形・破損はないか ・防火シャッター・防火戸はスムーズに開閉するか ・扉・くぐり戸の近くに開閉を妨げる物品等はないか ・自動閉鎖装置の機能に異常はないか
	階段・廊下・非常口	・避難障害となる物が置いていないか ・非常口は、容易に開閉できるか ・床面につまずき、すべり等の発生要因はないか
消火設備	消火器	・定められている場所に置かれているか ・変形・破損・腐食等の異常はないか ・標識は脱落していないか ・蓄圧式の消火器の圧力が低下していないか ・周囲に障害物がなく容易に使用できるようになっているか
	屋内消火栓設備	・消火栓箱の扉の開閉不良および操作障害はないか ・ホース・ノズル・バルブに異常なく、漏水していないか ・バルブ類は適正な開閉状態になっているか ・表示灯は点灯し、容易に確認できるか ・ポンプ室は整理されているか ・制御盤の電源は入っているか
	スプリンクラー設備・泡消火設備	・ヘッドの周囲に障害物はないか ・ヘッドの変形・腐食・漏水はないか ・間仕切変更等によるヘッドの未警戒部分はないか ・ポンプ室・制御弁室のバルブ類は適正な開閉状態になっているか ・圧力計の指示圧力は適正か ・ポンプまわりは整理されているか ・制御盤の電源は入っているか ・送水口周囲に障害物はないか
	不活性ガス消火設備・ハロゲン化物消火設備・粉末消火設備	・ヘッドの変形・破損はないか ・起動装置の周囲に操作の障害物はないか ・操作等の説明標識はついているか ・制御盤の電源は入っているか ・移動式設備のホースおよびノズルに破損、亀裂、操作障害はないか
警報設備	自動火災報知設備	・感知器の変形・破損はないか ・間仕切変更等による感知器の未警戒部分はないか ・発信機の周囲に障害物はないか ・表示灯は点灯し、容易に確認できるか ・受信機の電源に異常はないか ・ベルのスイッチは定位になっているか ・火災表示・回路導通試験は正常か ・警戒区域図はあるか ・非常電源の容量は適正か
	非常警報設備（放送設備）	・ベルまたはスピーカーの変形、脱落等はないか ・ベル・放送の音量は十分か ・放送設備の階選択・一斉放送等の操作機能は正常か ・電源に異常はないか

避難設備	避難器具	・操作場所および降下場所の周囲に十分空間がとられているか ・操作場所の窓は容易に開放できるか ・標識・取り扱い説明板等の破損、脱落はないか ・降下空間に看板・樹木等の障害物はないか
	誘導灯・誘導標識	・標識・パネルの表面が汚れ・破損等がなく、点灯しているか ・広告物・装飾等で見えにくくなっていないか ・非常電源に異常はないか
消火活動上必要な施設	連結送水管	・扉の開閉を妨げる物品等はないか ・各階の放水口のバルブから漏水していないか ・送水口付近に障害物がなく、基準階平面図があるか ・表示灯は点灯し、容易に確認できるか
	非常コンセント設備	・保護箱周囲に障害物はないか ・保護箱扉は容易に全開できるか ・表示灯は点灯し、容易に確認できるか ・コンセントの変形、損傷はないか
その他	消防隊進入口	・外部から容易に進入口を確認できるか ・進入口の周囲に物品等はないか ・容易に開放できるか
	危険物	・危険物等がある場所で、火気を使用していないか ・整理整頓されているか ・施設に漏れ、飛散、破損、腐食等はないか ・タンクや容器に破損、腐食等はないか
	火気管理	・喫煙を指定された場所以外で行っていないか ・吸がらの処理は適切か ・火気使用設備、器具に異常はないか ・電気設備、器具に異常はないか ・厨房のダクトの清掃はされているか ・工事中の火気の取り扱いは適正か
	定員管理	・定員を超える人員を収容していないか
	防炎物品	・カーテン・じゅうたん等は防炎物品が使用されているか（防炎防火対象物）
地震対策	建物構造	・柱・はり・壁・床等に欠損、ひび割れ・脱落・風化等はないか ・窓枠・サッシ等には、ガラス等が落下するおそれのある腐食・ゆるみ・著しい変形等はないか ・タイル・モルタル等の仕上材に、はく落・落下のおそれのあるひび割れ・浮き上がり等が生じていないか
	避難施設	・避難通路の幅員が確保されているか ・扉の開放方向は避難上支障がないか ・避難階段等に通じる出入口の幅は適切か
	危険物	・危険物の転倒、落下防止措置はあるか ・危険物の漏れ・あふれ・飛散はないか

防炎物品

　「防炎物品」とは、消防法で定める防火対象物において使用が義務付けられている一定の基準以上の防炎性能をもつもので、燃えにくくすることで着火しない、もしくは着火した場合でも燃え広がらないことを目的としています。規制のかかる主な対象物は、不特定多数の人が出入りする対象物などです。例えば、高層建築物もしくは地下街、劇場、映画館、飲食店、百貨店、旅館、病院、熱気浴場などが該当します。

　防炎物品の使用が義務付けられているものは、カーテン、じゅうたん、展示用合板、布製ブラインド、暗幕などで、おもに火災が発生した場合に垂直方向に延焼拡大する危険性のあるものが指定されています。

　また、工事中の建築物の工事用シートも防炎規制の対象となっています。

　防炎物品には、燃えにくい性質を持たせるための一定基準以上の処理が施してありますが、見た目で

はわかりにくいため、次のようなラベルで表示されています。

防炎物品の種類			防炎表示の様式
1 布製のブラインド、展示用の合板、どん帳その他これに類する舞台において使用する幕、舞台において使用する大道具用の合板および工事用シートならびにこれらの材料			消防庁登録者番号 **防 炎** 登録確認機関名 30 / 60
2 じゅうたん等およびその材料			消防庁登録者番号 **防 炎** 登録確認機関名 30 / 40
3 1および2に掲げる防炎物品以外の防炎物品	イ 消防庁長官が定める防炎性能に係る耐洗濯性能の基準に適合するもの	(1) 水洗い洗濯およびドライクリーニングについて基準に適合するもの	消防庁登録者番号 **防 炎** 登録確認機関名 30 / 50
		(2) 水洗い洗濯について基準に適合するもの	消防庁登録者番号 **防 炎** 登録確認機関名 水洗い可。ドライクリーニングをした場合は要防炎処理 30 / 50
		(3) ドライクリーニングについて基準に適合するもの	消防庁登録者番号 **防 炎** 登録確認機関名 ドライクリーニング可。水洗いをした場合は要防炎処理 30 / 50
	ロ イに掲げるもの以外のもの		消防庁登録者番号 **防 炎** 登録確認機関名 洗濯をした場合は要防炎処理 30 / 50

備考　1　防炎表示の様式の欄の数字の単位は、ミリメートルとする。
　　　2　様式の色彩は、地を白色、文字のうち「防炎」にあっては赤色、「消防庁登録者番号」および「登録確認機関名」にあっては黒色、その他のものにあっては緑色、横線を黒色とする。
　　　3　登録確認機関の確認を受けていない場合または登録確認機関の確認を受けたが当該登録確認機関の名称を記載しない場合は、「登録確認機関名」に代えて「防炎性能について自己確認した者の名称」とする。

　この他に、法的な規制のない物品で、防炎性能を有したものが「防炎製品」と呼ばれています。

　具体的には、ふとん類・防災頭巾・布張り家具・エプロン・自動車のボディーカバーなど、火災予防上防炎性能を有することが望ましいとされているものがあります。

　福祉施設や病院、一般家庭などで防炎製品を使用することは、有効な防火対策であり、火災の防止や、火災による死者の低減につながります。

第8章 火気管理

法第8条第1項では、「火気の使用や取扱いに関する監督」を防火管理者の重要な職務の一つとして位置づけています。喫煙、たき火、溶接溶断など裸火を取り扱う場合またはコンロなどの火気使用設備を使用する場合は、その管理や火気の不始末等による出火危険が大きいことから、これらに対する規制が市町村条例によって定められています。防火管理者は、火気の使用、取り扱いの監督をする責務があり、監督に際しては、条例に定める火気使用設備・器具の管理基準や火気の使用制限を遵守させることとあわせて、適切な指示を行うことが重要となります。

CHECK!

一般的な留意事項

- ●火気使用場所を配置図等に明示するとともに、それぞれの火元責任者を明確にしておく。
- ●あらかじめ指定された場所以外での火気の使用は認めない。やむを得ず火気を使用する場合は、防火管理者の許可を受け、安全対策を講じて実施する。
- ●火気使用中は、みだりにその場を離れない。
- ●火気使用後は、確実にスイッチ等を切り、安全を確認する。
- ●終業時には、火元責任者が電源の遮断や元栓の閉止状況を確認する。

第1 火気使用設備・器具の管理

設備とは、一定の位置に据え付けて使用するもので、火災予防上安全な位置（建築物、工作物および可燃性物品からの火災予防上安全な距離）、構造、管理について、施行令で定める基準に従い、条例により下表のように定めています。また、器具とは、特定の場所に設置するものではなく、必要に応じて持ち運びができるものをいいます。

種別	対象設備	関係条文	消防署長にあらかじめ設置の届出義務があるもの（条例第44条）
火を使用する設備	炉	火災予防条例（例）の第3条	熱風炉、多量の可燃性のガスまたは蒸気を発生する炉、または、据付面積2平方メートル以上のもの（個人の住居に設けるものを除く。）
	厨房設備	火災予防条例（例）の第3条の4	当該厨房設備の入力と同一厨房室内に設ける他の厨房設備の入力の合計が350キロワット以上の厨房設備
	ふろがま	火災予防条例（例）の第3条の2	
	温風暖房機	火災予防条例（例）の第3条の3	風道の使用、または、入力が70キロワット以上のもの
	ボイラー	火災予防条例（例）の第4条	すべて（個人の住居に設けるものを除く。）
	ストーブ（固定式）	火災予防条例（例）の第5条	
	煙突	火災予防条例（例）の第17条の2	
	壁付暖炉	火災予防条例（例）の第6条	

	設備	条例	対象
火を使用する設備	乾燥設備	火災予防条例 （例）の第7条	すべて（個人の住居に設けるものを除く。）
	サウナ設備	火災予防条例 （例）の第7条の2	すべて（個人の住居に設けるものを除く。）
	簡易湯沸設備 （12キロワット 以下のもの）	火災予防条例 （例）の第8条	
	給湯湯沸設備 （簡易湯沸設備を 除く）	火災予防条例 （例）の第8条の2	入力70キロワット以上の給湯湯沸設備 （個人の住居に設けるもの、または労働安全衛生法施行令第1条第3号に定めるものを除く。）
	燃料電池発電設備	火災予防条例 （例）の第8条の3	すべて（第8条の3第2項または第4項に定めるものを除く。）
	掘ごたつおよび いろり	火災予防条例 （例）の第9条	
	ヒートポンプ冷暖 房機	火災予防条例 （例）の第9条の2	入力70キロワット以上の内燃機関によるもの
火災発生のおそれのある設備	グラビア印刷機、起毛機等火花を生ずる設備	火災予防条例 （例）の第10条	すべて
	放電加工機	火災予防条例 （例）の第10条の2	すべて
	全出力 20キロワットを 超える変電設備	火災予防条例 （例）の第11条	全出力50キロワットを超える高圧または特別高圧の変電設備
	急速充電設備	火災予防条例 （例）の第11条の2	全出力50キロワットを超える急速充電設備
	内燃機関を原動力とする発電設備	火災予防条例 （例）の第12条	固定して用いるもの（第12条第4項に定めるものを除く。）
	蓄電池設備	火災予防条例 （例）の第13条	蓄電池容量が20キロワット時以下のものを除く
	ネオン管灯設備	火災予防条例 （例）の第14条	設備容量2キロボルトアンペア以上のネオン管灯設備
	舞台装置等の 電気設備	火災予防条例 （例）の第15条	
	避雷設備	火災予防条例 （例）の第16条	
	水素ガス 充てん気球	火災予防条例 （例）の第17条	すべて

※市町村条例により異なる場合がありますので、詳細は管轄の消防本部でご確認ください。

一般的な留意事項　CHECK!

- ●設備・器具と可燃性物品等との間は、火災予防上安全な距離を確保し、可燃性物品等を放置しないよう整理、清掃に努める。
- ●日常的に破損箇所や機能上の欠陥の有無をチェックし、異常を発見したときは、素人修理はせず、専門家に相談する。
- ●燃料は適正なものを使用し、燃料タンクや配管は、転倒または衝撃を防止するために必要な措置を講ずる。
- ●点火または通電した状態でみだりに放置しない。
- ●その他取扱説明書等の注意事項を遵守して使用する。

第2 喫煙管理

　たばこは、火災の原因のうちで常に出火原因の上位を占めています。出火の経緯として、消したつもりの吸がらをゴミ袋に捨てた、たばこの火が布団などの可燃物の上に落ちた、作業中の喫煙などにより石油類に引火したなどがあります。最近では禁煙・分煙の施設が増えていますが、指定された場所における喫煙の管理をするとともに、指定場所以外での喫煙についても十分に気をつけましょう。

第3 劇場、百貨店等における喫煙等の制限

　不特定多数の人が出入りする場所では、火災が発生した場合には特に人命危険が大きいことから、火災予防条例等により、次に掲げる場所では、喫煙し、もしくは裸火を使用し、または当該場所に火災予防上危険な物品を持ち込んではならないと定められています。ただし、特に必要な場合において消防長（消防署長）が火災予防上支障がないと認めたときは、この限りではありません。

喫煙し、もしくは裸火を使用し、または火災予防上危険な物品を持ち込んではならない場所

> **ア**　劇場、映画館、演芸場、観覧場、公会堂もしくは集会場（以下「劇場等」という。）の舞台または客席
>
> **イ**　百貨店、マーケットその他の物品販売業を営む店舗または展示場（以下「百貨店等」という。）の売場または展示部分
>
> **ウ**　文化財保護法（昭和25年法律第214号）の規定によって重要文化財、重要有形民俗文化財、史跡もしくは重要な文化財として指定され、または旧重要美術品等の保存に関する法律（昭和8年法律第43号）の規定によって重要美術品として認定された建造物の内部または周囲
>
> **エ**　**ア**および**イ**に掲げるもののほか、火災が発生した場合に人命に危険を生ずるおそれのある場所

　これらの場所には、「禁煙」、「火気厳禁」、「危険物品持込厳禁」等の標識を掲げて周知するとともに、必要に応じて安全な場所に喫煙所を設け、その旨を表示しなければなりません。

※市町村条例により異なる場合がありますので、詳細は管轄の消防本部でご確認ください。

第4 たき火等の管理

　たき火による火災の多くは周囲の枯草等に着火したり火の粉が飛んで出火していますが、火を消さずに放置したり残り火の処置が不十分であったことに起因するものも多く、たき火を行う場合の管理の徹底が必要です。

　特に、建物の周囲でたき火を行う場合は、外壁に炎が接したり火の粉が窓などから室内に入り込み出火するケースがあり、十分な注意が必要です。

1 平常時の留意事項

> **ア** 可燃性の物品の近くで、たき火はしない。たき火をするときは、水バケツ、消火器等消火の準備を行い、終わるときは、残火を完全に消火する。
> **イ** 突風等により火の粉が飛散することがあるので、たき火中は監視を怠らない。
> **ウ** 火災とまぎらわしい煙や火炎を発するおそれのある場合は、事前に消防署へ届け出る。
> **エ** 周辺地域の生活環境に与える影響が大きなたき火は禁止されています。

2 火災警報発令時の留意事項

法第22条第4項は、「火災に関する警報が発せられたときは、警報が解除されるまでの間、その市町村の区域内に在る者は、市町村条例で定める火の使用の制限に従わなければならない。」としています。これは、火災の危険性が、湿度や風などの気象条件によって大きく左右されることから、火災警報発令中におけるたき火等、火の使用の制限が火災予防条例に定められているものです。

火災予防条例（例）

第二十九条 火災に関する警報が発せられた場合における火の使用については、次の各号に定めるところによらなければならない。

一 山林、原野等において火入れをしないこと。
二 煙火を消費しないこと。
三 屋外において火遊び又はたき火をしないこと。
四 屋外においては、引火性又は爆発性の物品その他の可燃物の附近で喫煙をしないこと。
五 山林、原野等の場所で、火災が発生するおそれが大であると認めて市（町・村）長が指定した区域内において喫煙をしないこと。
六 残火（たばこの吸がらを含む。）、取灰又は火粉を始末すること。
七 屋内において裸火を使用するときは、窓、出入口等を閉じて行うこと。

第5 工事中の防火管理

防火対象物の使用後においても、建物の増改築、修繕、模様替えなどのほか、設備の設置および変更等の工事が行われることがあります。工事に際しては、溶接溶断作業等の火気の使用、塗装作業等における危険物品の使用、作業員の喫煙など火災発生危険が増大することから、火気管理を十分に徹底し、出火防止を図らなければなりません。

特に、工事をしながら営業中に出火した場合は、過去の火災事例にみられるように、多数の人命が失われるおそれがあり、工事中の防火管理を徹底することが重要です。

1 工事中の防火対象物の使用時における留意事項

> **ア** 使用部分と工事部分の各責任者は、工事に先立ち協議し、「○○ビル工事防火安全協議会」等を設置し、建物全体の防火管理対策を確立し、使用部分と工事部分について一体的かつ有機的な防火管理体制を推進できるようにしておく。
> **イ** 工事防火安全協議会を定期的に開催し、工事の進捗状況、防火管理対策および教育訓練の実施等について協議し、相互連絡体制を確立しておく。
> **ウ** 工事部分の責任者は、当該工事部分における防火管理上の遵守事項を定め、すべての工事関係者に周知徹底するとともに、各作業グループごとに火元責任者を置き、組織的な点検、報告体制を確立しておく。

エ 工事中の防火対象物の関係者および工事等の施工責任者は、既存の消防用設備等の機能が有効に保持できるように努めるとともに、当該消防用設備等の機能保持に関し、次の内容の計画を協議して定めておかなければなりません。

- 電源および起動部分の切替工事は、休日または営業時間外等において短時間に行うこと。
- 電源および起動部分の切替工事以外の工事は、各階または各防火区画ごとに、かつ、部分的に行うものとし、他のすべての部分の機能は有効に保持できる状態にしておくこと。
- 工事等により消防用設備等の機能が一時停止し、または低下する場合は、あらかじめすべての関係者に周知させ、消火器の増設、警備員の増強等適切な措置をとること。
- 工事等の内容について、あらかじめすべての関係者に周知させ、事故防止に努めること。

2 火気管理

ア 溶接作業等

ガスや電気による溶接、溶断作業、グラインダー等による火花を発する作業、トーチランプ等による加熱作業等を行う場合は、火花の飛散や接炎等の危険があるため、次の措置を講じる。

- 付近の可燃物を除去するか、または不燃材料や難燃性を有するもので遮へいするとともに、必要に応じて散水したり、湿った砂の散布等を行う。
- 引火性または爆発性の物品のある場所では、作業をしない。
- 可燃性ガス、溶剤のベーパーや粉じんが滞留する場所は、換気や除じんを十分行うとともに、火気の取扱いを制限する。
- 作業中の監視および作業後の点検を十分行う。

イ 工事用電気設備

工事中は、電動工具や照明設備等の電源として仮配線や転がし配線を行うことが多く、このため、電気配線が損傷したり、機器が不適切な状態で使用されて出火する場合があるので、次の事項に注意する。

- 分電盤、電動機等は、可燃物が接触しないよう、かつ、損傷するおそれがない安全な位置に設置する。
- 電灯や配線等は、著しく動揺し、または脱落しないよう取り付けるとともに、損傷を受けるおそれがある部分には、適切な保護をする。
- コンセントからコードリールやテーブルタップ等を使用する場合は、過大な負荷がかからないよう定格電流に注意する。
- コードを巻いた状態で使用すると、定格電流を守っていてもコードが過熱して出火する場合があるため、コードを延ばすか、使用電力を減らして使用する。

ウ 喫煙管理等

工事現場では、可燃性の材料、くずが排出され、さらに工事資材の搬入等により雑然となりがちのため、整理整頓を徹底するとともに、次の事項に注意する。

- 作業現場には、火災予防上安全な場所に吸がら容器を設置し、当該喫煙場所以外での喫煙を禁止する。
- ストーブを使用するときは、火災予防上安全な場所に置く。

3 可燃性物品の管理

工事現場では、木材その他の可燃性資材、塗料や接着剤等の引火性物品、アセチレンガスや酸素の高圧ガス等が多量に持ち込まれることが多く、これらのものに着火して火災となり、延焼拡大の要因ともなるので、次の事項に注意して適正に管理することが必要です。

- 工事現場に持ち込む危険物品は、必要最小限の量とする。なお、一定数量以上の危険物等を貯蔵し、または取り扱う場合は、許可や届出が必要となります。
- 危険物等の引火性または爆発性物品は、容器に入れて密栓し、不燃性の保管庫に収納するなど、

適切に管理する。
- 危険物容器や高圧ガスボンベ等は、地震等による転倒、落下防止の措置を講じておく。
- 工事現場は常に清掃し、整理整頓に努める。
- 休日、夜間等で無人となるときは、放火や火遊び等を防止するため、工事現場への侵入防止、施錠を徹底する。

第6 放火防止対策

放火は徐々に減少傾向にありますが、全国統計における火災原因の上位を占めています。

放火される場所は、屋外ではゴミや廃棄物の置場、駐車場、屋内では倉庫、車庫、共同住宅等のエレベーターホール、階段等が多く、一般に部外者が自由に出入りできるところや人目につかないところが上位を占めています。

放火火災を防止するためには、事業所の実態に応じた対策を行うことが重要ですが、一般的に、次の事項に留意することが必要です。

出入りが自由な場所における留意事項
- 死角となりやすい廊下、階段室、洗面所等の可燃物の整理、整頓または除去
- 物置、倉庫、空室等の人の出入りが少ない場所の施錠管理
- 出入口の特定および監視の強化
- アルバイト、パート社員の明確化および不審者への声かけ
- 監視カメラ、ミラー等の設置による死角の解消および死角となる場所の不定期巡回監視体制の確立
- 内装材、装備品等の不燃化の推進

就業時間外における留意事項
- 敷地内および建物内への侵入防止措置の実施
- 火元責任者または最終帰宅者による火気および施錠の確認
- 連続放火が発生した地域にあっては、その時間帯における巡視の強化
- 休日、夜間等における巡回体制の確立および放置可燃物等の整理、整頓

施錠管理に関する留意事項
- 出入口および窓の施錠
- 車庫、駐車場内の車両の施錠の確認

初期消火対策等に関する留意事項
- 全従業員（アルバイトを含む）に対する火災発見時の対応要領および初期消火要領の徹底
- 消火器、水バケツ等の設置または増設
- 人目につきにくい場所への警報ベル等の設置

消防計画に規定すべき留意事項
- 自己事業所や周辺に放火が発生したときの初動対応および警戒体制に係る事項
- 全従業員（アルバイトを含む）に対する放火防止意識の高揚策
- 用途および建物配置等、実態に応じた巡視警戒体制に係る事項

第1 消防法で規制する危険物の概要

1 危険物の定義

⑴ 広い意味での危険物には、消防法上の危険物のほかに、高圧ガス、火薬類、毒物、劇物等様々なものが存在します。これらについては「高圧ガス保安法」、「毒物及び劇物取締法」等でそれぞれ規制の対象としています。

　消防法は、主に火災予防の観点から発火性、引火性等の著しいものをとりあげ、これを危険物として規制しています。消防法の中では「危険物とは、別表第1の品名欄に掲げる物品で、同表に定める区分に応じ同表の性質欄に掲げる性状を有するものをいう。」として定義づけています。（法第2条第7項）

　具体的には、危険物かどうかの判断は、その物品が消防法に掲げられている品名に該当するかどうか、また、該当する場合には、その物品が法別表第1に掲げられている性状を有しているかどうかによります。

　これらの危険物の主な特性としてあげられるのは、①火災発生の危険性が大きい、②燃焼速度が速く、火災拡大の危険性が大きい、③火災のとき消火が困難となるといった性状を有していることです。

⑵ 危険物は、その性状に応じて第1類から第6類までの6つに分類されています。

第1類から第6類までの各類の主な性状

第1類 酸化性固体	燃焼の際の酸素供給源となり、可燃物と混合したものは、加熱、摩擦、衝撃等により発火、爆発する危険性を有する。それ自体は不燃性である。
第2類 可燃性固体	燃えやすい性質を持つ常温で固体の物質であるが、燃焼の際、亜硫酸ガス等有毒なガスを出すものがある。また、この類に属する物質を粉状で取り扱う場合は、これを空気中に浮遊させると粉じん爆発を起こす危険がある。また、引火性を有するものもある。
第3類 自然発火性物質 および禁水性物質	水と接触すると化学反応を起こし、種々の危険をもたらす物質で、水と接触すると直ちに発火するもの、可燃性ガスを出すものである。また、空気にふれると発火するものもある。
第4類 引火性液体	引火性の液体物質である。水より軽く、水に溶けず、また蒸気は空気より重いものが多いため各種の危険がある。 共通の特性　⑴極めて引火しやすい。⑵蒸気は空気より重い。⑶蒸気は空気とわずかに混合していても燃焼する。⑷発火温度の低いものは危険である。⑸一般に水より軽く、水に溶け難い。
第5類 自己反応性物質	可燃性の物質で、他から酸素の供給を受けなくても燃焼性の強いものである。 また、加熱、摩擦、衝撃等によって爆発する危険なものもある。
第6類 酸化性液体	強い酸類で、酸化性をもつ液体の物質で、それ自体不燃性であるが、可燃物と接触するとそれを発火させたり、水と混合すると激しく発熱し、また、分解して刺激性の強い有害なガスを出す危険なものがある。

危険物の品名と指定数量一覧表

類	性質	品　名	性質（令）	指定数量（令）	試験方法	試　験	
第1類	酸化性固体	1　塩素酸塩類 2　過塩素酸塩類 3　無機過酸化物 4　亜塩素酸塩類 5　臭素酸塩類 6　硝酸塩類 7　ヨウ素酸塩類 8　過マンガン酸塩類	第1種酸化性固体	50kg	酸化力の潜在的な危険性および衝撃に対する敏感性を判断するための試験による。	粉粒状のもの	落球式打撃感度試験
		9　重クロム酸塩類 10　その他のもので政令で定めるもの（過ヨウ素酸塩類、過ヨウ素酸、クロム、鉛またはヨウ素の酸化物、亜硝酸塩類、次亜塩素酸塩類、塩素化イソシアヌル酸、ペルオキソ二硫酸塩類、ペルオキソほう酸塩類、炭酸ナトリウム過酸化水素付加物） 11　前各号に掲げるもののいずれかを含有するもの	第2種酸化性固体 第3種酸化性固体	300 1,000			燃焼試験
						粉粒状以外のもの	大量燃焼試験
							鉄管試験
第2類	可燃性固体	1　硫化りん 2　赤りん 3　硫黄 4　鉄粉 5　金属粉 6　マグネシウム 7　その他のもので政令で定めるもの 8　前各号に掲げるもののいずれかを含有するもの 9　引火性固体	…………… …………… …………… …………… 第1種可燃性固体 第2種可燃性固体 ……………	100kg 100 100 500 100 500 1,000	原則として、火災による着火の危険性および引火の危険性を判断するための試験による。	小ガス炎着火試験	
						引火点測定試験	
第3類	自然発火性物質および禁水性物質	1　カリウム 2　ナトリウム 3　アルキルアルミニウム 4　アルキルリチウム 5　黄りん 6　アルカリ金属（カリウムおよびナトリウムを除く）およびアルカリ土類金属 7　有機金属化合物（アルキルアルミニウムおよびアルキルリチウムを除く） 8　金属の水素化物 9　金属のりん化物 10　カルシウムまたはアルミニウムの炭化物 11　その他のもので政令で定めるもの（塩素化けい素化合物） 12　前各号に掲げるもののいずれかを含有するもの	…………… …………… …………… …………… …………… 第1種自然発火性物質および禁水性物質 第2種自然発火性物質および禁水性物質 第3種自然発火性物質および禁水性物質	10kg 10 10 10 20 10 50 300	原則として、空気中で発火の危険性および水と接触して発火し、または可燃性ガスを発生する危険性を判断するための試験による。	自然発火性試験	
						水との反応性試験	

類	性質	品　名	性質（令）	指定数（令）	試験方法	試　験
第4類	引火性液体	1　特殊引火物 2　第1石油類 3　アルコール類 4　第2石油類 5　第3石油類 6　第4石油類 7　動植物油類	………… 非水溶性液体 水溶性液体 ………… 非水溶性液体 水溶性液体 非水溶性液体 水溶性液体 ………… …………	50L 200 400 400 1,000 2,000 2,000 4,000 6,000 10,000	原則として、引火の危険性を有することを判断するための試験による。	引火点測定試験 80℃以下タグ密閉式 80℃を超える場合はクリーブランド開放式 引火点が0℃以上80℃未満で動粘度10cst以下の場合セタ密閉式
第5類	自己反応性物質	1　有機過酸化物 2　硝酸エステル類 3　ニトロ化合物 4　ニトロソ化合物 5　アゾ化合物 6　ジアゾ化合物 7　ヒドラジンの誘導体 8　ヒドロキシルアミン 9　ヒドロキシルアミン塩類 10　その他のもので政令で 　　定めるもの 11　前各号に掲げるもののい 　　ずれかを含有するもの	第1種自己反応性物質 第2種自己反応性物質	10kg 100	原則として、爆発の危険性および加熱分解の激しさを判断するための試験による。	熱分析試験 圧力容器試験
第6類	酸化性液体	1　過塩素酸 2　過酸化水素 3　硝酸 4　その他のもので政令で 　　定めるもの 5　前各号に掲げるもののい 　　ずれかを含有するもの		300kg	酸化力の潜在的な危険性を判断するための試験による。	燃焼試験

2 危険物に関する規制の概要

　危険物に関しての規制としては、消防法により危険物施設ごとに区分して細部にわたる規制（単体規制）をしているほかに、昭和50年12月に制定された石油コンビナート等災害防止法により危険物、高圧ガス等を多量に貯蔵し、または取り扱う事業所および特別防災区域の総合的防災体制にハード、ソフト面から規制がかけられています。

⑴ 消防法による規制の概要

　消防法による危険物の規制を大別すると、危険物の「貯蔵・取扱い」と「運搬」との2つに分けられます。

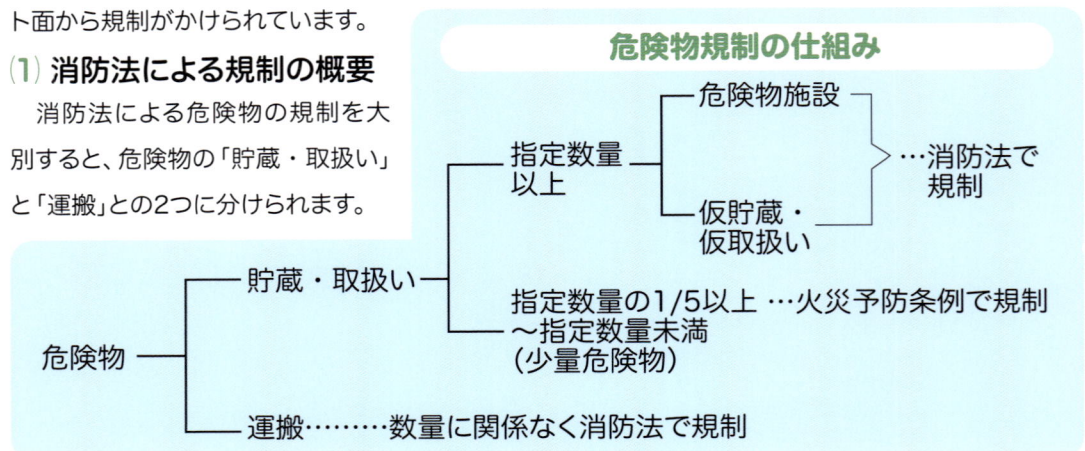

危険物を貯蔵したり取り扱ったりする量が指定数量以上になる場合は、危険物施設として許可を受けた場所でなければこれを行うことができないこととなっています。

CHECK!

指定数量の算定

ガソリン…180L ⎫ 保有している場合、個々には指定
灯油 …… 800L ⎭ 数量未満ですが、それぞれの保有量を指定数量の数値で除し、その数値を合計します。

$$\frac{180}{200}=0.9 \qquad \frac{800}{1000}=0.8$$

$$0.9+0.8=1.7$$

指定数量の**1.7倍保有**していることになります。

消防法

第十条　指定数量以上の危険物は、貯蔵所（車両に固定されたタンクにおいて危険物を貯蔵し、又は取り扱う貯蔵所を含む。以下同じ。）以外の場所でこれを貯蔵し、又は製造所、貯蔵所及び取扱所以外の場所でこれを取り扱つてはならない。ただし、所轄消防長又は消防署長の承認を受けて指定数量以上の危険物を、十日以内の期間、仮に貯蔵し、又は取り扱う場合は、この限りでない。

　指定数量以上の危険物を貯蔵したり、取り扱ったりする場合であっても、臨時的な貯蔵や取り扱いをする場合は、その区域を管轄する消防長または消防署長の承認を受ければ、危険物施設以外の場所であっても危険物の貯蔵や取り扱いをすることができます。これを通常、「仮貯蔵または仮取扱い」の承認と呼んでいます。

　仮貯蔵、仮取扱いの承認は、10日以内の期間に限られていますので、10日をこえる長期間の貯蔵または取り扱いは認められません。

　危険物施設の許可行政庁は、消防本部および消防署を置く市町村においては当該区域の市町村長、その他の区域においては当該区域を管轄する都道府県知事とされていますが、危険物施設のうち移送取扱所（いわゆるパイプライン施設）の許可に関しては、1つの消防本部および消防署を置く市町村の区域のみに設置されるものについては、当該市町村長の権限とし、その他の区域にわたって設置されるものについては、1つの都道府県の区域内にとどまるものは当該区域を管轄する都道府県知事、2つ以上の都道府県にわたるものは総務大臣の権限に属するものとされています。

　危険物施設の許可にあたっては、法令に定められた技術上の基準（周囲との安全上の距離、施設の構造、安全上の設備および公共の安全の維持、災害発生防止上の内容等）に照らした審査が行われています。施設の使用は、許可行政庁の完成検査を受け、技術上の基準に適合していると認められた後でなければ使用できません。また、施設の使用にあたっては、都道府県知事の行う危険物取扱者試験に合格した危険物取扱者により、または当該危険物取扱者の立会いのもとで危険物を取り扱わなければなりません。

イ 指定数量の5分の1以上 〜指定数量未満（少量危険物）

　危険物を貯蔵したり取り扱ったりする量が指定数量の5分の1以上、指定数量未満である場合は、少量危険物の貯蔵または取扱いの場所として火災予防条例によって規制されます。この場合は、指定数量以上の危険物を貯蔵し、または取り扱う施設の場合のように、施設の許可等は必要としませんが、消防署長へ届出する義務が課せられています。なお、少量危険物の貯蔵、取り扱い方法等については、種々の規制があります。

ウ 危険物の運搬

　危険物を運搬する場合は、その量の多少にかかわらず、運搬容器（容器の構造、材質、最大容積または最大収容重量）、積載方法（収納率、収納方法等）および運搬方法等について規制を受けます。

届出された少量危険物取扱所

(2) 石油コンビナート等災害防止法による規制の概要

ア 区域指定および特定事業所の指定

　石油コンビナート等災害防止法による基準総貯蔵取扱量（石油等10万kL）および基準総処理量（高圧ガス2,000万㎥）を基準として、石油コンビナート等特別防災区域が政令で指定されます。

　特別防災区域内に立地する事業所は、当該事業所ごとに基準貯蔵取扱量（1万kL）および基準処理量（200万㎥）を基準に、これを超えるものは第一種事業所として、これ以下のもののうち貯蔵量、取扱量および処理量によって一定基準に達するものは都道府県知事が第二種事業所として指定します。

イ 防災用施設、設備の義務化

　特定事業所を設置する特定事業者に特定防災施設等の設置をはじめ、防災資機材として大型化学消防車等および自衛防災組織を設置し、防災要員の確保を義務づける一方、特定防災施設等の定期点検の実施を義務づけています。

ウ 自衛防災組織

　当組織は、消防法で定める自衛消防組織（隊）のような初期消火を目的としているものと異なり、災害発生前の災害防止対策および災害の鎮圧等も含まれ、有事の際は消火または石油等の流出拡大防止活動を実施、平常時は事業所の防災のためのパトロールおよび防災資機材等の点検を行っています。

3 危険物関係法令

(1) 消防法　　　　　　　　　　　(3) 危険物の規制に関する規則
(2) 危険物の規制に関する政令　　(4) 火災予防条例

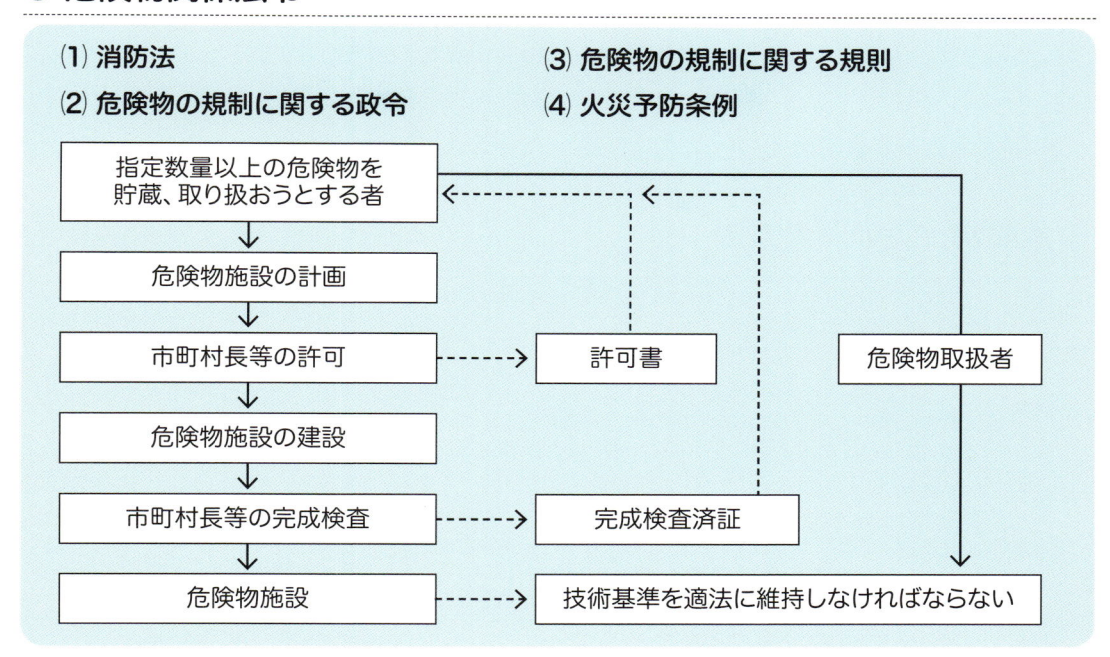

　指定数量以上の危険物を貯蔵、取り扱いしようとする者は、危険物施設の設置について、市町村長等に申請をし、許可を受けなければなりません。許可を受けた後は許可書に基づいて危険物施設の建設に着工し、完成した場合には市町村長等が実施する完成検査を受け技術上の基準に適合していた場合に完成検査済証が交付され、危険物施設として使用が認められます。なお、危険物施設には危険物取扱者を必ず置くよう規定されています。

第2　危険物の火災防ぎょ

1 危険物火災の特異性

　危険物関係の火災は、一般火災に比較して火勢は強く、燃焼速度も速く、しかも有毒ガスの発生率が高い。

　水で消火できないもの、または水を注ぐとかえって危険となるもの、消火作業に危険が伴う等幾多の悪条件が重なり合っているため、防ぎょ活動は困難となります。

　燃焼速度の速い危険物火災では、寸秒を争う程、初期消火が重要であり、たとえ消火はできなくても、少しでも燃焼範囲を拡大しないようにすることが大切です。

(1) 発火、引火性の問題　(2) 燃焼速度の問題　(3) 消火困難性の問題

　上記の3つの特性は、単なる危険性の併存でなく、相乗されて危険性は増大するので、この危険性を排除して、かつ、適切な火災予防と消火方法をとらなければなりません。

2 初期消火の注意事項

(1) 災害実態の把握 ——————— できる限り速やかに災害の実態を把握すること
(2) 迅速な通報、報知 ——————— 消防機関への通報、全従業員への報知を速やかに行うこと
(3) 初期消火、応急救護 —————— 初期消火および状況によっては応急救護に当たること

3 危険物火災の消火方法

第1類	・アルカリ金属の過酸化物には水は少量であっても絶対使用してはならない。 ・その他の物品は注水が可能である。
第2類	・鉄粉、金属粉等が燃焼した際には、水による消火は爆発の危険が伴うため、乾燥砂、金属火災用粉末消火剤（主成分：塩化ナトリウム）等を使う。 ・引火性固体は、第4類危険物の消火方法に準ずる。 ・他の物品は注水消火が最適である。水幕、霧状の水、泡等どれでもよい。
第3類	・乾燥砂で窒息消火する。 ・二酸化炭素、消火粉末、ハロゲン化物でもさして害はないが効果はない。金属カリウム・金属ナトリウムの場合は二酸化炭素の酸素をとって燃えることもあるので乾燥砂でおおう方法をとる。 ・アルキルアルミニウムの火災には、現在効果的な消火薬剤はない。膨張ひる石を散布し、粉末消火剤を放射するなど、火勢を抑制して延焼を防ぎ、安全に燃焼させる。
第4類	・蒸発気体の燃焼であり、第4類危険物は水より軽いものがほとんどなので一般に水はよくない。 ・ごく小規模の火災には乾燥砂等でおおう方法もよい。 ・粉末、二酸化炭素、ハロゲン化物、泡等が適当である。 ・アルコールのように水に溶けるものは、普通の泡は効果がなく、水溶性危険物用泡消火薬剤を用いる。 ・小缶類が多数の場合は、注水冷却しながら燃えていない缶を搬出する。
第5類	・固形物には大量の水による注水消火が効果的である。また、乾燥砂の利用もよい。 ・液体のものには乾燥砂、その他、窒息消火がよいが、爆発火災では大量の水で注水消火する。
第6類	・液が漏れて木材等から煙が出た場合は、局所に注水すれば発火を防止できる。 ・液が漏れた場合、濡れ手拭等で口鼻を押え、周囲のものを除去して発煙場所に大量注水する。危険物が飛散しないよう注意する。 ・大量の乾燥砂、中和剤があれば適当である。 ・発生するガスを吸わないよう、風上から消火にあたる。

　危険物火災は、石油ストーブ火災のような小規模なものから、コンビナート区域内の製油所、油田または化学工場の火災といった大規模なものまで様々です。しかし、その事故原因の大半は①取り扱いの不注意（粗暴な取り扱い）、②危険物の性質に関する知識の欠如、③貯蔵・取扱い・運搬容器等の不適、④建物構造等の不適などに起因しており、これにより火災を拡大させ被害を大きくしています。

　過去の危険物災害事例をみると大量に危険物の貯蔵、取扱いを行っているところよりも、かえって少量の取扱場所において、火災事故の多いことに注目しなければなりません。

　これは危険物を大量に扱っているところでは、防火管理の徹底と同時に、取り扱う人の

危険物に対する意識の高さが大いに関係しているといえます。

　危険物については、大量に取り扱うか否かにかかわらず、その安全管理に当たっては同じように臨み災害の未然防止に万全を期さなければなりません。

第3　指定可燃物

　指定可燃物とは、「わら製品、木毛その他の物品で火災が発生した場合にその拡大が速やかであり、又は消火の活動が著しく困難となるものとして政令で定めるもの」（法第9条の4）をいい、指定可燃物その他指定可燃物に類する物品の貯蔵および取扱いの基準は、市町村条例で定めることとされています。

　「政令で定めるもの」として「危険物の規制に関する政令の別表第4の品名欄に掲げる物品で、同表の数量欄に定める数量以上のもの」が定められています。同表に掲げる数量以上のものを貯蔵または取扱う場合には、あらかじめ消防長（消防署長）へ届け出ることとし、一定の技術上の基準に従って、貯蔵または取り扱わなければなりません。

指定可燃物の品名とその数量

品　　名		数　　量
綿花類		200kg
木毛およびかんなくず		400kg
ぼろおよび紙くず		1,000kg
糸類		1,000kg
わら類		1,000kg
再生資源燃料		1,000kg
可燃性固体類		3,000kg
石炭・木炭類		10,000kg
可燃性液体類		2㎥
木材加工品および木くず		10㎥
合成樹脂類	発泡させたもの	20㎥
	その他のもの	3,000kg

備考
1　綿花類とは、不燃性または難燃性でない綿状またはトップ状の繊維および麻糸原料をいう。
2　ぼろおよび紙くずとは、不燃性または難燃性でないもの（動植物油がしみ込んでいる布または紙およびこれらの製品を含む。）をいう。
3　糸類とは、不燃性または難燃性でない糸（糸くずを含む。）および繭をいう。
4　わら類とは、乾燥わら、乾燥藺およびこれらの製品ならびに干し草をいう。
5　再生資源燃料とは、資源の有効な利用の促進に関する法律（平成3年法律第48号）第2条第4項に規定する再生資源を原材料とする燃料をいう。
6　可燃性固体類とは、固体で、次の(1)、(3)または(4)のいずれかに該当するもの（1気圧において、温度20℃を超え40℃以下の間において液状となるもので、次の(2)、(3)または(4)のいずれかに該当するものを含む。）をいう。
　　(1) 引火点が40℃以上100℃未満のもの
　　(2) 引火点が70℃以上100℃未満のもの
　　(3) 引火点が100℃以上200℃未満で、かつ、燃焼熱量が34kJ/g以上であるもの
　　(4) 引火点が200℃以上で、かつ、燃焼熱量が34kJ/g以上であるもので、融点が100℃未満のもの
7　石炭・木炭類には、コークス、粉状の石炭が水に懸濁しているもの、豆炭、練炭、石油コークス、活性炭およびこれらに類するものを含む。
8　可燃性液体類とは、法別表第1備考第14号の総務省令で定める物品で液体であるもの、同表備考第15号および第16号の総務省令で定める物品で1気圧において温度20℃で液状であるもの、同表備考第17号の総務省令で定めるところにより貯蔵保管されている動植物油で1気圧において温度20℃で液状であるものならびに引火性液体の性状を有する物品（1気圧において温度20℃で液状であるものに限る。）で1気圧において引火点が250℃以上のものをいう。
9　合成樹脂類とは、不燃性または難燃性でない固体の合成樹脂製品、合成樹脂半製品、原料合成樹脂および合成樹脂くず（不燃性または難燃性でないゴム製品、ゴム半製品、原料ゴムおよびゴムくずを含む。）をいい、合成樹脂の繊維、布、紙および糸ならびにこれらのぼろおよびくずを除く。

第4 ガス

　都市ガス、液化石油ガスは日常生活になくてはならない生活燃料です。しかし、ふだん何気なく使用しているこれらのガスも取り扱いを誤れば、ガス中毒、爆発火災などの事故につながります。過去のガス事故としては、昭和55年の静岡市内のゴールデン地下街爆発火災、昭和58年の静岡県つま恋ガス爆発、平成元年の瀬戸市内の金融機関での都市ガス埋設配管からの漏洩爆発火災などが上げられます。このような事故を予防するためにも、ガスの性状を十分理解し、正しい取り扱い、点検の励行をしなければなりません。

1 ガスの性状

区分	都市ガス（天然ガス）	液化石油ガス（LPガス）
主成分	メタン　88% エタン　6% プロパン　4% ブタン　2%	プロパン プロピレン ブタン ブチレン
付臭	温泉のような臭い（硫黄系）	卵がくさったような臭い
空気比重	0.65	1.5 〜 2.0
完全燃焼に必要な空気量	ガス$1m^3$当たり$11m^3$	ガス$1m^3$当たり$24m^3 〜 31m^3$
爆発限界	5 〜 15%	2 〜 10%
備考	都市ガス13A	液化石油ガスが気化すると体積は約250倍になる

2 取扱い

　ガス設備およびガス器具については、関係法令に基づいて、正しい取り扱いを行うとともに、点検を行わなければなりません。また上記表からもわかるように、都市ガスは空気よりも軽いため漏れた場合は室内の天井部分に滞留し、液化石油ガスの場合は空気より重いため床付近に滞留します。

　ガス漏れが起こったときは、ガスの元栓を締めるとともに、扉、窓等を開け、都市ガスの場合はうちわ等であおぎ出し、液化石油ガスの場合はほうき等ではき出すようにして屋外に排出します。この場合は、火気を使ったり、電灯等のスイッチを入れたりしてはなりませんし、衣服等により発生する静電気にも注意しなければなりません。

3 届出について

　上記1、2に示した他、液化石油ガスおよび圧縮アセチレンガスについては、火災の予防または消火活動に重大な支障を生ずる物質という観点から、消防法第9条の3の規定により、液化石油ガス（300kg以上）または圧縮アセチレンガス（40kg以上）を貯蔵しまたは取り扱う者は、消防長または消防署長への届出が義務づけられています。

第5 薬品等の混触混合発火防止

混合により発火または爆発する物質の一例をあげると下表のとおりです。このほか、金属ナトリウム、金属カリウムのように、水と反応して燃えだしたり、生石灰のように水と反応して発熱する物質があります。

これら混合発火の危険のある薬品は、同じ棚で保管することをさけ、また、棚は転倒および落下防止措置をするとともに、個々の薬品は容器1本ごとに区分する枠を設け、すべり止めの措置をしておくことが必要です。なお、割れやすい容器のものは棚の下の方に保管してください。

無 水 ク ロ ム 酸	アルコール、アセトン、シンナー
硝 酸	アルコール、可燃物
黄 り ん	濃硫酸、塩素酸塩類、アルカリ
赤 り ん	ヨウ素、二硫化炭素、塩素酸塩類
過 マンガン 酸 塩 類	グリセリン、濃硫酸、過酸化水素、硫黄

注 それぞれ左欄の物質と右欄の物質が混合すると発火する。

第10章 火災の現象

第1 燃焼と消火法

1 燃焼

　燃焼という言葉の意味は、光と熱を伴う化学反応の総称です。通常の場合は、空気（酸素）中で物質が酸化され火炎を生じる現象を指します。石油が燃えるのは明らかに燃焼となりますが、ニクロム線の赤熱は燃焼にはあたりません。

2 燃焼の3要素

　燃焼が発生したり、それが継続するためには酸化されやすい物質、つまり可燃物と、酸素を供給する物質、すなわち酸素供給源が必要となります。さらに熱源（点火エネルギー）が加わることで初めて燃焼が起こります。

　燃焼に必要な可燃物、酸素および点火エネルギーを燃焼の3要素とよび、この中の一つでも欠ければ燃焼は起こりません。また、その継続も不可能となります。

3 燃焼の形態

　可燃物の燃焼は、その種類や燃焼する場所、その他器具などによって、様々な現象を現すことになります。

可燃物の状態	燃焼の形態	例
気　体	気体がそのまま空気と混じって燃焼（拡散燃焼）	水素、プロパン
液　体	気化した蒸気が空気と混じって燃焼（蒸発燃焼）	ガソリン、灯油
	熱分解したガスが空気と混じって燃焼（分解燃焼）	脂肪油
固　体	液化し、さらに熱分解したガスが空気と混じって燃焼（分解燃焼）	パラフィン、ろう、脂肪
	昇華により発生したガスが空気と混じって燃焼（蒸発燃焼）	ナフタリン、しょうのう
	固体自身の表面で燃焼（表面燃焼）	コークス、金属粉
	熱分解により発生したガスが空気と混じって燃焼 ※（分解燃焼）	各種プラスチック木材

※ 分解燃焼のうち、硝化綿、セルロイドのように熱分解により発生した酸素によっても燃焼するものを自己燃焼といいます。

4 燃焼範囲

　可燃性ガスが空気と混合して燃焼する場合は、ガスの割合が多すぎても少なすぎても燃焼は起きません。また、ガスの種類によりそれぞれ燃焼が可能な濃度の範囲をもっています。この濃度範囲を燃焼範囲といい、そのうち低い方を燃焼の下限、高い方を燃焼の上限といいます。

5 引火点と発火点

　可燃性の液体や固体を加熱すると、その表面から可燃性ガスが発生します。この可燃性ガスの濃度が、燃焼範囲の下限を形成するときの液体や固体の温度を、その物質の引火点と呼びます。発火点とは、可燃物が空気中で加熱される場合、引火点とは異なり、他から点火エネルギーを与えられずに、自ら燃え始めるときの最低温度をいいます。

CHECK!

燃焼範囲

　可燃性液体の場合、燃焼が起きるのは可燃性蒸気と空気とが適当な割合に混合されたときに限られます。つまり可燃性蒸気と空気との混合割合がうす過ぎても、濃過ぎても燃焼は起こらなくなります。燃焼が起きる場合の可燃性液体の濃度の低い方の値を燃焼下限界、高い方を燃焼上限界といい、燃焼が起きる範囲を燃焼範囲または爆発範囲と呼びます。

物質名	引火点 (℃)	発火点 (℃)	燃焼範囲 (%)
ガソリン	-43	380	1.4 ～ 7.6
とうもろこし油	254	393	―
アセチレン	-17.8	299.4	2.5 ～ 81
一酸化炭素	ガス	608.9	12.5 ～ 74
エチルアルコール	12.8	422.8	4.3 ～ 19
水素	ガス	585	4.0 ～ 75
綿実油	252	343	―
大豆油	282.2	445	―
灯油	37.8	228.9	0.7 ～ 5
二硫化炭素	-30	100	1.3 ～ 44
プロパンガス	ガス	466	2.2 ～ 9.5
ベンゾール	-11.1	562.2	1.4 ～ 7.1
メタン	ガス	537.2	5.3 ～ 14.0
都市ガス	ガス	―	4.9 ～ 15

6 消火法

　消火とは、燃焼反応を中止させること、すなわち、燃焼に必要な3要素の一つ以上を除いて燃焼を継続できなくすることです。その方法を大別すると、冷却消火法、窒息消火法、除去消火法、希釈消火法、その他の消火方法に区分できます。

冷却消火法　燃焼物を冷却することによって、熱を奪い燃焼物の温度を下げることです。

　最も一般的なものは水で、その比熱および気化熱を利用する方法です。これは噴霧状にして用いることにより、さらに効果をあげることができます。

窒息消火法　燃焼に必要な酸素の供給を絶つことによる方法です。

・ 不燃性の気体でおおう方法

　二酸化炭素などのように、空気より重い不燃性の気体でおおって窒息させる方法です。ただし、金属火災に対しては、反応するものがあるので注意することが必要です。

・ 泡でおおう方法

　泡により直接燃焼物の表面をおおって窒息させる方法です。

・ 固体でおおう方法

　この中には消火粉末、乾燥砂、毛布などによる方法があります。

除去消火法　燃焼の3要素の一つである可燃物を取り除いて消火する方法です。

・ ガスや油を配管で送っている場合に、元弁を閉めて燃料の供給を断つ方法

・ 大火災のような場合、一定の範囲内にある建築物等を除去して防ぎょ線（空白地帯）をつくり、燃焼を防止する方法

希釈消火法 可燃性ガスの濃度や可燃物の組成を、燃焼範囲の下限界未満に薄めて消火する方法です。

・気体によって希釈する方法

可燃性ガスの濃度を、二酸化炭素などで薄める方法などがあります。

・液体で可燃物を希釈する方法

水溶性の可燃性液体であるアルコールやアセトンを水で薄める方法などがあります。

その他の消火方法 以上のほかには、アルカリ金属塩類などにより、連鎖反応を抑制する方法などもあります。燃焼は酸化連鎖反応であるので、この反応を抑制し、またはその連鎖反応を断つことによって消火することができます。

実際に消火する場合は、2つ以上の消火法が重なって作用するものです。たとえば、水で消火する場合、主な効果は冷却と考えられますが、霧状にすれば窒息効果もあるというようなことです。

消火器は、これら2つ以上の消火法を応用してできています。

第2 火災危険

1 火災の定義

一般的に火災の定義は

火災とは、人の意図に反して発生し、もしくは拡大しまたは放火により発生して消火の必要がある燃焼現象であって、これを消火するために消火施設またはこれと同程度の効果のあるものの利用を必要とするもの、または人の意図に反して発生しもしくは拡大した爆発現象をいう。

とされています。

2 発火源

火災発生のもととなる発火源には次のようなものがあります。

火気使用器具・設備

(1) ガスこんろ

天ぷら油の過熱、煮物等の沸とう、近接可燃物へのふく射による加熱（低温着火）、接炎、燃料もれ

(2) 煙突

屋根・壁体等可燃材を貫通する部分での熱伝導およびふく射による加熱（低温着火）

(3) 乾燥設備

乾燥物の発火、乾燥設備の構造・取扱い不良、故障

裸火

(1) マッチ、ライター

子供の火遊び、放火等

⑵ たばこ

吸がらの不始末、寝たばこ

⑶ 火の粉

煙突、たき火等からの飛火

機械器具・装置

⑴ 摩擦熱

回転運動、往復運動などによる摩擦熱（軸受、切削機械、ベルト等の伝動装置）

⑵ 火花

グラインダー、溶接溶断機、反毛機類、めっき仕上用ペーパーなどを操作中に発生した火花が、取り扱っている綿などに着火

⑶ 高温体

内燃機関等の高温体との接触

電気機器・配線

⑴ 漏電（地絡）、短絡

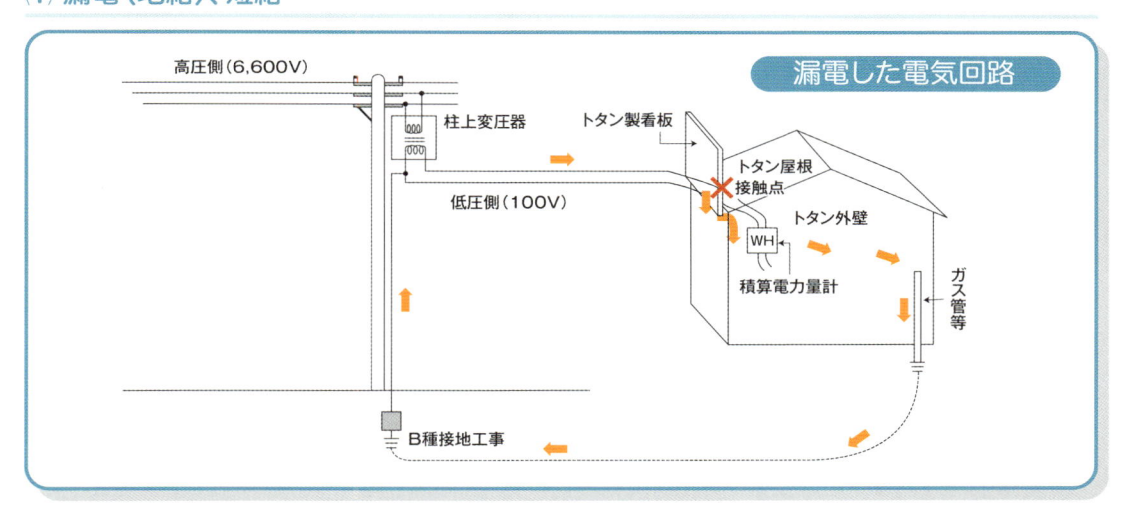

電気に基づく火災の発生は、電気のエネルギーが何らかの理由で熱となって起こるものです。電線や電気機器など電気の流れる物体は絶縁物で被覆され、支持されていて、電流が電線以外へ流れないようになっていますが、絶縁物が何らかの原因で破れたりすると、電流が正規の通路以外を通って大地に流れ込んだり、2本の行きと帰りの線がふれあって火花が出る場合があります。前者を地絡あるいは漏電といい、後者を短絡といいます。

⑵ 過熱

● 過電流による発熱
● コードの束ねによる発熱
● 接続部の過熱（接触不良等）
● 電気機器の過熱

たこ足配線はやめましょう

⑶ 電気機器の火花

　スイッチなどを切ったり、入れたりする場合に火花が出ます。特に切るときに出やすく、可燃性ガスや引火性液体の蒸気がただよっている場所では、ガスや蒸気がこのような火花で容易に引火します。

⑷ トラッキング現象

　トラッキング現象とは、プラグを長い期間コンセントに差し込んだままにしておくと、プラグとコンセントの隙間にホコリがたまり、局部的に絶縁性能が低下した際に電流が流れ、熱が発生します。

　このホコリが原因で発火につながる現象を「トラッキング現象」といいます。

静電気

　一般的に電気火花や炎や熱源に対しては注意が払われますが、静電気に関しては、あまり注意されない傾向があります。石油類等、電気抵抗の大きい液体を取り扱う際に、液体の流れの摩擦その他によって、静電気が発生し、その火花によって火災爆発をひき起こすケースがあります。

　空気の乾燥した季節や場所では、発生した静電気が、放電されないまま徐々に蓄積し、火花を発して引火源となるので、散水や加湿などによる静電気の除去（帯電防止）に努める必要があります。

危険性物質

⑴ 自然発火性物質

　自然発火とは、他から火源を与えないで、物質が空気中で常温において自己発熱を起こし、その熱が長期間蓄積され、ついに発火点に達して燃焼を起こす現象です（セルロイド、動植物油が付着したぼろ・油かす、アルミニウム等の切削くずなど。）。

⑵ 禁水性物質

　空気中の湿気を吸収し、または水分と接触したとき、発火または発熱する物質があり、これを禁水性物質といいます（カーバイト、金属カリウム、生石灰など。）。

⑶ 爆発性物質

　爆発とは、化学反応を伴う急激な圧力上昇現象であり、化学反応には燃焼反応、分解反応などがあります。

　爆発は、その結果として衝撃波による破壊作用、爆発生成ガス（1,000℃以上）による火災発生の危険があります。爆発性物質を爆発形態から分類するとおおむね次のとおりです。

① 混合ガス爆発 ……………… （水素、アセチレン、LPG、ガソリンなど）

② ガス分解爆発 ……………… （アセチレン、エチレン、二酸化塩素など）

③ 粉じん爆発 ………………… （硫黄、石灰、金属粉など可燃性固体の微粉）

④ 混合危険による爆発 ……… （無水クロム酸とエチルアルコールなど）

⑤ 爆発性化合物の爆発 ……… （火薬、爆薬）

⑥ 蒸気爆発 …………………… （水、有機液体）

建物火災の場合、まず考えなければならないのが煙です。耐火構造のビルでも天井、間仕切壁などの内装は、可燃性のものが多く使われており、家具などの可燃物も多量にあります。この可燃物が燃え出すと、室内の特性として酸素の供給が悪いため、くすぶりによって多量の濃煙が発生します。特に新建材、プラスチック製品については木材に比べ10〜20倍の煙を発生することが、各種の実験で明らかにされています。

この煙には、一酸化炭素（CO）、二酸化炭素（CO_2）さらに燃焼物の種類によっては、塩素ガス等の毒性ガスが多量に含まれ、燃焼に伴う酸素不足、高熱とがあいまって、人間の思考力、判断力を鈍らせて避難行動を阻害し、あるいは一瞬のうちに生理作用を停止させ、中毒、窒息により死に至ります。

1 煙の流速

煙の中では、煙の濃度が2倍になると物体を見通せる距離は1/2に減少します。また、一般に人が煙の中を通るためには、慣れない建物では15〜25m、慣れた建物でも3〜5mの見通すことのできる距離が必要とされています。

また、煙の流速はその時の温度や燃焼速度によって異なりますが、一般に水平方向で 0.5m/s ぐらい、垂直方向では3〜5m/sにもなります。垂直方向では人の歩く速度よりも速いので、階段などでは特に注意を要します。

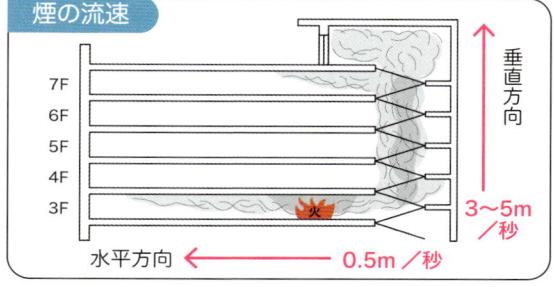

煙の流速

垂直方向
3〜5m／秒
水平方向 ← 0.5m／秒

2 一酸化炭素の毒性

一酸化炭素（CO）とは、酸素の供給が不十分な状態で燃焼する場合に生成される無色無臭の有毒ガスで、二酸化炭素（CO_2）とともに発生する有毒ガスの主体を占めています。

一酸化炭素は、血液中のヘモグロビンと結合して血液の酸素運搬機能を低下させ、脳細胞に障害が起こり、空気中に0.5％含まれている状態では5〜10分で、1.0％ではほとんど一瞬のうちに死に至るといわれ、いかに恐ろしいものであるかがわかります。また、死に至らないまでの濃度においても、頭痛、めまい、けいれん等の中毒症状を呈し、あるいは意識もうろうとなって判断力を失うことにより避難を阻害することもあります。

一酸化炭素中毒の恐ろしさは、多くの死者が発生した過去の火災事例からもわかります。火災で犠牲となった人々は無傷のままで息絶えており、部屋に火が入らなくても犠牲者がでることは十分知っておく必要があります。

また、外見上焼死の状態であっても、一次的な死因は、一酸化炭素中毒によるものが多く含まれています。

3 酸素欠乏

人間は、約21％の酸素を含む空気を吸って生きています。このことからも酸素の欠如が即、生命に影響することはいうまでもありません。

建物内で火災が起きると、急激な燃焼の拡大にともない空気中の酸素が欠乏します。

実験データから、火災の最盛期の室内の酸素濃度は3%台に減少することが明らかになっており、酸素欠乏は人命に重大な影響をもたらします。

酸素欠乏の症状

酸素濃度（%）	症　状
17〜13	過信、不安、悪心、頭痛、判断の障害、視力障害、めまい、虚弱感
14〜10	嘔吐、不安、筋のけいれん、体温上昇、精神混だく、呼吸困難、チアノーゼ
11〜7	意識喪失、けいれん、チアノーゼ
9〜5	昏睡、呼吸停止

4 二酸化炭素の毒性

二酸化炭素（CO_2）は、窒息性のガスですが、弱い毒性を持ちます。

空気中のCO_2濃度と症状

CO_2濃度（%）	症　状	CO_2濃度（%）	症　状
0.04	大気中の濃度	6.0	呼吸数が増加
0.5	公衆衛生上の許容濃度数	8.0	呼吸困難
3.0	呼吸の深さが増す	10.0	意識喪失、呼吸困難
4.0	粘膜に刺激、頭部圧迫感、血圧上昇、耳鳴	20.0	生命に重要な中枢の完全まひ、死亡

第4 建物火災の状況

1 建物火災とその性状

⑴ 木造の建物

ア 火災の特性

- ・延焼速度が速く、短時間で最盛期となる。
- ・建物全般から火炎が噴出することもあるので、他の建物へ延焼し易い。
- ・火が壁体内を伝走し、気が付かないうちに建物全体に広がることがある。
- ・屋根等が燃え抜けて新鮮な空気の流入が盛んになると、一気に火勢が強まる。
- ・火災の最盛期以降は、モルタル壁のはく離落下、外壁の倒壊・崩壊が起こり易くなる。
- ・鎮火したように見えても外壁内、軒・屋根裏等に火が残っていることがある。
- ・飛火することがある。

イ 火災の性状

木造の建物火災の進行は、一般的には次のようになります。

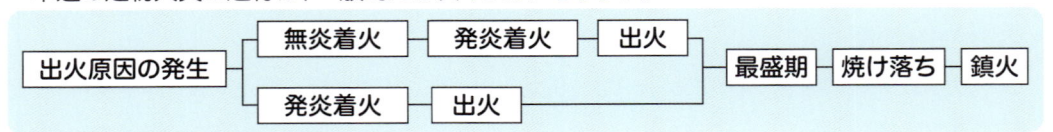

㋐ 出火原因の発生から発炎着火まで

火災経過の第1段階は、消し炭の火のように炎なしで着火する無炎着火や瞬時に炎を発する発炎着火があります。

炎を出さずに長時間くすぶり続ける無炎着火については、可燃物の種類および酸素の供給条件が、発炎着火への進展を左右することになります。

　発炎着火までの経過時間は、主として出火原因の種類と発生位置等に関係し、建物構造の種類は2次的な影響です。

◆ 発炎着火から出火まで

　この間の経過時間は、主として出火点の位置と建物構造に関係します。この時期には、発炎着火により天井や壁へと火災が拡大します。燃焼が進行すると付近の木材、紙などの水分が蒸発して、窓や換気口の開口部等のすき間から白色の煙が噴出します。燃焼がさらに進むと白色の煙から黒い煙となりますが、室内にプラスチック系の可燃物が多くあると、黄色味がかった茶色の煙が多量に噴出するようになります。

◆ 出火から最盛期まで

　室内燃焼の進行に伴い、**フラッシュ・オーバー現象** 注1 を生じることがあります。

　その後、燃焼は急速に拡大し、室内の温度は700 〜 800℃位に達し全体が炎で包まれ、天井や小屋裏は燃え抜けるなどして他へ延焼していき最盛期を迎え、さらに、火炎、黒煙、火の粉を吹きあげ強い輻射熱が生じ、最高温度は1,100 〜 1,200℃位にもなります。

　しかし、この急激なフラッシュ・オーバー現象はすべての火災で起こるとは限りません。たとえば、内装が不燃材料で構成されていて室内可燃物量が少ないような場合には、燃焼が緩慢になります。

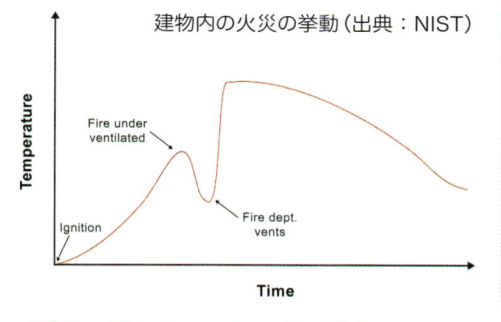

建物内の火災の挙動（出典：NIST）

木造建物の火災時の時間的変化（火災実験例）	
A	初め白煙、つぎ黒煙
B	窓より火炎出はじめる
C	妻壁より火炎出はじめる
D	羽目板の燃焼
E	最高温度 1,078℃（8分）
F	羽目板全部焼失
G	木骨のみとなる
H	倒れる

注1 フラッシュ・オーバー現象

　火災によって発生した熱が建物内に蓄積され、天井、側壁、床、収容物等の可燃物が加熱されて燃焼し易い状態になり、部屋全体が一度に燃え出し、急速に延焼拡大する現象です。

　フラッシュ・オーバーが起こると、急激な熱膨脹を伴うために部屋内の気圧が高くなって、高温の気体（煙も含む）が廊下および建物外に一気に吹き出され、建物の内部は非常に危険な状態になります。

　フラッシュ・オーバーになる瞬間は、一般的には、火炎が天井へ拡大する時ですが、天井が不燃材の場合には火災室近くの温度や火災からの熱放射エネルギーが急激に上昇した時です。フラッシュ・オーバーが発生するまでの時間は、部屋の形状と内装材および部屋の開放状況や空気調和設備の有無等に関係しますが、大体出火後3 〜 10分位です。

フラッシュ・オーバーの火炎噴出状況

写真／NIST

⑵ 木造以外の建物

ア 火災の特性

- 木造の建物に比べて気密性が高く、燃焼速度が木造よりもさらに緩慢で、フラッシュ・オーバー現象までの時間が長くなる。
- 煙が外部に出にくく空気の流入も少ないので、濃煙、熱気が滞留し易い。
- 窓硝子等の開口部が焼け落ちると**バックドラフト現象** 注2 が起こり易くなる。
- 階段、エレベーター、パイプスペース等を経て火炎等が上階に伝走拡散し、立体的な火災に進展する場合がある。
- 可燃物が多く収容されている場合は、長時間にわたり燃焼を継続し高温となる。
- 火災の規模にもよるが、火勢鎮圧後もコンクリートの熱容量が大きく容易に温度が下がらない。

注2 バックドラフト現象

バックドラフトとは、フラッシュ・オーバー 注1 が起こりうる状況で酸素が不足している場合に発生します。このような状況に空気（酸素）が供給されたとき、炎が疾走するかのような爆発が起きます。バックドラフトは、極めて稀な現象ですが、前兆現象（窓やドアの隙間から濃い煙が勢いよく噴き出している時、シャッターやドアのノブが触れられないほど熱くなっている時など）がある時に、開口部ができると一気に燃え広がります。

イ 火災の性状

耐火建物などの火災の進行は、出火原因の発生から出火までは木造の建物火災の性状とほぼ変わらない経過をたどります。ここでは火災の初期、成長期、最盛期の段階について一般的な性状を述べます。

⑦ 初期の段階

耐火建物の火災初期においては、木造の建物に比べ気密性が高いため、窓や換気口の開口部等が閉鎖されていると、新鮮な空気の供給がなく、燃焼も室内にある酸素のみの使用となるので、酸素が減少し燃焼が緩慢になります。しかし、この時期には不完全燃焼のため多量の可燃性ガスが室内に充満します。従って、不用意に開口部を開けると急激に空気が流入して、爆発的に燃えることがあります。

⑦ 成長期の段階

火災の推移に伴う成長期では、室内が一気に燃え広がるフラッシュ・オーバー現象を生じることがあります。

その後、燃焼は急速に拡大し、室内の温度は1,000℃位に達し室内全体が炎で包まれるようになり、開口部から黒い煙や炎を噴出するようになります。

⑦ 最盛期の段階

最盛期では、室内に濃煙・熱気が充満し、フラッシュ・オーバー後の1,000℃前後の高温が長時間持続します。やがて天井の上塗りしっくい、プラスター等が音をたててはじけ落ちるようになり、

場合によっては天井のコンクリートが大きな音を立てて落下し、鉄筋や鉄骨を露出する特異な破壊（コンクリートの爆裂）現象を起こすことがあります。

2 火災時の燃焼速度

火災時の燃焼速度や温度等を支配する要因を抽出すると、次のようなものがあげられます。
- 室内に供給される空気量（開口部の大きさと形状）
- 火災室を構成する構成部材の熱的性質
- 火災室の規模および形状
- 室内の可燃物の種類および形状
- 室内の可燃物の量
- 室内の可燃物の分布

3 火災の延焼過程

延焼の仕方については、出火点の位置により異なりますが、一般に出火点が平面に存在する場合は、火元の周囲に逐次延焼します。出火点が立面に存在する場合は、初めは接炎延焼が目立ちますが、その後はその炎の進路にそって延焼します。

⑴ 木造の建物

一般に1階から出火した場合の延焼順序は、図の木造建物の延焼順序のとおりに延焼していきます。

火災建物に隣接した建物への延焼は構造物によって異なりますが、外壁が木造の場合は軒裏、開口部などから燃え移ります。

⑵ 木造以外の建物

耐火建物などにおいて、特に配管等の区画貫通部が埋め戻しされていない場合や、エレベーター、エスカレーター、廊下、階段等が防火的に区画されていないときには

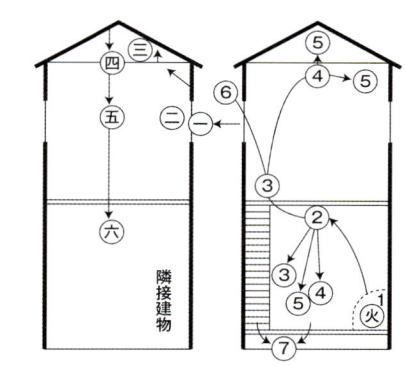

木造建物の延焼順序

は広範囲に延焼します。外面では煙ばかりでなく窓から大きく噴出した炎は、スパンドレル（上下階の窓と窓との間の壁）の短い建物の上層開口部や隣接建物の開口部、換気口等から侵入し延焼していきます。

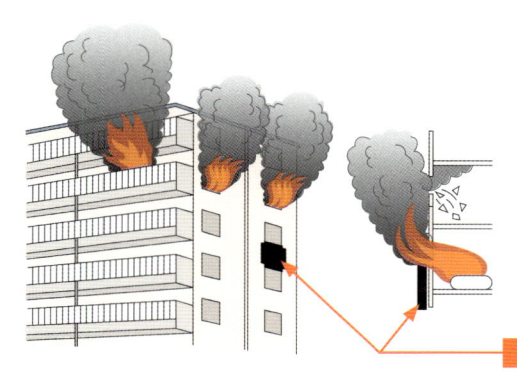

開口部から上階への延焼経路の例

スパンドレル

第11章 地震対策

第1 地震対策の必要性

　日本列島は、4つのプレートが相互に接する地域に位置し、それらの境界で日本海溝、相模トラフ、南海トラフが形成されています。このうち、南海トラフは、駿河湾から九州にかけての太平洋沖のフィリピン海プレートと日本列島側のユーラシアプレートなどの大陸側のプレートが接する境界に形成されています。

　この南海トラフにおいて、近年では、1854年に安政東海地震と安政南海地震、1944年に昭和東南海地震、1946年に昭和南海地震が発生しています。南海トラフの巨大地震の発生間隔がおおむね100〜150年であることからも、当該地域において巨大地震が発生する状況であることが懸念されており、中部圏、近畿圏などの広い範囲に地震の揺れや津波による相当甚大な被害をもたらすおそれがあるとされています。

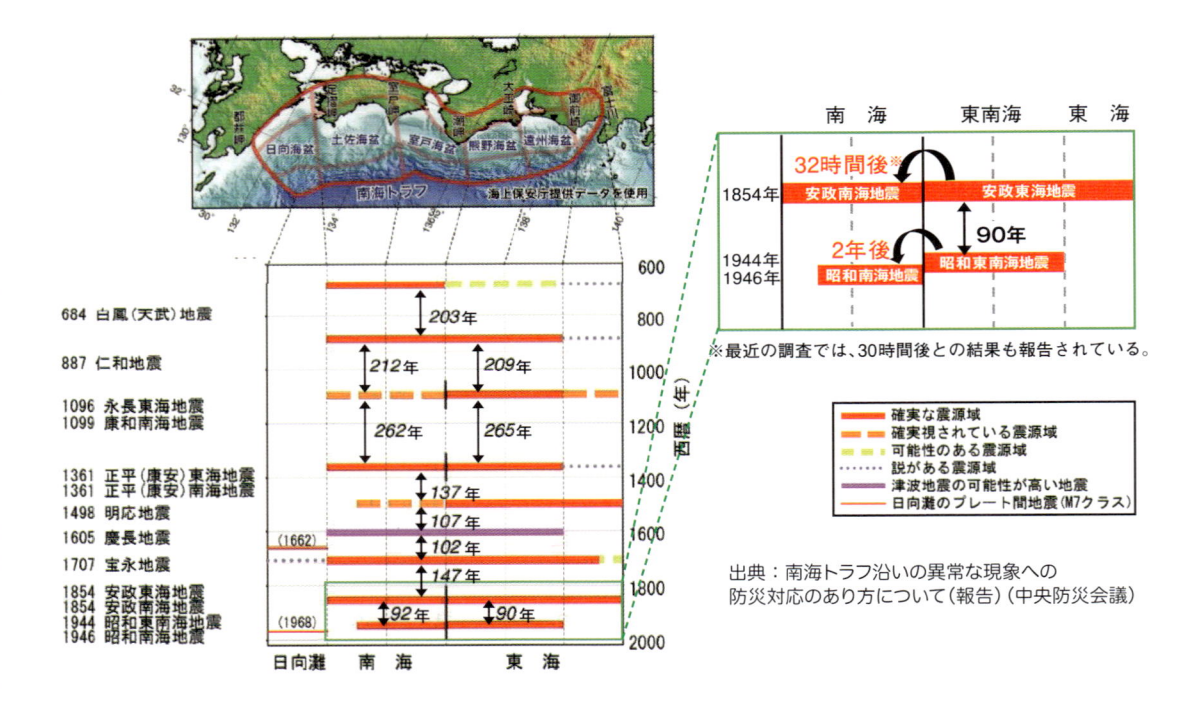

出典：南海トラフ沿いの異常な現象への防災対応のあり方について（報告）（中央防災会議）

　このように、企業にとって大きな影響を与える大地震の発生は逼迫した状況にあると言えます。さらに、「阪神・淡路大震災」や次ページのような直下型地震（資料1参照）についても対策を講じておく必要があります。

「海溝型地震」

　海溝で陸地を形づくっている陸のプレートと海のプレートが衝突すると、海のプレートの密度のほうが大きいために、陸のプレートの下に沈み込んでいきます。そのとき、陸のプレートの端の部分をいっしょに引きずり込んで行きます。その結果、海溝付近で発生するのが「海溝型地震」です。

　この「海溝型地震」は、マグニチュード8クラスの巨大地震も含まれ非常に規模が大きく、また揺れが広い範囲におよびます。さらに深い海底を震源として起きるため、大津波を伴うことが多く、被害も大きくなります。また、この地震は、数十年から数百年程度の比較的短いある程度一定の間隔で発生することがわかっています。

　「東日本大震災（2011年）」、「関東大震災（1923年）」や発生が予想される「「南海トラフ地震」などがこれにあたります。

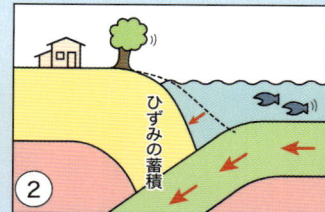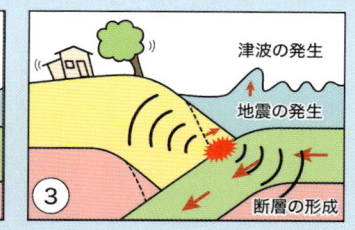

「直下型地震」

　陸側のプレートが引きずり込まれていくときに、陸側のプレートそのものの内部にも歪みが蓄積し、部分的に破壊される場所がでてきます。この場所は実際にひびが入るようにこわれて断層になります。この結果、陸のプレートの内部で発生するのが「直下型地震」です。断層の中にはもう地震を起こさないものとまだ起こす可能性があるものがあり、後者を活断層といい、現在、日本全国で約2,000が確認されています。

　この「直下型地震」は「海溝型地震」よりも規模は小さい地震となりますが、都市の真下で起きることもあり、この場合、被害は小さくありません。また、この地震は、千年〜数万年と非常に長い間隔で発生することから、現状では予知が難しいと言われています。

　「兵庫県南部地震［阪神・淡路大震災］（1995年）」や「濃尾地震（1891年）」などがこれにあたります。

阪神・淡路大震災
建物倒壊現場（神戸市消防局提供）

⚠️ 地震による2次的被害

「液状化現象」

　比較的浅い部分にある、十分に水を含んだ砂地盤は、強い地震動を受けると、砂の中にある水の圧力の上昇により、その部分が液状になってしまうことがあります。このような現象を「液状化現象」と言います。液状化により、地中の埋設物（下水管など）の浮上や建築物の倒壊や傾斜、道路や堤防の損壊、地盤の不等沈下などの被害が発生します。

「地震火災」

　阪神・淡路大震災では、建物の倒壊や損壊による被害の他、地震による火災も発生しました。

　都市の不燃化が進み、一概に比較することはできませんが、関東大震災では、160カ所から出火し、約40時間燃え続け、この火災により約38万戸が焼失し、死者行方不明者は9万9,000人以上と言われています。

「津波」

　平成23年3月11日に発生した東日本大震災では、強い揺れとそれに伴う大津波によって、東北地方を中心に未曽有の被害をもたらしました。

　大地震が海底で発生した場合、海水は、海底に生じた地殻変動によって巨大な波となって周囲に波及していきます。水深の深いところではそれほど目立ちませんが、海岸近くの水深の浅い所では、急に高波、すなわち津波となって海岸地域に襲いかかり、大きな被害を及ぼします。津波の高さは一般的にV字型、U字型の湾では非常に高くなり、特に湾口が外洋に向いている場合は著しく高くなります。津波は地震発生と同時に起きるものではないため、地震発生後の津波情報をいち早くつかむことが大切です。

｜ 発生が懸念される主な大規模地震 ｜

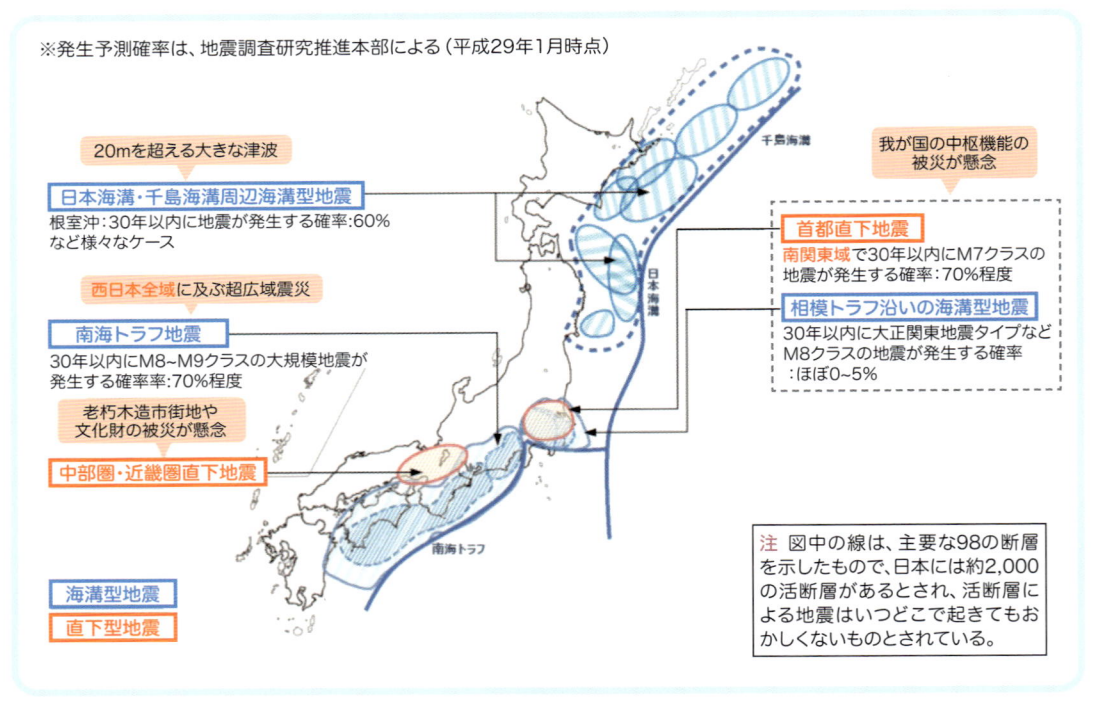

※発生予測確率は、地震調査研究推進本部による（平成29年1月時点）

20mを超える大きな津波

日本海溝・千島海溝周辺海溝型地震
根室沖：30年以内に地震が発生する確率：60%
など様々なケース

西日本全域に及ぶ超広域震災

南海トラフ地震
30年以内にM8~M9クラスの大規模地震が
発生する確率率：70%程度

老朽木造市街地や文化財の被災が懸念

中部圏・近畿圏直下地震

我が国の中枢機能の被災が懸念

首都直下地震
南関東域で30年以内にM7クラスの
地震が発生する確率：70%程度

相模トラフ沿いの海溝型地震
30年以内に大正関東地震タイプなど
M8クラスの地震が発生する確率
：ほぼ0~5%

注 図中の線は、主要な98の断層を示したもので、日本には約2,000の活断層があるとされ、活断層による地震はいつどこで起きてもおかしくないものとされている。

海溝型地震
直下型地震

出典：内閣府防災情報/www.bousai.go.jp/kyoiku/hokenkyousai/jishin.html

第2 地震防災規程（南海トラフ地震に係るもの）

　病院、劇場、百貨店、旅館、その他不特定かつ多数の者が出入りする施設、または地震防災上の措置を講ずる必要があると認められる重要な施設については、地震防災規程を作成し消防署に提出しなければなりません。

1 地震防災規程を作成、届出をする義務のある防火対象物

（ア）大規模地震対策特別措置法施行令（以下、「大震法施行令」という♪第4条第1号に掲げる防火対象物

次の表の防火対象物のうち、不特定かつ多数のものが出入するものに限る。

地震防災規程を作成しなければならない対象物		
(1)イ	劇場・映画館等	収容人員30人以上の防火対象物
(1)ロ	公会堂・集会場等	
(2)イ	キャバレー等	
(2)ロ	遊技場等	
(2)ハ	風俗店等	
(2)ニ	カラオケボックス等	
(3)イ	料理店・待合等	
(3)ロ	飲食店等	
(4)	物品販売店等	
(5)イ	旅館・ホテル等	
(6)イ	病院・診療所等	
(8)	図書館・博物館等	収容人員50人以上の防火対象物
(9)イ	蒸気・熱気浴場	収容人員30人以上の防火対象物
(9)ロ	上記以外の浴場	収容人員50人以上の防火対象物
(10)	車両等の停車場	収容人員30人以上の防火対象物
(11)	神社・寺院・教会	収容人員50人以上の防火対象物
(13)イ	車庫・駐車場	
(15)	官公署・事業所	
(16の2)	地下街	収容人員30人以上の防火対象物
(17)	文化財	収容人員50人以上の防火対象物

※「不特定かつ多数のものが出入するもの」とはその場所に不慣れな多数の人々が常時出入りすることが予想されるものをいいます。
※(15)項については、「不特定かつ多数の者が出入するもの」として銀行等金融機関、官公署、スポーツクラブ等です。明らかに事業所ビルと判断できるものについては、地震防災規程の作成・届出の必要はありません。

（イ）大震法施行令第4条第2号に掲げる防火対象物

複合用途防火対象物のうち、次の表の防火対象物

地震防災規程を作成しなければならない対象物	
(16)イ 特定複合用途防火対象物 (16)ロ 非特定複合用途防火対象物	消防法第8条第1項に規定する複合用途防火対象物のうち、その一部分が令別表第 1(1)項から(4)項、(5)項イ、(6)項イ、(8)項から(11)項、(13)項イ、(15)項の用途に供されているもの（不特定かつ多数のものが出入するものに限る。）で、当該部分の収容人員の合計が30人以上のもの（(5)項ロを含む複合用途防火対象物にあっては、(5)項ロの部分を除いて作成）

※(16)項イおよびロの対象物の一部分が「不特定かつ多数の者が出入するもの」にあてはまるものにあっても、当該部分の収容人員の合計が30人に満たないものについては、上表にかかわらず、地震防災規程の作成・届出の必要はありません。
※特に(16)項ロにあっては、一部分が銀行等金融機関、官公署、スポーツクラブ等で当該部分の収容人員の合計が30人以上の場合は作成・届出の必要がありますが、「不特定かつ多数の者が出入するもの」にあてはまらない単なる事務所が混在する店舗付共同住宅等については、作成・届出の必要はありません。

（ウ）大震法施行令第4条第13号に掲げる防火対象物

学校教育法に定める学校等

地震防災規程を作成しなければならない対象物	
(6)ニ	幼稚園、特別支援学校等
(7)	小中高等学校等

（エ）大震法施行令第4条第14号に掲げる防火対象物

社会福祉法等に定める施設

地震防災規程を作成しなければならない対象物	
(6)ロ、ハ	老人福祉施設等 （複合用途防火対象物内(6)項ロ、ハ）

（オ）大震法施行令第4条第23号に掲げる防火対象物

工場等で当該工場等に勤務する者の数が1,000人以上

地震防災規程を作成しなければならない対象物	
(12)イ	工場・作業所等
(15)	その他の事業所

2 消防署への届出

地震防災規程

　地震防災規程は消防計画の一部をいい、消防計画には基本的な地震防災規程を盛り込みます。既存の消防計画に変更のない場合は、地震防災規程部分のみの届出でも結構です。

　事業所の用途などを考慮し、できるだけ実態に即したものを作成してください。

第3　南海トラフ地震防災対策推進地域への指定

　平成15年12月17日、東南海、南海地震に係る地震防災対策の推進に関する特別措置法に基づき、東南海・南海地震防災対策推進地域が指定されました。平成16年3月31日に地震防災対策計画を作成して津波に関する防災対策を講ずべき者に係る区域が示され、当該区域内の事業者は地震防災対策の推進が義務付けられました。

　その後、平成25年12月27日に同法が「南海トラフ地震に係る地震防災対策の推進に関する特別措置法」に改められ、対象となる地震が南海トラフ地震に拡大されました。

　これに伴い、都府県知事が設定する津波浸水想定において、水深30cm以上の浸水が想定される区域内にある、一定規模以上の関係事業者は、消防計画に津波からの円滑な避難の確保に関する事項等（南海トラフ地震防災規程）を定めることが必要となりました。

1 南海トラフ地震防災規程を定め、届出をする義務のある事業者

共同住宅、従業員が1,000人未満の工場、倉庫等を除く防火管理者の選任が必要な事業所

2 消防計画に定める南海トラフ地震防災規程

① 南海トラフ地震に伴い発生する津波からの円滑な避難の確保に関すること。
② 南海トラフ地震に係る防災訓練の実施に関すること。
③ 南海トラフ地震による被害の発生の防止または軽減を図るために必要な教育および広報に関すること。

〔具体的な内容〕

● 津波警報等が確実に伝達されるよう伝達経路や方法を定めます。
● 従業員や顧客等が円滑に避難するために避難場所や避難経路等を定めます。
● 避難誘導に必要な要員を定めます。
● 南海トラフ地震を想定した防災訓練を年1回以上実施することとし、その実施方法を定めます。
● 従業員等への地震防災上の教育の実施方法、顧客等への広報の実施方法を定めます。

3 消防署への届出

⑴ 南海トラフ地震防災規程

南海トラフ地震防災規程は消防計画の一部をいいます。事業所の用途などを考慮して、実態に即したものとなるように作成してください。

既存の消防計画に変更のない場合は、南海トラフ地震防災規程のみの届出でも結構です。

⑵ 届出部数

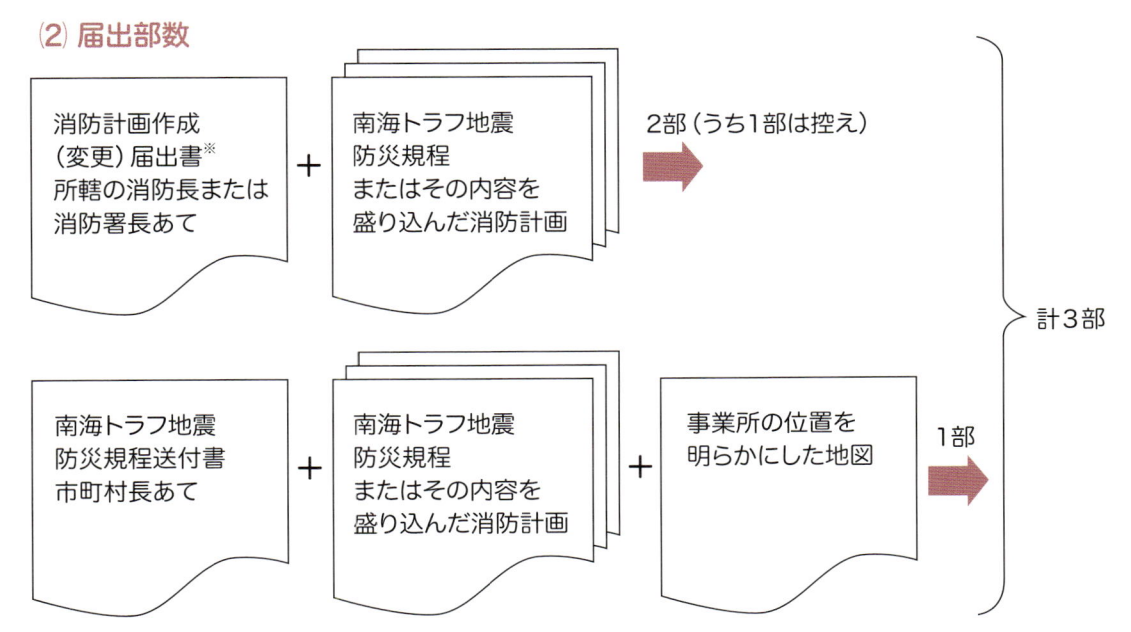

※管理権原が分かれている高層建築物や複合ビル等で、統括防火（防災）管理者の選任が必要な建物の場合は「全体についての消防計画作成（変更）届出書」になります。

＜被害想定＞

　南海トラフ地震等における被害の想定については、中央防災会議にて報告されています。内閣府による被害想定結果は以下のとおりです（令和元年6月公表データに基づく。）。

東海地方が大きく被災するケース

区分		冬・深夜	夏・昼	冬・夕方
死者数（人）	建物倒壊	29,000	13,000	20,000
	津波	154,000	110,000	107,000
	斜面崩壊	400	200	300
	火災	1,500	900	4,800
	合計	184,900	124,100	132,100
負傷者数（人）		270,000	241,000	234,000
揺れによる建物被害での自力脱出困難者数（人）		104,000	65,000	82,000
津波被害に伴う要救助者（人）		33,000	37,000	35,000
全倒壊数（棟）	揺れ	480,000		
	液状化	102,000		
	津波	168,000		
	斜面災害	4,600		
	火災	40,000	56,000	260,000
	合計	794,600	810,600	1,014,600

近畿地方が大きく被災するケース

区分		冬・深夜	夏・昼	冬・夕方
死者数（人）	建物倒壊	29,000	13,000	20,000
	津波	103,000	73,000	72,000
	斜面崩壊	400	200	300
	火災	1,500	900	4,700
	合計	133,900	87,100	97,000
負傷者数（人）		264,000	238,000	231,000
揺れによる建物被害での自力脱出困難者数（人）		104,000	65,000	82,000
津波被害に伴う要救助者（人）		35,000	44,000	41,000
全倒壊数（棟）	揺れ	480,000		
	液状化	102,000		
	津波	173,000		
	斜面災害	4,600		
	火災	40,000	54,000	253,000
	合計	799,600	813,600	1,012,600

四国地方が大きく被災するケース

区分		冬・深夜	夏・昼	冬・夕方
死者数（人）	建物倒壊	29,000	13,000	20,000
	津波	69,000	47,000	47,000
	斜面崩壊	400	200	300
	火災	1,400	900	4,700
	合計	99,800	61,100	72,000
負傷者数（人）		263,000	236,000	230,000
揺れによる建物被害での自力脱出困難者数（人）		104,000	65,000	82,000
津波被害に伴う要救助者（人）		31,000	37,000	35,000
全倒壊数（棟）	揺れ	480,000		
	液状化	102,000		
	津波	158,000		
	斜面災害	4,600		
	火災	39,000	54,000	257,000
	合計	783,600	798,600	1,001,600

九州地方が大きく被災するケース

区分		冬・深夜	夏・昼	冬・夕方
死者数（人）	建物倒壊	29,000	13,000	20,000
	津波	68,000	46,000	46,000
	斜面崩壊	400	200	300
	火災	1,500	900	4,800
	合計	98,900	60,100	71,100
負傷者数（人）		261,000	235,000	229,000
揺れによる建物被害での自力脱出困難者数（人）		104,000	65,000	82,000
津波被害に伴う要救助者（人）		32,000	36,000	34,000
全倒壊数（棟）	揺れ	480,000		
	液状化	102,000		
	津波	185,000		
	斜面災害	4,600		
	火災	40,000	55,000	258,000
	合計	811,600	826,600	1,029,600

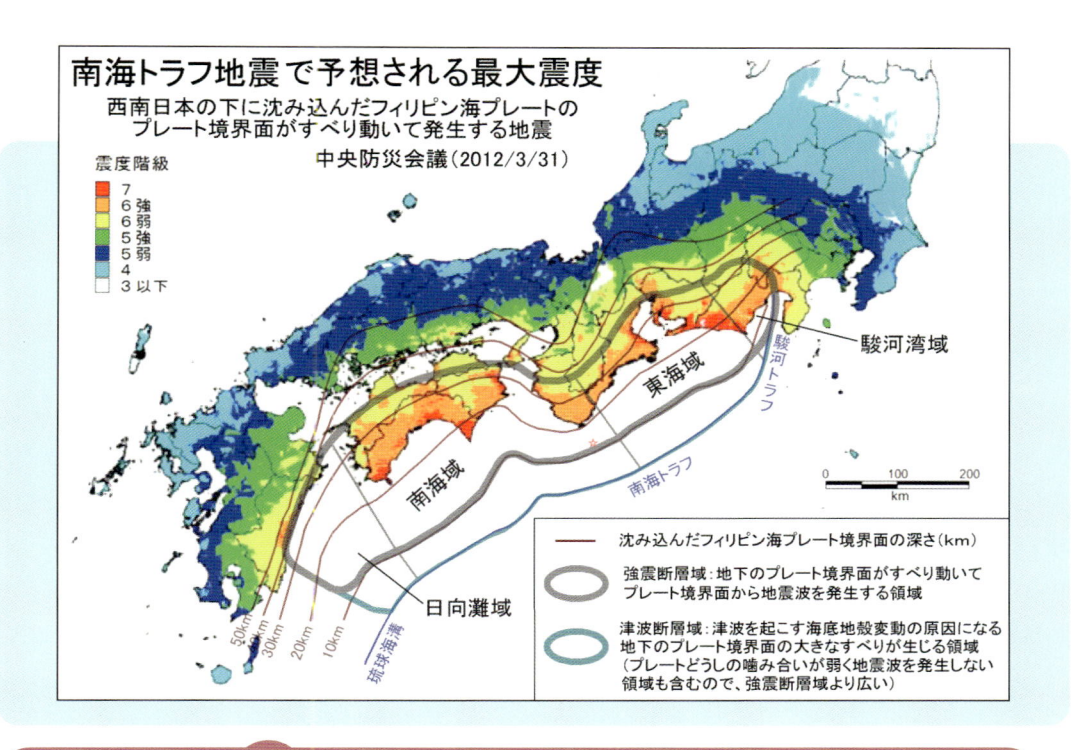

南海トラフ地震で予想される最大震度

西南日本の下に沈み込んだフィリピン海プレートの
プレート境界面がすべり動いて発生する地震

中央防災会議（2012/3/31）

震度階級
7
6強
6弱
5強
5弱
4
3 以下

駿河湾域
駿河トラフ
東海域
南海トラフ
南海域
日向灘域
50km 30km 20km 10km 琉球海溝

沈み込んだフィリピン海プレート境界面の深さ(km)

強震断層域：地下のプレート境界面がすべり動いて
プレート境界面から地震波を発生する領域

津波断層域：津波を起こす海底地殻変動の原因になる
地下のプレート境界面の大きなすべりが生じる領域
（プレートどうしの噛み合いが弱く地震波を発生しない
領域も含むので、強震断層域より広い）

❗ 津波に対する一般的な心得

◆ 地震を感じたら、急いで海岸から離れましょう。

◆ 小さな地震でも、津波が来ることがあります。津波の情報に注意しましょう。

◆ 津波注意報でも、海水浴や磯釣りはやめ、海岸付近から離れましょう。

◆ 津波は繰り返し襲ってきます。津波情報や注意報が解除されるまで、安全なところで様子をみましょう。

第4 事業所の事前対策

　阪神・淡路大震災の際には、高速道路や建物の倒壊、同時多発的な大規模火災などにより、多くの人命と財産が損なわれました。企業にとっても、建物・設備が壊れた、社員が亡くなった、関連会社が被災し業務が停止したなど多大な影響が出ました。これは大規模地震が企業活動そのものにかかわる大きな被害につながるという現実を目の当たりにしたことを意味します。

　ひとたび大地震が発生し、多大な損害を被ることになれば、企業の存続をも左右することになりかねません。地震が発生し、大きな被害に見舞われた場合、国や自治体は市民の救出・救護・避難誘導、家屋の消火、避難所の運営などに全力を投入せざるを得ず、企業への支援に手がまわらないという状況になると考えられ、企業の事業継続には、「自助」の対策が不可欠です。自助を基本とした地震対策によって速やかな業務再開、ひいては事業所の生き残りが図れるのです。

＜事前対策＞

ソフト面	災害対策組織の編成、緊急連絡網の整備、防災訓練の実施、帰宅計画の作成、復旧計画の作成
ハード面	建物の耐震化、設備等の固定、物資の備蓄

1 災害対策組織の編成

　地震災害時には、平常時とは異なる事態が発生するため、平常時の組織体制では迅速・的確な対応をとることができない場合があります。阪神・淡路大震災においても震災後に事業継続を断念した企業が少なくないことから、災害時の対応がその後の企業の明暗を分けるといっても過言ではありません。地震災害時に迅速・的確な対応をし、発災後、早期に復旧するためにも、事前に緊急時の災害対策組織を決定しておきましょう。

CHECK!

〈災害対策組織の例〉

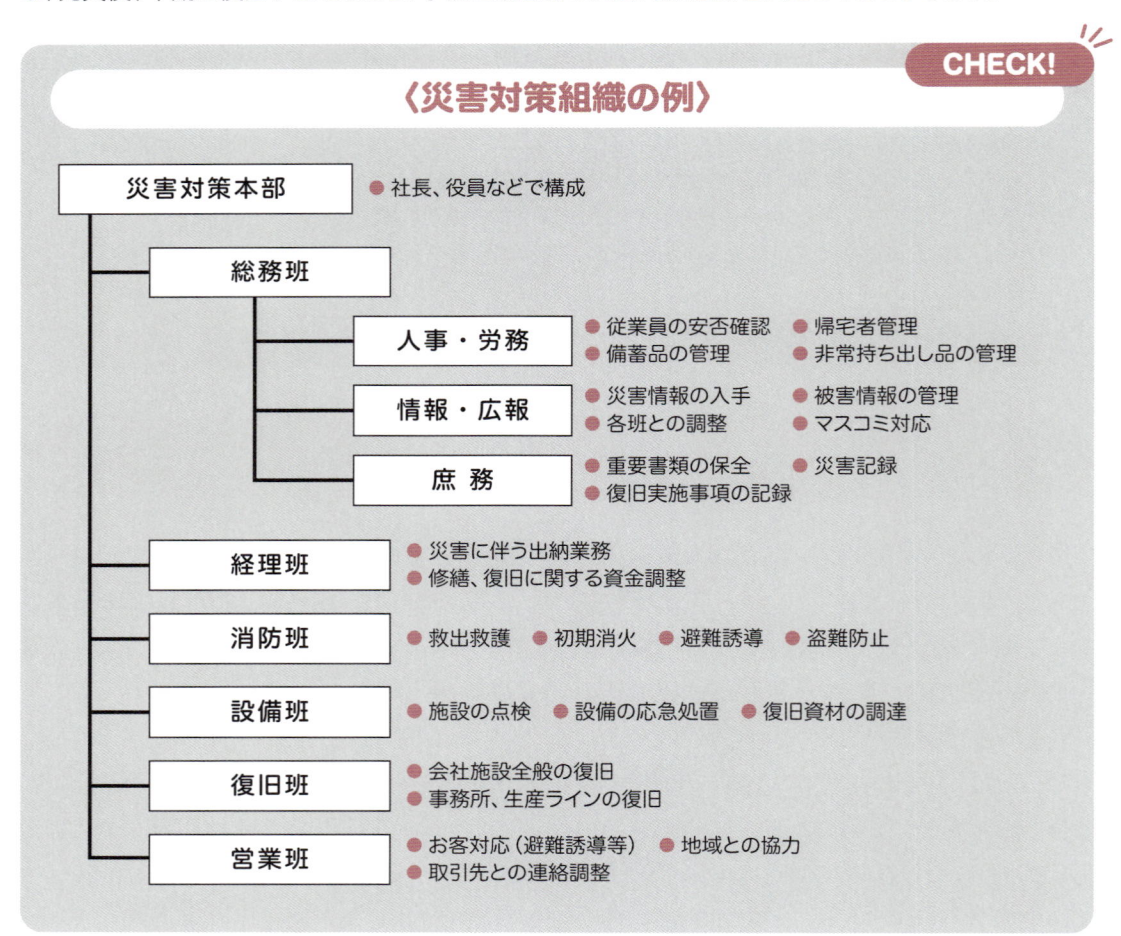

- **災害対策本部** ● 社長、役員などで構成
  - **総務班**
    - **人事・労務** ● 従業員の安否確認　● 帰宅者管理　● 備蓄品の管理　● 非常持ち出し品の管理
    - **情報・広報** ● 災害情報の入手　● 被害情報の管理　● 各班との調整　● マスコミ対応
    - **庶務** ● 重要書類の保全　● 災害記録　● 復旧実施事項の記録
  - **経理班** ● 災害に伴う出納業務　● 修繕、復旧に関する資金調整
  - **消防班** ● 救出救護　● 初期消火　● 避難誘導　● 盗難防止
  - **設備班** ● 施設の点検　● 設備の応急処置　● 復旧資材の調達
  - **復旧班** ● 会社施設全般の復旧　● 事務所、生産ラインの復旧
  - **営業班** ● お客対応（避難誘導等）　● 地域との協力　● 取引先との連絡調整

<h2 style="text-align:center">〈組織運営のポイント〉</h2>

災害対策本部の設置
- 設置基準を明確にし、どの程度の地震で設置するのか社員全員に周知する。
- 本社が被災した場合を想定し、代替の設置場所を決めておく。

指揮命令系統
- 本部長や各班長が被災した場合を想定し、代行者を決定しておく。

マニュアルによる活動基準
- 各班の活動基準を定める。また、地震が勤務時間中に発生した場合や休日に発生した場合を想定しておく。

非常参集要領
- 誰がどこに参集するかをあらかじめ決めておく。
- 地震により電話等の通信手段が不能となった場合に、社員が自主的に参集できるよう、あらかじめ参集要領を決めておく。

※ 病院や社会福祉施設など看護や介護を要する方がいる施設では、職員の非常参集要領をあらかじめ決めておくとともに、非被災地域への搬送を必要とする患者の対応や搬送方法を想定しておくことも重要です!!

2 緊急連絡網の整備

　就業時間外に地震が発生した場合、企業が最優先に行うことのひとつに社員および家族の安否確認があります。安否確認の目的は、社員の無事を確認するということに加え、被災社員への救援体制と事業の復旧体制を整えるための基礎データを作成するということにあります。被災社員へどの程度の救援が必要か、復旧活動へ向けどのような体制をとれるのかなどを決定していくためにも迅速な安否の確認が必要なのです。

※就業時間内に地震が発生した場合、社員が復旧活動に安心して従事することができるようにするためには、社員と家族との間の安否確認が必要です。これにはNTT災害用伝言ダイヤル（171）や携帯電話各社が提供している災害用伝言板等が有効であるため、社員だけでなく、その家族にも周知しておくことも重要です。

<h2 style="text-align:center">〈安否確認のポイント〉</h2>

- ◆ 社員の安否確認情報管理を一本化する。
- ◆ 社員名簿は部署別、五十音順、地域別の3種類を用意する（連絡がつかない場合、近所に住んでいる社員が一刻も早く安否確認する。）。
- ◆ 安否確認は、社員が会社へ連絡することを原則とする。
- ◆ 各社員の避難予定先をあらかじめ把握しておく。
- ◆ 安否確認用に自転車、バイク等を用意する。

3 防災訓練の実施

　緊急時には、思考・判断力ともに平常時に比べて格段に低下すると言われています。非日常的な環境と心理状態に置かれても、職場で定められた災害対策にそって自分の役割を確実に果たすことができるようにしておく必要があります。そのためには、平常時の教育と訓練によって、社員一人ひとりが防災対策を理解しそれぞれの場面での役割を身につけておかなければなりません。また、防災訓練には策定した地震対策の問題点を発見するという大変重要な役割があります。その結果をフィードバックして対策の修正を実施していく必要があります。

　全社員に地震対策の知識を周知するために、社員防災教育を社内の必須研修として位置付け、定期的に実施することが必要です。また、防災訓練は、緊急時にそれらの対策が確実に機能できるようにするとともに、地震対策の問題点を明らかにし、対策の高度化を図るという目的のため、年1回以上定期的に実施することが必要です。

＜防災訓練のポイント＞

◆ 店内の利用者に対する放送要領、避難誘導要領は周知されていますか？

◆ 地震によりスプリンクラー設備が破損した場合、散水を止める方法を知っていますか？（重要な書類や、データが大量の水により消失する可能性があります。）

◆ 救助資機材の取扱いを把握していますか？

◆ ケガ人に対する応急処置はできますか？（広域災害時では、救急車や医療機関の機能はパンク状態です。）

◆ 病院や福祉施設では、避難に時間を要する方が多くいます。迅速な避難誘導体制ができていますか（事前に近隣の事業所や自治会と支援体制を構築しておくなど）

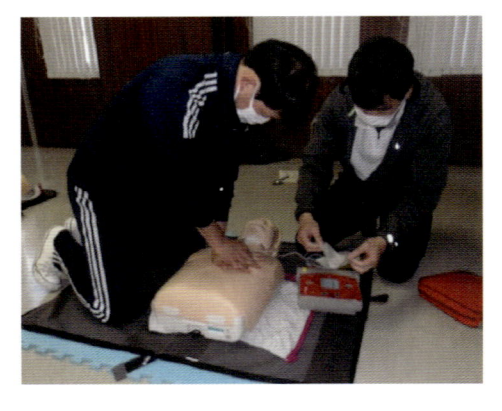

防災教育

地震が発生したとき、わが身わが社を守る行動がとれなければ、どれだけ立派な計画を作成しても意味がありません。平素から地震に対する知識とその方策を知り、とっさに行動できるように練習しておく必要があります。

誰しも大地震の直後は地震への関心を強く持ちますが、月日とともに関心が薄れてしまいます。防災教育の第一歩は、意識を変えることです。

「生まれてから地震にあったことがない。これからも大丈夫だ」

という、いわれなき楽観論や、

「地震は防ぐことができない。対策をとっても無駄だ」

という、あきらめの気持ち、

「いつ発生するかわからない。地震が発生したらそのときだ」

という、日常優先の考え方を改め、経営者、管理者が率先して、

「日本では地震から逃れることはできない。地震が起きることを前提としなければならない」

「地震対策には手間や経費がかかるが、被害額に比べれば問題ではない。安心料、保険料と考えれば決して高くはない」

「地震時に周囲に被害を及ぼさないことも企業の社会的責任であり、対策を怠り、周囲に迷惑をかければ再建は難しい」

といった考え方に改め、地震防災を会社の業務の一部として位置付けることが必要です。

防災教育の内容は、事業所の規模や立地条件により様々ですが、一般的に考えられるものには次のようなものが挙げられます。

＜防災教育のプログラム例＞

☆地震の基礎知識

- ・地震はなぜ起こるのか
- ・地震の予知はどうやってするのか
- ・震度5〜7のときに人や物はどうなるのか

☆地震被害に関する知識

- ・当地には今までどんな地震があったのか、それによりどんな被害が発生したのか
- ・最近の地震で、同種の施設はどんな被害を受けたのか
- ・今予想されている地震や津波により、どんな被害が予想されているのか

☆自社周辺の状況

- ・事業所の立地条件と周辺の状況から、どんな災害が予想されるのか
- ・地方公共団体の防災対策はどうなっているか
- ・避難場所はどこにあるのか、避難場所に至るまでの危険箇所はどこか

☆地震が予知された場合の対策

4 帰宅計画

南海トラフ地震臨時情報が発表された場合や大規模災害発生時には、交通機関が停止するため「帰宅困難者」（※）が多数発生し、それによる社会の混乱・トラブル等の発生が懸念されています。そのため、企業においては、社会の混乱・トラブルの低減および社員の安全確保の両面から、自社の社員が「帰宅困難者」とならないようにする必要があります。

そのためには、事前に帰宅計画を立てて、社員が「帰宅困難者」とならずに安全に帰宅できるようにしておく必要があります。また、地震発生や南海トラフ地震臨時情報発表に伴い交通機関が停止した場合は、むやみに移動しないことを原則とし、社員等を一定期間事務所内に留めておくことができるよう、日頃から必要な物資の備蓄等をしておきましょう。

（※）「帰宅困難者」：公共交通機関等が運行を中止することに伴い、外出者（通勤者、通学者、買物客、出張者、旅行者等）のうち、帰宅することが困難となる者

帰宅決定の判断基準は、以下の通り、「南海トラフ地震に関連する情報」が発表された場合と大規模災害が発生した場合とに分けて内容を決定しておく。

「南海トラフ地震に関連する情報」が発表された段階	大規模災害が発生した場合
＜どの情報の段階で帰宅させるのか＞ 「南海トラフ地震臨時情報」や「南海トラフ地震関連解説情報」のいずれかの内容で帰宅を開始するかを検討しておく。国の「地震防災基本計画」では、準備行動開始のタイミングを「注意情報」としており、社員の帰宅開始も「注意情報」とするのが基本であるが、自宅までの距離など社員の状況を勘案して、社員を帰宅困難者としないために「南海トラフ地震臨時情報（調査中）」など「注意情報」より前での帰宅開始についても検討の必要がある。	**＜どのような場合に帰宅させるのか＞** 社員の安全確保の観点から、地震発生後は、自社および周辺の状況から「帰宅」の他に「避難場所への避難」や「事業所への残留」を実施すべきこともありうる。そのため、どのような場合にどのような社員を「帰宅」させるかを決定しておく。

❗ 発災前に備えるポイント

◆ 小型の携帯ラジオを持ち歩きましょう。

◆ 通勤経路を確認し、避難場所等を把握しておきましょう。また、警戒宣言時に配付される帰宅支援マップを参考にしましょう。

◆ ロッカーにはスニーカーや歩きやすいズボン、また、チョコレートやアメなどの簡易食糧を入れておきましょう。

◆ 安否確認ができるよう、災害用伝言ダイヤル等の使用方法を確認しておきましょう。

◆ 事前に家族で話し合いをしましょう。（連絡手段・集合場所）

◆ 歩いて帰る訓練をし、危険箇所の把握に努めましょう。

◆ 季節に応じた冷暖準備（携帯カイロやタオルなど）を準備しましょう。

5 復旧計画

地震災害後に企業が最終的に目指すところは、「事業の復旧・継続」であることは明らかです。早期復旧は、企業の生死にかかわる問題です。災害発生後は、日々刻々状況が変化しますので復旧計画を事前に立案するのは非常に難しいことですが、災害発生後の混乱した状況の中でできるだけ円滑に復旧業務を進めるためには、事前に復旧計画を立てておくことが必要です。

また近年、事業中断期間を最小限にするための『事業継続計画（BCP：Business Continuity Plan）』の必要性が高まってきています。

6 建物の耐震化

阪神・淡路大震災において、約51万棟の建物が被害を受け、そのうち約10万棟の建物が全壊し、企業活動にも大きな影響が出ました。地震時の建物の崩壊により社員や顧客の生命が奪われる惨事は絶対に避けなければなりません。さらに、建物が崩壊してしまえば、全ての事前対策は無駄となり、事業の早期復旧どころか企業の存続さえ危ぶまれることになりかねません。

このように、ビルや工場の耐震性向上は、最も優先されるべき対策といえます。

> 昭和56年（1981年）に建築基準法が改正されましたが、遡及適用の規定がないため、改正以前の旧耐震基準で建築された建物は現行の耐震基準と同等の安全性が確保されていないものが多くあります。
>
> 阪神・淡路大震災において、倒壊した建物の約95％が旧耐震基準にて建築された建物であったといわれており、旧耐震基準にて建築された建物は耐震診断を行い、耐震性が十分でなければ耐震改修をすることが必要です。
>
> また、1981年以降に建築された建物でも、高層ビルなどでは構造上、地上に比べ大きなゆれになることがあるため、オフィス内の設備はしっかりと固定することが必要です。

7 設備等の固定

阪神・淡路大震災の死亡原因の8割以上が、家屋の倒壊や家具等の転倒等による圧迫死であったと報告されています。事務所の中には、キャビネット、ロッカー、OA機器など多くの設備・備品があり、阪神・淡路大震災の教訓からも人命の安全確保のためには、建物の耐震化と並んで、設備・備品の転倒および破損の防止措置は不可欠なものです。さらにこれらの措置は、緊急時の避難経路の確保、パニックの防止などの理由からも重要となります。

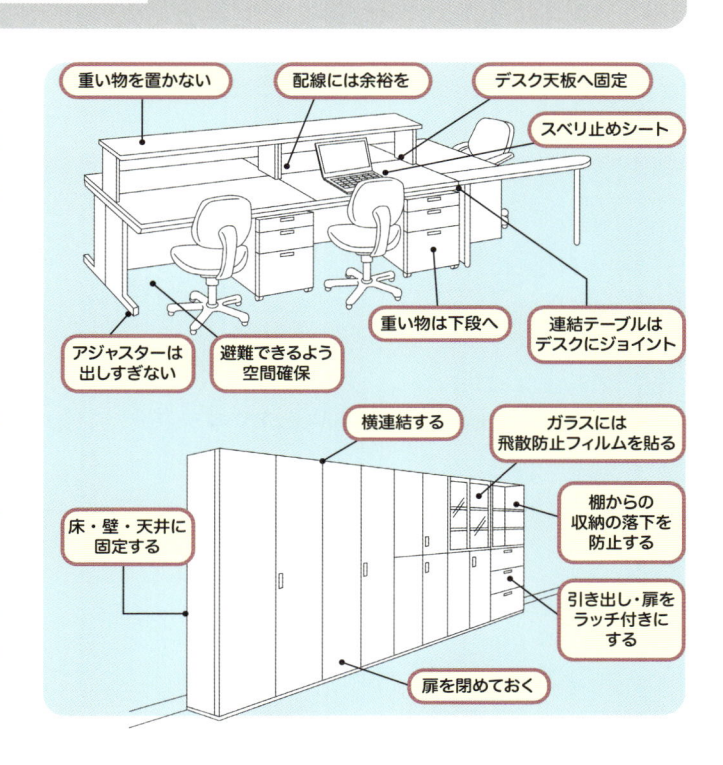

8 物資の備蓄

　阪神・淡路大震災の例を挙げるまでもなく、地震災害においてすぐに緊急物資を手に入れることは困難な状況が予想されます。さらに行政が準備している備蓄品の量は住民数を基本に決定されているため、企業においては自ら備蓄しておくことが必要です。

主な生活必需品および資機材

分　類		品　目
生活必需品	食料品関係	飲料水、米、乾パン、クラッカー、レトルト食品、缶詰、調理用器具（鍋、携帯コンロなど）、燃料、皿、はし、スプーン、コップ、ポリタンク、ライターなど
	生活用品	毛布、寝袋、衣類、タオル、防水シート、暖房器具、燃料、洗面用具、簡易トイレ、トイレットペーパー、ウェットティッシュ、生理用品、ゴミ袋、缶切りなど
資機材	救急・救護	医薬品、担架、懐中電灯、工具（ジャッキ、バール、スコップなど）、ロープ、ブルーシート、軍手、ヘルメット、ナイフ、ガムテープ、ハンマーなど
	その他	対策本部用備品、ラジオ、トランシーバー、乾電池、自転車など

⑴ 食料品の備蓄量

　食料品関係に関する備蓄量は、緊急対応組織の要員として事務所に留まらざるを得ない人数の7日分を目安とする。7日分とは、巨大地震警戒から地震発生までを3日分、地震発生後から3日分、予備1日分の合計。なお、緊急対応組織の要員以外の社員のうち帰宅できなくなったもののための備蓄や、事業所の状況によっては利用者や近隣住民等への配付も考慮に入れ備蓄量を決定する必要がある。

⑵ 保管場所

　保管場所には、耐震上問題がなく、冠水の被害にも遭わず、また地震の際の持出しルートが確保できる（エレベーターの使用は避けるなど）場所を選定する。また、1カ所でなく、複数箇所に分散して保管することが望ましい。

第5 緊急地震速報

「緊急地震速報」は、地震の発生およびその規模を素早く知り、地震による強い揺れが始まる数秒から数十秒前に、強い揺れが来ることをお知らせする情報です。ただし、震源に近い地域では、「緊急地震速報」が強い揺れに間に合わないことがあります。

1 緊急地震速報の受け取り方

◆ テレビやラジオ

NHKのテレビ、ラジオまたは民放のテレビにて緊急地震速報が放送されます。また、NHK以外のラジオ放送局でも放送に向けた準備が進められています。

◆ 防災行政無線

大半の自治体で、総務省消防庁による全国瞬時警報システム（J-ALERT）を用いた放送が実施される体制が整備されています。

◆ 施設の館内放送

緊急地震速報の館内放送に対応する施設では、館内で情報を知ることも可能です。

2 緊急地震速報「利用の心得」

緊急地震速報は、見聞きしてから強い揺れが来るまでの時間が数秒から数十秒しかありません。その短い間に身を守るための行動を取る必要がありますが、周囲の状況に応じてあわてずに身の安全を確保しましょう。

＜利用の心得＞

◆ 家庭
頭を保護し、丈夫な机の下などに隠れる。あわてて外へ飛び出さない。

◆ 人が大勢いる施設
係員の指示に従う。落ち着いて行動し、あわてて出口に走り出さない。

◆ 自動車の運転中
あわててブレーキをかけない。ハザードランプを点灯し、揺れを感じたらゆっくり停止する。

◆ 屋外
ブロック塀の倒壊等に注意する。看板や割れたガラスの落下に注意し、ビルのそばから離れる。

◆ 鉄道・バスに乗車中
つり革、手すりにしっかりつかまる。

◆ エレベーター
最寄りの階で停止させ、すぐにエレベーターから降りる。

◆ 山や崖の近く
落石やがけ崩れに注意する。

第12章 防火管理業務の進め方

　この章では、防火管理者として実施すべき防火管理上の主要な業務の進め方を説明します。詳細に関しては前述の各章の内容を参照したうえで、消防法令を遵守し、実効的な防火管理を行いましょう。

1 防火管理者選任の届出

　管理権原者は、防火管理者を選任後、『防火管理者選任（解任）届出書』を消防長または消防署長に届け出なければなりません。また、人事異動等で防火管理者が交代するときも、同様に届出が必要となります。

⚠ 防火管理者の未選任、未届けは消防法令違反です！！

◎防火管理者の未選任

　消防法第8条第3項に基づく消防長または消防署長の防火管理者選任命令に違反した場合は、管理権原者および法人に対して消防法第42条および第45条により、罰則規定が定められています。

　◇管理権原者：6月以下の拘禁刑または50万円以下の罰金 （情状により拘禁刑と罰金の併科する場合があります。）
　◇法人：50万円以下の罰金

◎防火管理者選任（解任）届出書の未届け

　消防法第8条第2項に基づく防火管理者選任の届出を怠った場合は、管理権原者に対して消防法第44条により、罰則規定が定められています。

　◇管理権原者：30万円以下の罰金または拘留

2 消防計画の作成（変更）の届出

　消防計画は、防火管理者が実施する業務の中で最も優先すべき業務の一つです。防火管理者は事業所の実態に合わせ、消防計画を作成または変更し、消防長または消防署長に届け出なければなりません。作成（変更）後は、事業所の関係者にその内容を周知し、統一的な防火管理体制を構築しましょう。

消防計画作成（変更）届出書　　　　　消防計画

消防計画作成（変更）届出書に消防計画を添付し、消防署へ届け出ます。既存の事業所等で、既に消防計画がある場合は、その内容を確認し、実態に即した内容に変更し、届出をしてください。

3 統括防火管理者の選任および全体についての消防計画の届出

　統括防火管理者の選任が必要な防火対象物に該当する場合、防火対象物の所有者や占有者等の管理権原者は協議して、防火対象物の全体の防火管理業務を行う統括防火管理者を選任し、消防長または消防署長に届け出なければなりません。

　選任された統括防火管理者は、建物全体についての消防計画を作成し、消防長または消防署長に届け出なければなりません。

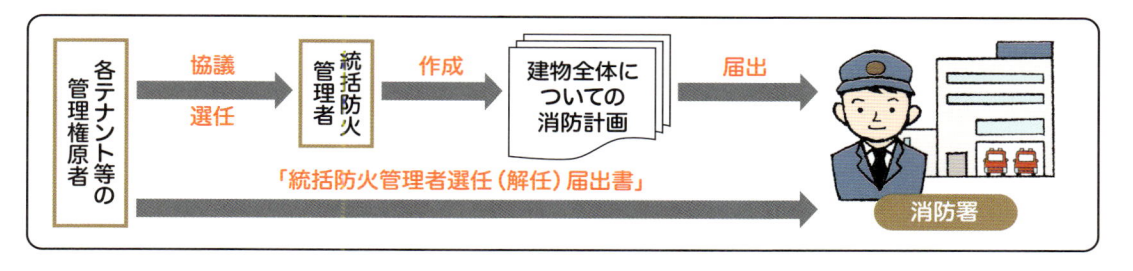

◆ 統括防火管理者の選任が必要な防火対象物

次のいずれかに該当する防火対象物で管理権原が分かれているもの。

❶特定防火対象物（※1）で、地上3階以上、かつ、収容人員が30人以上のもの（社会福祉施設等（※2）の用途を含む場合、収容人員が10人以上のもの。）。

　※1 特定防火対象物とは、百貨店やホテル、飲食店などの不特定多数の者が利用する建物や、病院、社会福祉施設などの火災が発生した場合に人命危険が高い建物などのことです。

　※2 社会福祉施設のうち、主に災害時に自力避難が困難な方が利用する施設で、就寝を伴う施設およびこれらの施設を含んでいる施設のことです。

❷地下街（消防長または消防署長が指定するもの）、準地下街

❸高さ31mを超える高層建築物

❹非特定防火対象物のうち、事務所、共同住宅などが混在する複合用途防火対象物で地上5階以上、かつ、収容人員が50人以上のもの。

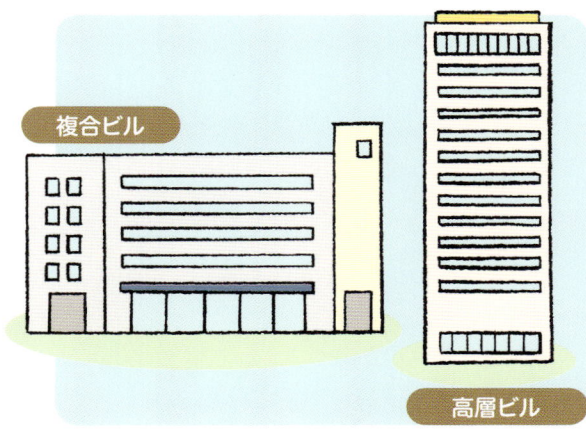

複合ビル

高層ビル

4 防火教育

◇消防計画の周知

　防火管理者は、消防計画を作成し、消防機関へ届け出るだけでなく、消防計画の内容を従業員等に周知、徹底し、実効的なものとしなければなりません。

　消防計画には、①自衛消防の組織の編成、②自衛消防活動、③消防訓練、④火気管理、⑤地震対策などが記載されています。人事異動に伴う社内説明、新入社員教育、火災予防運動の行事などの機会を捉え、従業員に対して説明をしましょう。

◇自衛消防の組織の編成および活動の周知

　火災発生時の役割分担を事前に決めておかないと、いざ火災が発生した場合に迅速な行動をとることができません。初期消火、避難誘導などを誰がどのようにするのか、自衛消防の組織の構成員に対し説明し、継続的な訓練を行いましょう。火災発生時には普段と比べ思考力が低下しがちです。訓練をすることで、いざというときにも行動できるようにしましょう。

5 消火、通報および避難訓練の実施

　防火管理者は、作成した消防計画に基づき、消火訓練、通報訓練および避難訓練を実施することとされており、選任される事業所が特定防火対象物の場合には、年2回以上の訓練実施が義務付けられています。特定防火対象物以外の防火管理者についても年1回以上を目安に訓練を実施しましょう。

　また、訓練を実施する際は、その旨を所轄消防署に届け出し、訓練実施後は、訓練結果を防火管理維持台帳に記録しましょう。

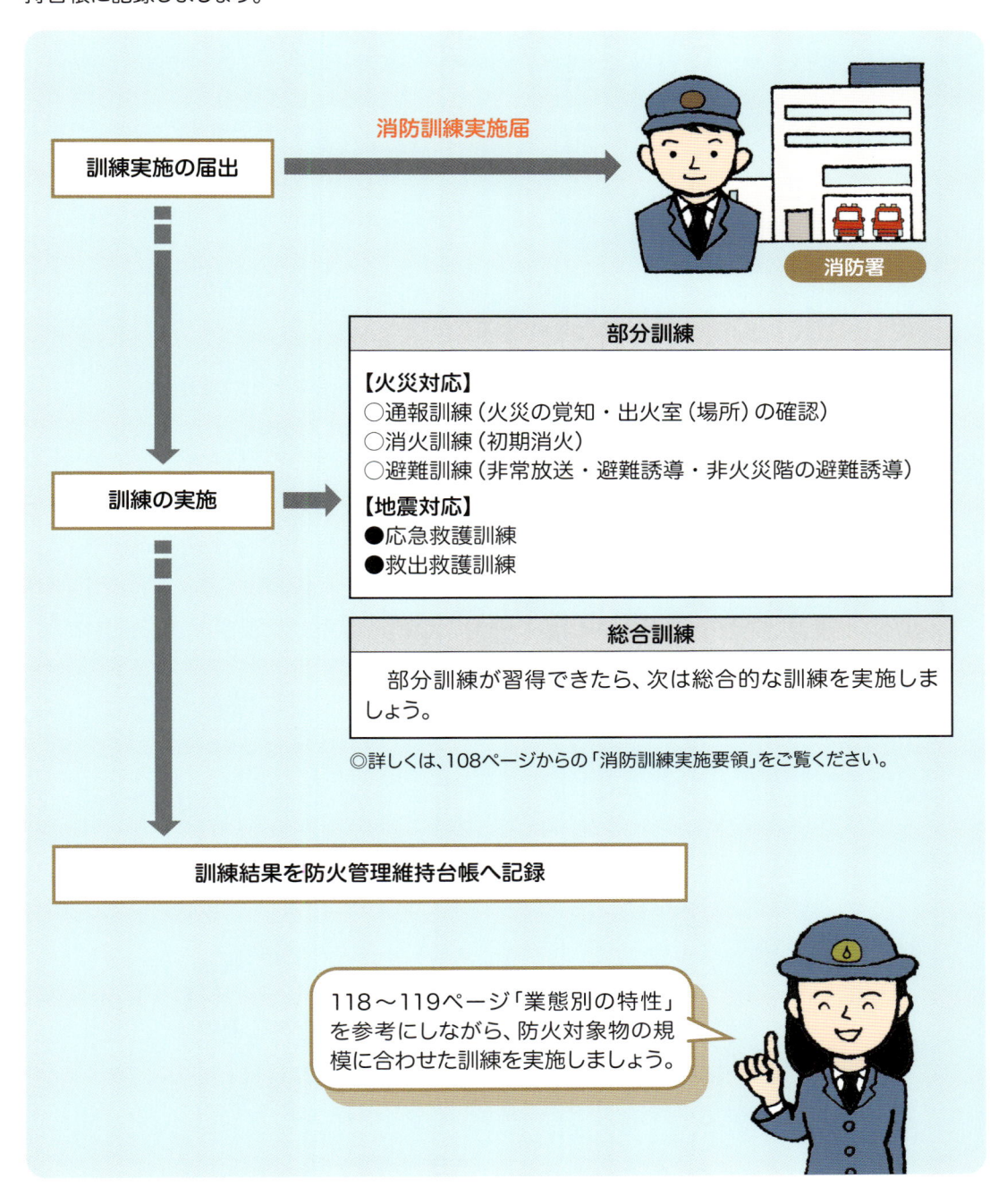

◎詳しくは、108ページからの「消防訓練実施要領」をご覧ください。

6 日常的に実施する点検

自主検査票を利用して、日常点検を実施しましょう。

⑴ 建物内の出火の恐れがある場所を見回り、関係者へ注意喚起（フード・ダクト内の油汚れや喫煙所の管理）

⑵ 防火戸、防火シャッター周辺の障害物の有無を確認

⑶ 廊下、階段に避難障害となる物品がないか確認

⑷ 劇場など定員が定められている場所があれば、遵守されているか確認

〜主な火災原因〜

こんろ

こんろの周囲が散乱していると火が燃え移る危険性が高くなります。こんろの周囲には可燃物を置かないよう努めましょう。

また、調理中に着衣にこんろの火が着火することによる火災が増加しています。調理の際には、生地の毛足が長いものや、ゆったりと垂れ下がるデザインのもののように、火のつきやすい服を身につけることは避けましょう。

たばこ

たばこ火災には、たばこのポイ捨てや完全に火を消さないままごみ箱に捨てるなど、人為的ミスが原因となったものが多くあります。

たばこの火種は意外と強力で、なかなか消えず、くすぶっていた火が時間経過とともに炎を上げて燃えだし、気づかないうちに火災となる恐れがあります。たばこの吸いがらは水に浸けて火が完全に消えていることを確認したうえで処分しましょう。

放　火

建物の周囲にごみや雑誌など、可燃物が放置されていると放火されるリスクが高くなります。

建物の周囲は可燃物がない状態を保ち、放火されにくい環境づくりに努めましょう。

電気機器

電気配線の半断線や、タコ足配線、コンセントとプラグの間にほこりが溜まっていたことによりトラッキングと呼ばれる現象が発生して発火するなど電気火災も多く発生しています。

日頃から配線に変形や異臭などの異常がないかを確認し、コンセントとプラグの周囲は清掃に努めましょう。

7 消防用設備等または特殊消防用設備等の点検報告

　消防用設備等または特殊消防用設備等は、法令により、法定点検と点検結果の報告が義務付けられています。

◎点　検

機器点検 ➡ 6カ月に1回

①消防用設備等の機器の適正配置、損傷等の有無、その他、主として外観から判別できる事項

②消防用設備等の機能について、外観から、または簡易な操作により判別できる事項

総合点検 ➡ 1年に1回

　消防用設備等の全部もしくは一部を作動させ、または当該消防用設備等を使用することにより、当該消防用設備等の総合的な機能を消防用設備等の種類に応じて確認する。

◎報　告

特定防火対象物 ➡ 1年に1回

その他の防火対象物 ➡ 3年に1回

報告 ➡ 消防署

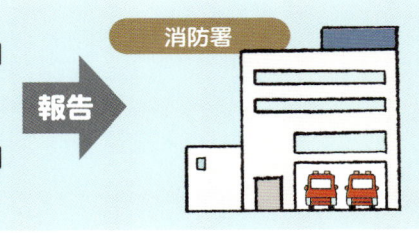

❗ 悪質な点検業者にご注意

こんにちはー
消防署の方から
来ました

　消火器の点検・消火薬剤詰替え代金の高額請求に関するトラブルが発生しています。

　消火器点検の契約書にサインや押印をする前に、必ず内容を確認しましょう。

◆トラブル防止のためのポイント

・契約書へのサイン等は担当部署のみで行うよう、日頃から全社員（アルバイトを含む）に周知する。

・点検業者と名乗る者が来社した場合は、契約している点検業者か確認する。

・点検業者に対し、消防設備士免状や身分証明書の提示を求める。

第13章 消防訓練実施要領

　火災を覚知した場合には、**出火室（場所）の確認**、**119番通報**、**初期消火**を行うほかに、建物内に放送設備がある場合では**非常放送**の活用、また放送設備が設置されていない場合でも従業員や来場者の**避難誘導**を行うことが求められます。最終的には到着した消防隊に火災の状況や避難に関する情報、負傷者の有無、事業所の間取りといった人命救助、火災鎮圧に必要な、**消防隊への情報提供**も行わなければなりません。

　万が一、自分の事業所で火災が発生した場合を想定して、これらのことを数分間で的確に実施できるように、自衛消防組織の役割やそれぞれのポイントを消防訓練の実際を通じて学んでみましょう。

火災時の行動例

火災の覚知	隊員A	隊員B	隊員C
出火室（場所）の確認	現場確認（1人の場合）	現場確認	
119番通報	消防への通報（1人の場合）	消火器	屋内消火栓
非常放送	放送（情報伝達）	初期消火	
避難誘導		火災階の避難誘導	
	非火災階の避難誘導		
消防隊への情報提供			

　このフロー図は、3名の隊員で活動した場合の行動例を示しています。

　建物の規模や階数によっては、もっと多くの人数で対応しないと逃げ遅れたり、火炎が拡大して手が付けられない状況になります。

　ましてや1人しかいない場合には、現場の確認や初期消火、避難誘導、情報提供といった全ての行動を担うことになります。訓練を通じて要領を得るだけでなく、配置人員の見直しにも繋げていきましょう。

第1 訓練の想定と実施要領

　訓練は建物の規模や用途で対応が異なります。隊員となる従業員が手薄な時間や利用者が多い時間帯など、避難誘導が困難な状況も想定することが重要です。

　ただし、大規模で利用者が何百人となる建物の場合は、建物全体の訓練を行うだけでなく基本的なことを習熟できるよう、訓練場所を"出火を想定した階（出火階）"＋"出火階のひとつ上の階（直上階）"に限定したり、防火扉や防火シャッター等の区画ごとに地区を絞って実施することも手法のひとつです。

　また、最近では火点をあらかじめ示さずに訓練を開始するシナリオ非提示型訓練（ブラインド型訓練）も推奨されています。

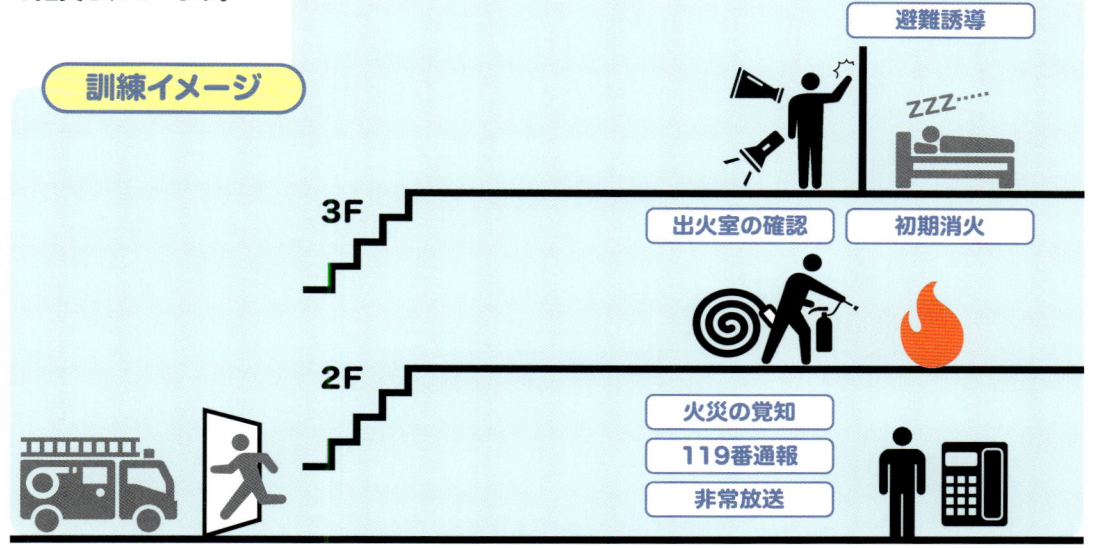

訓練イメージ

避難誘導　ZZZ……

3F　出火室の確認　初期消火

2F　火災の覚知　119番通報　非常放送

訓練で消防用設備を使用する場合に確認しておく事項　CHECK!

☐ 自動火災報知設備の発信機が、屋内消火栓のポンプ起動と連動していないか。
　　→連動している場合は連動停止にする。

☐ 自動火災報知設備の感知器を発報させることで、防排煙設備と連動していないか。
　　→連動している場合は連動停止にする。

☐ 自動火災報知設備の感知器を発報させることで、エレベーターが制御されないか。
　　→制御される場合は連動停止にする。

☐ 自動火災報知設備の感知器を発報させることで、放送設備が自動で鳴動しないか。
　　→鳴動する場合は連動停止にし、手動で放送ができるようにする。

☐ 訓練終了後の消防設備の完全復旧ができるか。

　不安がある場合は消防用設備等点検を行う業者の方にあらかじめ確認するか、訓練への立ち会いを依頼しましょう。

1. 火災の覚知

　火災は予期せぬ時間に予期せぬ場所で発生します。発見は自動火災報知設備のベル音だけでなく、煙のにおいや誰かの声で気付く場合もあります。言い換えると、自動火災報知設備が設置されていない場合は、誰かが火災に気が付かないと覚知ができません。自動火災報知設備が建物に設置されているかどうか確認し、訓練を行う際には設備の有無を前提に進めてください。この訓練は、<u>出火室（場所）の確認</u>をするために必要な行動を素早くとれるよう全ての隊員で訓練を実施してみましょう。

訓練の流れ

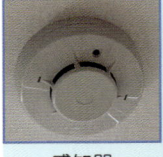

感知器

発信機

❶ 自動火災報知設備の感知

❷ 自動火災報知設備の受信機の確認

空調の停止

❸ 現場確認に持参する資機材の準備

【事前準備】自動火災報知設備を実際に作動させない（模擬で行う）場合は、火災発生場所（火点室）の感知器が煙（または熱）で作動したことを想定し、受信機の「火災表示窓」部分にふせん等でランプが点灯したような明示をしてください。

❶ 自動火災報知設備が設置されていない場合は、誰かが火災を発見しないと覚知ができません。訓練を開始する場合は、電子メガホンのサイレン音や「火事だ」という発声をするなどし、訓練をスタートしてください。

【注意点】　自動火災報知設備を実際に作動させる場合は、確実に復旧操作を行うことが必要です（消防用設備点検業者に立ち会ってもらうと確実です）。また、火災を感知することで警備会社への移報や放送設備、エレベーター等の他の機器に連動している場合があるので確認しましょう。

❷ 受信機の表示を確認後、警戒区域図と照らし合わせ、火災を確認する場所を確定します。また、空調のスイッチを止めることで他の場所への煙の拡大を防ぐことができます。

❸ 消火器や懐中電灯、マスターキー、メガホン、連絡手段ツール（携帯電話、自動火災報知設備の送受話器等）を準備します。

【注意点】　あらかじめ必要なものをバッグに入れておくとすぐに持ち出すことができます。マスターキーなど平時使用するものは、常駐場所に置いておき、いざという時に忘れないようにすることが必要です。

2. 出火室（場所）の確認

訓練実施者　隊員A　隊員B　隊員C

火災の覚知で確認した出火室（場所）に火災の状況を確認しに行きます。隊員A（隊長）の指示のもと、隊員B（およびC）が駆け付けることになりますが、慌てて何も持たずに向かうことのないよう、以下の注意点を参考に訓練を実施してください。

訓練の流れ

❶ 現場確認

火点明示例

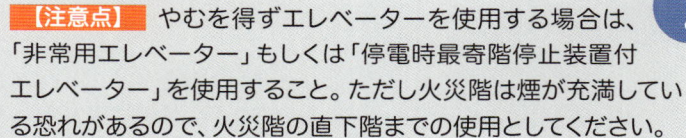

❷ 火災発生の周囲への伝達

出火室扉の閉鎖

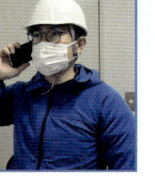

❸ 隊長への報告

【事前準備】 火点室がわかるよう扉に紙を貼ったり、室内にカラーコーンを立てるなど、訓練実施者が視覚的に状況を理解できるような明示をしてください。

❶ 現場確認に持参する資機材（メガホン等）を持参し、火災の確認に向かいます。火災時は停電することがあるため、エレベーターは使用せず、安全なルートで向かってください。

【注意点】 やむを得ずエレベーターを使用する場合は、「非常用エレベーター」もしくは「停電時最寄階停止装置付エレベーター」を使用すること。ただし火災階は煙が充満している恐れがあるので、火災階の直下階までの使用としてください。

❷ 火災であることが確認できたら、持参したメガホンを活用し「火事だー」と周囲の人に大きな声で伝えましょう。

【注意点】 次の行動に移る際、出火室のドアを閉め火煙の拡大を遅らせるようにします。

❸ 火災の状況や逃げ遅れた人がいるか、けが人の情報などわかる範囲の内容を速やかに隊長に報告しましょう。

【注意点】 複数の隊員がいる場合は、初期消火を並行して行いましょう。

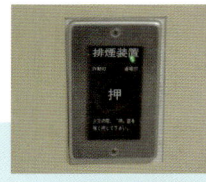

参考

排煙設備が設置されている場合

建物によっては、排煙設備が設置されています。
煙を感知して自動で作動する場合もありますが、手動で起動できるボタンがある場合は、操作方法や設置場所の確認も行っておきましょう。

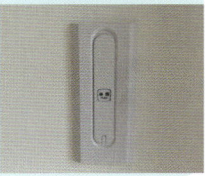

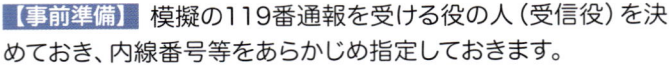

3.119番通報

| 訓練実施者 | 隊員A | 隊員B | 隊員C |

出火室（場所）の確認の結果、火災であることを確認した場合は119番通報を行います。この訓練では、出火室（場所）に確認に向かった隊員B（およびC）から報告を受けた隊員A（隊長）が行うこととなりますが、現地の隊員B（およびC）が現場から携帯電話等を使用し119番通報することも間違いではありません。隊員B（およびC）が直接119番通報を行った場合は隊員A（隊長）への報告を忘れないようにしてください。　※実際の火災で"ぼや"で済んだ場合も119番通報を行ってください。

訓練の流れ

【事前準備】　模擬の119番通報を受ける役の人（受信役）を決めておき、内線番号等をあらかじめ指定しておきます。

❶　現場を確認した隊員は、火災の状況や逃げ遅れた人がいるか、けが人の情報などわかる範囲の内容も伝えましょう（電話等で報告を受けた場合は、聞いた内容を復唱すると周りの人に伝達する時間を省略できます。）。

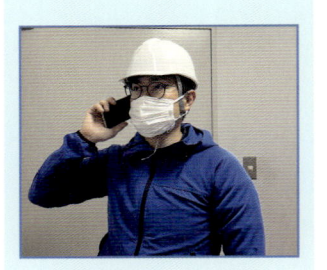

❶ 現場からの報告

❷　119番通報を行い、下記の対応例の内容を通報します。オペレーターからの質問に落ち着いて答えられるよう、建物の所在地や電話番号、建物の階数は覚えておきましょう（模擬で119番通報する場合は受信役の人が受け答えをしてください。）。

❷ 119番通報

【119】	119番です。火事ですか救急ですか？
【隊長】	火事です。
【119】	場所はどちらですか？
【隊長】	●●区●●町●●です。
【119】	建物名称と階数を教えてください。
【隊長】	●●●●ビルで●●階建てになります。
【119】	何が燃えていますか？
【隊長】	●階の●●で●●が燃えています。
【119】	けが人や逃げ遅れた人はいますか？
【隊長】	●●が●人います（いません。）。
【119】	あなたのお名前と電話番号を教えてください。
【隊長】	●●●です、電話番号は●●●です。
【119】	では、消防車を向かわせます。

参考

消防機関へ通報する火災報知設備が設置されている場合

　ホテルや病院、福祉施設等には、消防機関へ通報する火災報知設備が設置されている場合があります。この設備は、自動火災報知設備と連動し自動で作動する機能と、機器本体についているボタンを押下することで手動で操作をする機能があります。

　通報した場合は、消防機関から折り返しの電話が入りますので、詳細は応答して伝えてください。

　間違えて作動させてしまった場合も折り返しの電話で説明してください。

4. 非常放送

訓練実施者 **隊員A** 隊員B 隊員C

出火室（場所）の確認の報告を受け、**119番通報**を行った後は、放送設備による**非常放送**を行います。出火室（場所）に確認に向かった隊員B（およびC）により、**初期消火、避難誘導**が並行して行われていることもあるため、放送する内容が他の隊員の活動と矛盾しないよう連携することも重要です。

あらかじめどのような内容を放送するか、事業所にあった文例を作成しておくことで、速やかな活動に繋がります。

訓練の流れ

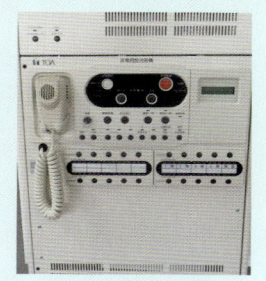

❶ 非常放送設備

❷ 非常放送設備がない場合

❶ 火災発生時だけでなく地震時の文例をあらかじめ作成し、落ち着いて放送ができるよう訓練しましょう。状況により繰り返すことや、隊員B（およびC）に対し、活動を指示することも必要です。

❷ 放送設備が設置されていない場合は、メガホンを活用した効率的な**避難誘導**を行ってください。

┤ 放送文（例） ├

火災用

ベル鳴動時
　●●ビル守衛室からお知らせします。
　ただいま、●階で火災警報器のベルが鳴動しました。現在係員が状況を確認しております。落ち着いて行動してください。

火災であることが確認された場合
　●●ビル守衛室からお知らせします。
　ただいま、●階で火災が発生しました。館内の皆様は従業員の指示に従い、落ち着いて避難してください。

確認した結果、火災でなかった場合
　●●ビル守衛室からお知らせします。
　先ほど火災を知らせるベルが鳴動しましたが、確認の結果、火災ではありませんでした。

避難を促す場合
　●●ビル守衛室からお知らせします。
　ただいま、●階で火災が発生しています。■側の階段は現在火災の影響により使用できません。▲側の階段から避難してください。なお、エレベーターは使用できません。

地震用

緊急地震速報受信時
　ただいま、緊急地震速報を受信しました。強い揺れに注意してください。

大きな地震が発生し避難を促す場合
　●●ビル守衛室からお知らせします。
　ただいま、地震が発生しました。館内の皆様は従業員の指示に従い、落ち着いて避難してください。なお、エレベーターは使用できません。

5. 初期消火

訓練実施者 　隊員Ａ　　隊員Ｂ　　隊員Ｃ

　出火室（場所）の確認後、隊員Ａ（隊長）に火災の状況を報告するとともに、初期消火を行います。あらかじめ持参した消火器や、付近に設置されている消火器を使用するなど、複数の消火器を使用したり、屋内消火栓が設置されている場合は慌てず使用できるよう、以下の注意点を参考に**初期消火**訓練を実施してください。

訓練の流れ

火点明示例

15秒

❶ **消火器による消火活動**

❶ 出火室（場所）付近に設置されている消火器だけでなく、現場確認に向かっている時に複数の消火器を持参するよう訓練しましょう。消火器は15秒前後で消火薬剤が出尽くします。模擬訓練の際はピンは抜かずに、薬剤が放出されていることを意識するように15秒をカウントしながら行いましょう。

❷ 屋内消火栓は2人で操作するタイプと1人でも操作できるものがあります。どのタイプが設置されているかに合わせて、実際にホースを延ばした訓練を行いましょう。
　模擬訓練（ポンプ起動ボタン、バルブは操作しない）の場合はホースを伸ばすだけにして、30秒をカウントしながら、活動時間も意識した訓練を行いましょう。
　また、自分達隊員が逃げ遅れる危険性がありますので30秒経過後は、次の行動に移ってください。

❷ **屋内消火栓による消火活動**

先にホースを延ばす！！

ホースが収納されたままバルブを回すと、折れ曲がったホースに水が詰まってしまい、うまく流れないばかりか、火元までホースを延ばせせなくなります。

スプリンクラー設備が設置されている場合

　スプリンクラー設備は、火災の熱を感知して自動で放水されます。しかし、放水量が多く自動で停止しないため、消火された後の水損も防ぐ必要があります。
　確実に消火されたことが確認できたら、水やポンプを止める操作も訓練しておきましょう。
　また、日頃からスプリンクラーヘッドの位置を確認し、火災の際に散水障害とならないように注意することや、スプリンクラーヘッドが設置されてない場所も把握しておきましょう。

スプリンクラーヘッド

ポンプ起動

　屋内消火栓はバルブを開けるだけではなくポンプを起動する必要があります。
　自動火災報知設備の発信機がポンプを起動するボタンを兼ねている場合が多いので使用する場合は必ず押すことを意識して訓練しましょう。

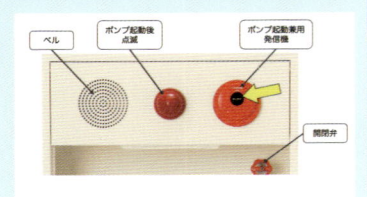

6. 避難誘導

訓練実施者　隊員A　隊員B　隊員C

　火煙が大きく初期消火できない場合は、避難誘導を行わなければいけません。避難を優先しなければならない場所を把握しておき、在館者の避難誘導を行うだけでなく、自分自身も逃げ遅れないようにする必要があります。また、メガホンやポーターサインを活用したり、隊員A（隊長）が行う非常放送とも連携するなど、効率的な避難誘導訓練を実施してください。

訓練の流れ

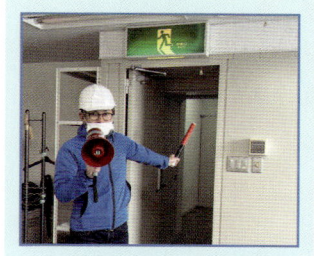

❶ 避難口での避難誘導

❷ 逃げ遅れの確認

❸ 最終避難口から
　出たところ

❶ 避難誘導を行う隊員が少ない場合は、避難口付近に立ち呼び込むような誘導方法が効率的です。持参したメガホンを活用し「ここから逃げてください」と声を出しましょう。隊員の人数が多い場合や、複数の避難口がある場合も想定して、連携することも必要です。

【注意点】　入所・入居を伴う事業所の場合は、避難にどれだけの介添えが必要かなどを具体的に想定し「避難誘導」を行ってください。
　また、地上への避難が難しい場合を想定し『とりあえず安全な場所（安全ゾーン・一時退避場所）』がどこか、あらゆる出火場所を想定した場合にその場所は安全と言えるかという検討もしてください。場所によっては時間帯、季節（気温）の考慮も必要です。

❷ 避難誘導の最後は「逃げ遅れた人」がいないかを確認します。トイレや狭い空間も確認してください。

❸ 最終的には屋外へ避難することで訓練終了です。大規模、高層の建物の場合は、『とりあえず安全な場所（安全ゾーン・一時退避場所）』を確認し、消防隊の救助を待つことも検討してください。

参考
誘導音装置付き誘導灯が設置されている場合

　誘導音装置付き誘導灯は、自動火災報知設備と連動して、音声（「非常口はこちらです。」）と光（フラッシュ）などで避難を促すものです。誘導する人数が少ない場合はこのような機能を有効活用し、手薄な活動に隊員を配置しましょう。

第13章 ― 消防訓練実施要領

火災階の避難誘導を優先して行ったあと、次に優先しなければいけないのは、その上の階です。火災階の避難誘導と同様に、自分自身も逃げ遅れないようにしながら、メガホンやポーターサインを効果的に活用したり、隊員A（隊長）が行う非常放送とも連携するなど、効率的な避難誘導訓練を実施してください。階段が複数ある場合は火災階の避難誘導と使用する階段が重複しないようにすることも考慮すると結果的に早く避難ができます。

訓練の流れ

❶ 避難口での避難誘導

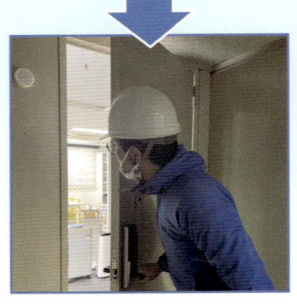

❷ 逃げ遅れの確認

❶ 避難誘導を行う隊員が少ない場合は、避難口付近に立ち呼び込むような誘導方法が効率的です。持参したメガホンを活用し「ここから逃げてください」と声を出しましょう。隊員の人数が多い場合や、複数の避難口がある場合も想定して、連携することも必要です。

【注意点】　入所・入居を伴う事業所の場合は、避難にどれだけの介添えが必要かなどを具体的に想定し「避難誘導」を行ってください。
　また、地上への避難が難しい場合を想定し『とりあえず安全な場所（安全ゾーン・一時退避場所）』がどこか、あらゆる出火場所を想定した場合にその場所は安全と言えるかという検討もしてください。場所によっては時間帯、季節（気温）の考慮も必要です。

【注意点】　火災階の避難誘導と使用する階段が重複しないようにするために日頃からシミュレーションしておきましょう。

❷ 避難誘導の最後、逃げ遅れた人がいないかを確認します。トイレや狭い空間も確認してください。

避難器具が設置されている場合

避難はしご（ハッチ式）

救助袋（斜降式）

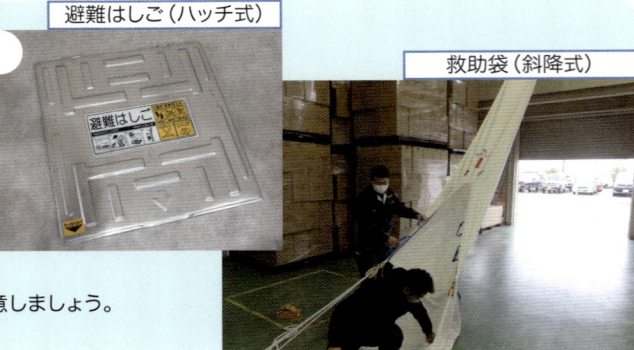

　階段による避難ができない場合は、避難器具を活用することになります。
　「避難はしご」や「救助袋（斜降式・垂直式）」、「緩降機」等の避難器具が設置されている場合は、それぞれの取扱訓練も行ってください。
　実際に使用する際は、ケガ等しないよう注意しましょう。

8. 消防隊への情報提供

　これまでの状況を到着した消防隊に情報提供することで、効率の良い消火・救助活動につながります。隊員A（隊長）を中心に以下の内容を伝えられるよう、これまでの活動をとりまとめて報告する訓練を行ってください。

消火・通報・避難訓練以外に、負傷者が発生したことを想定した「応急救護訓練」や、地震発生時に倒れた什器に挟まれたことを想定した「救出救護訓練」も実施してみましょう！

┤ 公設消防隊が求める情報（例） ├

- 逃げ遅れた人の有無（年齢・性別・自力歩行可能か）
- 出火場所（火元の状況）
- 負傷者の有無
- 初期消火の状況
- 消防用設備等の作動状況
- 避難した人の状況
- 間取り（図面があれば）
- 複合防火対象物の場合は建物の使用状況
- 出火時の在館者（従業員・入居者別）
- その他特異な事項（危険物保有状況等）

訓練チェック表

訓練実施日：

1 火災の覚知

- □ 受信機を確認したか
- □ エアコンを止めたか（煙が配管等を伝い拡散しないようにするため）

2 出火室（場所）の確認

- □ 消火器、懐中電灯、マスターキー、メガホン、連絡手段ツール（携帯電話・自動火災報知設備の送受話器等）を持参したか
- □ 声を出し、周囲に火災を知らせたか
- □ 次の行動に移る際、出火室のドアは閉めたか（火煙の拡大を遅らせるための行動を取ったか）
- □ 隊長への報告を行ったか

3 119番通報

- □ 内容は的確か（消防機関通報装置を使用した場合はチェック不要）

4 非常放送

- □ 聴き取りやすく話したか
- □ 機器の操作を習熟しているか

5 初期消火

- □ 操作は的確か
- □ 消火器は複数用意したか
- □ 隊長への報告を行ったか

6 避難誘導

- □ 誘導の方法は的確か
- □ 逃げ遅れの確認はしたか（居室以外の無施錠の部屋を確認したか）
- □ 隊長への報告を行ったか

7 非火災階の避難誘導

- □ 誘導の方法は的確か
- □ 逃げ遅れの確認はしたか（居室以外の無施錠の部屋を確認したか）

8 消防隊への情報提供

- □ 内容はまとまっているか

第13章｜消防訓練実施要領

第2 業態別の特性

1 劇場・映画館・遊技場

特性
- ●収容人員（密度）が高く、大半が不特定多数の者で内部事情に精通していない。
- ●パニックが起きて大規模な人身事故を起こしやすい。
- ●室内の暗さや屋外に至るまでの避難通路、避難口の位置も誘導する際注意が必要。

対策
- ●出演者、従業員に対する火気管理、出火防止対策の徹底を図る。
- ●舞台部の開放型スプリンクラー、客席部の放水型ヘッド等が設置されている場合は、その設備の取扱いを周知しておく。
- ●パニックを防止するため放送設備を効果的に活用する。

2 飲食店・物品販売店舗

特性
- ●利用者の大半が不特定多数の者で内部事情に精通していない。
- ●飲食店については火気を使用しているほか酔客がいることもある。
- ●間取りによっては容易に避難できないこともあるため注意が必要。
- ●厨房の火気使用部分および排気ダクト等からの出火危険が高い。
- ●避難経路となる階段部分に可燃物が放置されやすい。
- ●防火シャッター、防火戸部分に物が置かれ閉鎖障害となりやすい。
- ●商品の積み上げにより、スプリンクラーヘッドの散水障害が発生しやすい。

対策
- ●厨房の火気使用責任者を指定し、管理の徹底を図る。
- ●避難施設、避難器具等の維持管理を徹底する。
- ●スプリンクラーヘッドの散水障害について教育し、管理の徹底を図る。

3 百貨店・大規模物品販売店舗

特性
- ●売り場には多種多量の可燃物商品が陳列されている。
- ●客は不特定多数かつ店内事情に不案内の者が多い。
- ●物品販売店、飲食店、映画館等、複数の業態が混在している。
- ●通常はエスカレーターやエレベーターで移動し、避難経路（階段）を使用しないため、特定の避難口や階段に殺到するなどパニック発生の恐れがある。

対策
- ●避難施設、避難器具等の維持管理を徹底する。
- ●避難誘導計画を従業員に教育し、訓練を積んで徹底を図る。
- ●放送設備の活用によるパニック防止策を立てる。

4 ホテル等宿泊施設

特性	●宿泊客が施設内部の事情に精通していない場合が多い。 ●喫煙管理が徹底しにくい。 ●利用客の多い夜間就寝時間帯に従業員が少ない。 ●リネン室等死角部分からの火災発生事例が多い。 ●酔客や即時の避難を躊躇する利用客がいる場合、避難行動が遅れることがある。

対策	●夜間における避難誘導計画を策定し、勤務している従業員に徹底する。 ●カーテン等だけでなく、寝具類に防炎製品を使用する。 ●死角部分の施錠管理を徹底する。 ●火煙の拡大を遅らせ、避難時間を確保するため、扉や防火戸の閉鎖を徹底する。

5 病院・福祉施設

特性	●夜間の避難誘導体制が確立されにくい。 ●リネン室等死角部分からの火災発生事例が多い。 ●自力避難困難者が多数入所等していることもあり、避難に時間を要する。 ●規模や時間帯によっては少数の職員しかいない場合がある。

対策	●夜間における避難誘導計画を策定し、勤務している従業員に徹底する。 ●カーテン等だけでなく、寝具類に防炎製品を使用する。 ●死角部分の施錠管理を徹底する。 ●各階に一時避難場所を確保する。 ●火煙の拡大を遅らせ、避難時間を確保するため、扉や防火戸の閉鎖を徹底する。

6 学校・工場・倉庫・事務所

特性	●パニックが起きないような誘導が必要。 ●建物規模によっては駆け付けるまでの時間がかかることもある。 ●煙が排出しにくい構造の場合があり、充満する危険が高い。

対策	●避難誘導計画と放送設備の活用を徹底する。 ●排煙、照明等の各設備の維持管理や火災発生時の活用を徹底する。 ●内装の防炎化を徹底する。 ●放送設備の活用によるパニック防止策を立てる。 ●避難施設や防火区画（防火戸や防火シャッター）の管理状況や活用も考慮する。

放火火災を防止するために

大都市では、放火（疑い含む）が火災原因の上位となっています。

日頃から放火防止対策を実施し、「放火されない環境づくり」に努めましょう。ここでは、建物別をはじめとして、より具体的な放火防止対策を説明していきます。

7つの防火対策

1. 建物の周囲、廊下および階段に置かれた燃えやすい物を除去する。
2. 放火火災を防止するための巡回、巡視を行う。
3. 夜間・休日・閉店後において施錠等の侵入防止措置を行う。
4. ゴミの一時集積場所の整理をする。
5. 屋外灯を点灯する。
6. 工事期間中に発生するゴミなどの安全管理を行う。
7. 従業員に対する防火・防災教育を行う。

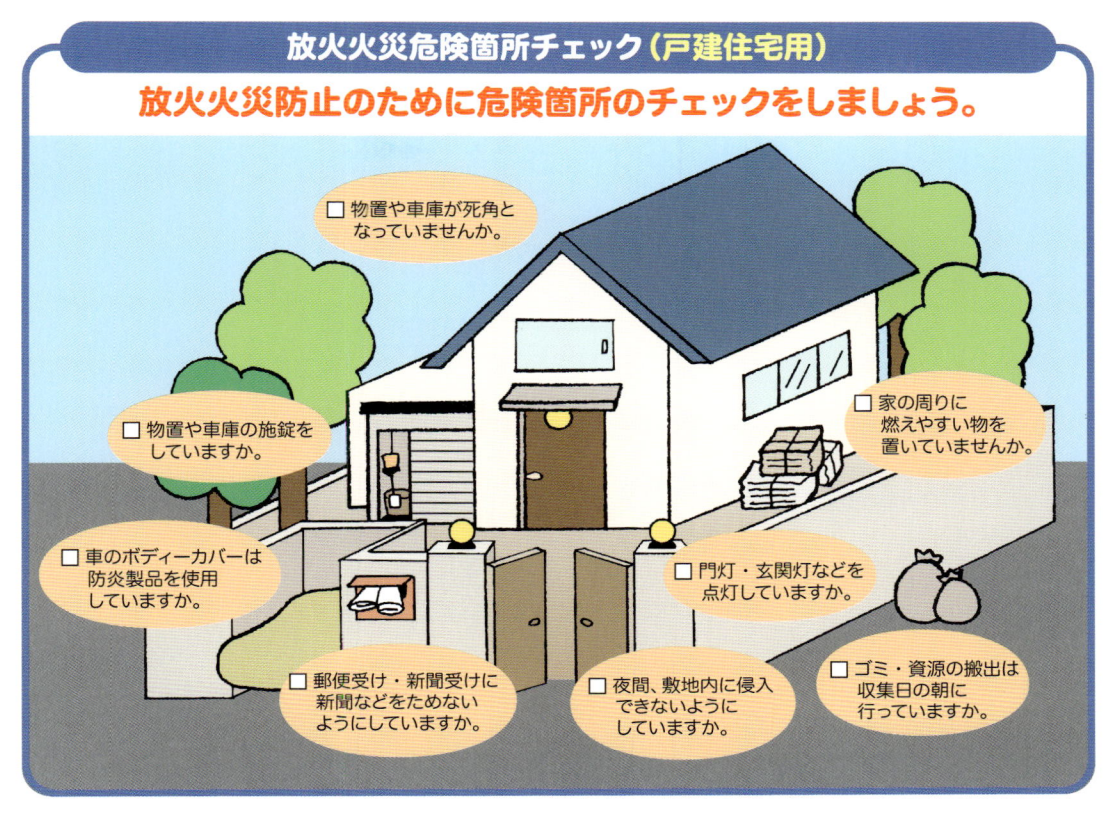

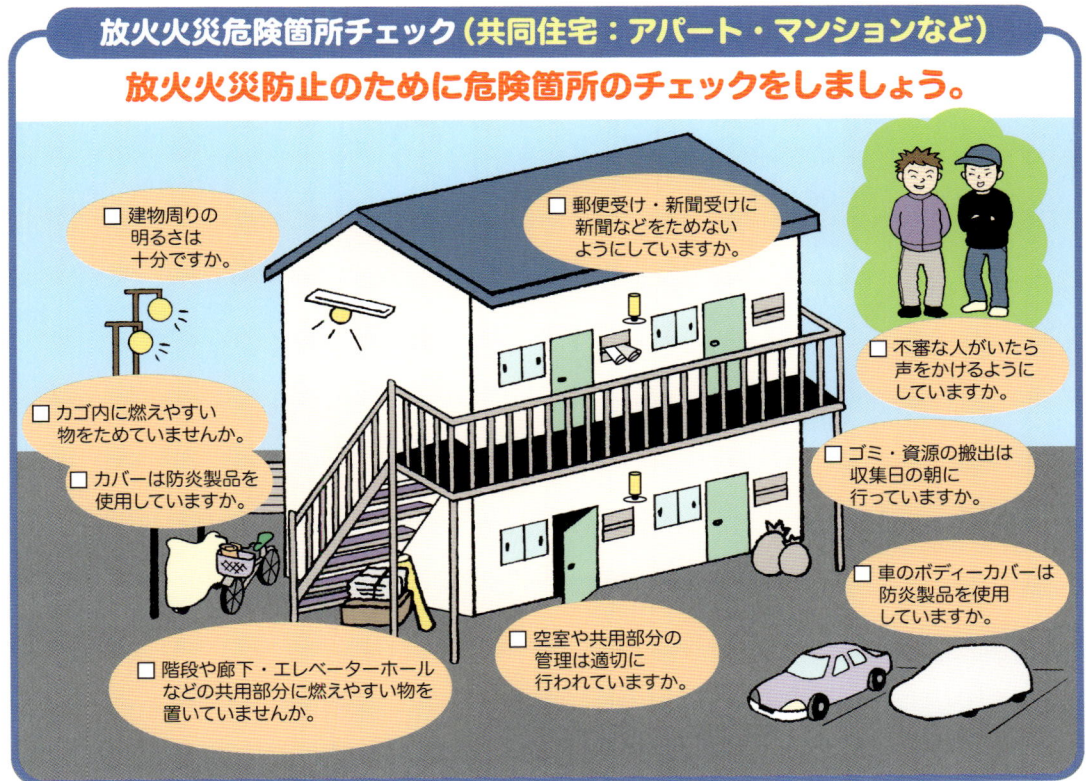

放火火災危険箇所チェック（店舗・事務所用）

放火火災防止のために危険箇所のチェックをしましょう。

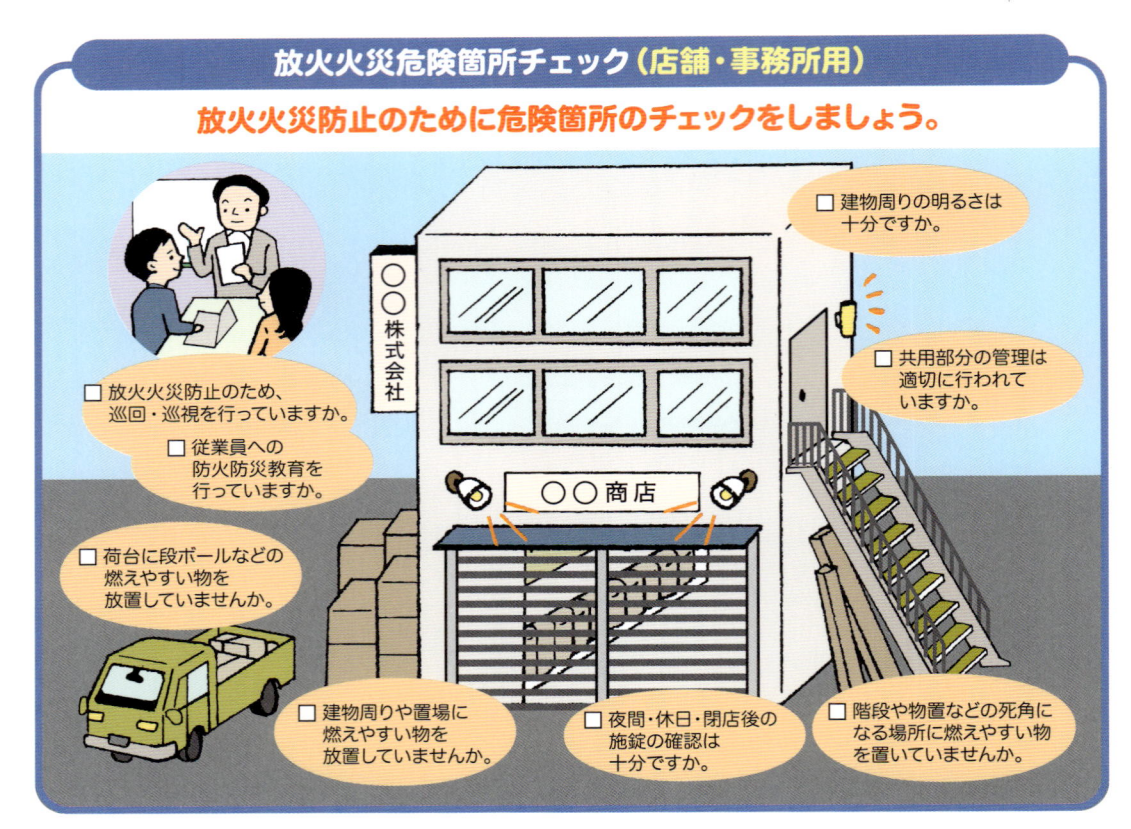

放火火災危険箇所チェック（工場・作業所用）

放火火災防止のために危険箇所のチェックをしましょう。

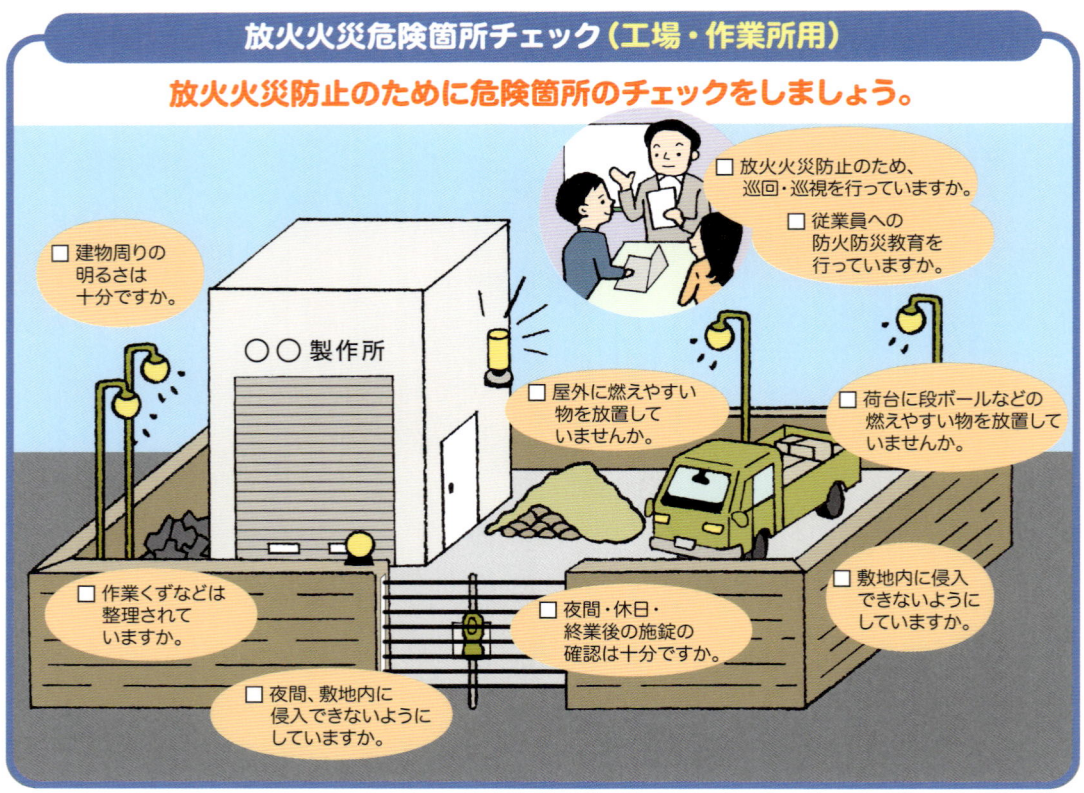

放火火災に備えて

放火の多くは衝動的に行われていることから、監視性を高めることで抑制することができます。

監視性を高めるには、次のような防災機器の活用が効果的です。

センサー付ライト

周囲の明暗や人の動きを検知して、明るくします。

設置場所例

1 建物外周部（全建物）
2 物置・車庫（住宅）
3 屋外供用部（共同住宅など）
4 置場（店舗・工場・作業所など）

センサー付ブザー

ドアや窓に取り付け、侵入しようとすると音が鳴ります。

設置場所例

1 建物の出入口・窓（全建物）
2 物置・車庫（住宅）

監視カメラ（ダミーカメラ）

監視されていることを相手に意識させる効果があります。

設置場所例

1 屋内供用部（共同住宅・事業所）
2 屋内駐車場（共同住宅・事業所）
3 建物内部（店舗・工場・作業所など）

主要火災の判決事例

出火日時	名称等	死傷者（人）	概要	業務上過失致死傷罪
S43.11.2 2：30	有馬温泉 池の坊満月城	死者　30 負傷者　44	出火原因は不明 出火の木造棟に自動火災報知設備、屋内消火栓設備未設置、防火区画不備	防火管理者（代表取締役）： 　禁錮2年 　（執行猶予2年）
S44.2.5 21：27	磐梯熱海温泉 磐光ホテル	死者　30 負傷者　35	ベンジンを浸透させた松明が石油ストーブの火により引火 自動火災報知設備のベル停止、非常口施錠、消防計画未作成	管理部長：無罪 防火管理者（総務部長）： 　禁錮2年 　（執行猶予2年）
S47.5.13 22：27	千日デパートビル	死者　118 負傷者　81	工事人のたばこかマッチの不始末により改装工事中の3階婦人服売場から出火、7階のキャバレーで多数の死傷者が発生 建物火災史上最大の惨事 スプリンクラー設備、自動火災報知設備未設置の既存不適格対象物 共同防火管理体制不備 非常口施錠 救助袋使用方法不適	管理権原者 （デパート管理部次長）： 　死亡により控訴棄却 防火管理者 （デパート管理課長）： 　禁錮2年6月 　（執行猶予3年） 管理権原者 （キャバレー代表取締役）： 　禁錮1年6月 　（執行猶予2年） 防火管理者 （キャバレー支配人）： 　禁錮1年6月 　（執行猶予2年）
S48.11.29 13：15	熊本大洋デパート	死者　103 負傷者　121	出火原因は不明 増改築中で2階から4階の階段室に商品を保管、2階階段踊り場から出火 スプリンクラー設備、自動火災報知設備、非常放送設備、避難器具等未設置、防火戸、防火シャッター閉鎖不良	管理権原者 （代表取締役、常務取締役）：以上2名は死亡により控訴棄却 取締役人事部長、3階火元責任者（営業部課長）、防火管理者（営繕係員）： 　以上3名無罪[注]
S55.11.20 15：15	川治プリンスホテル	死者　45 負傷者　22	本館1階風呂場の工事中アセチレンガス溶断火花により出火 防火管理者未選任 屋内消火栓設備使用不能 防火戸、防火区画不備	管理権原者 （代表取締役）： 　禁錮2年6月 　（執行猶予3年） 専務取締役： 　禁錮2年6月（実刑） 工事人： 　禁錮1年6月 　（執行猶予3年）
S57.2.8 3：15	ホテルニュージャパン	死者　33 負傷者　34	9階宿泊室の客のたばこの不始末により出火 スプリンクラー設備未設置 非常放送設備使用不能 防火区画不完全	管理権原者 　（代表取締役）： 　禁錮3年（実刑） 防火管理者 （総務部長兼支配人）： 　禁錮1年6月 　（執行猶予5年）

出火日時	名称等	死傷者（人）	概要	業務上過失致死傷罪
S61.2.11 1：35	熱川温泉 ホテル大東館	死者 24	1階給湯室から出火 自動火災報知設備ベル停止 119番通報の遅延	管理権原者 （専務取締役）： 　禁錮2年（実刑） 防火管理者（内務部長）： 　禁錮1年 　（執行猶予3年）
H2.3.18 12：30	スーパー 長崎屋尼崎店	死者 15 負傷者 6	4階カーテン売場付近から 放火により出火 防火戸が商品により閉鎖不能 避難誘導訓練未実施	管理権原者（店長）： 　禁錮2年6月 　（執行猶予3年） 防火管理者 （総務マネージャー）： 　禁錮2年6月 　（執行猶予3年）
H13.9.1 未明	新宿歌舞伎町 雑居ビル	死者 44 負傷者 3	5階建て小規模雑居ビルの3階 エレベーターホール付近から 出火 防火管理の未実施 初期対応の不備 避難経路の確保	ビル経営グループオーナー、 ビル所有者、 4階飲食店経営者、 3階麻雀店経営者： 　禁錮3年 　（執行猶予5年） 3階麻雀店店長： 　禁錮2年 　（執行猶予4年）
H19.1.20 18：30	兵庫県宝塚市 カラオケ店	死者 3 負傷者 5	2階建てカラオケ店1階厨房か ら出火	管理権原者（元経営者）： 　禁錮4年
H21.3.19 22：45	群馬県渋川市 老人福祉施設	死者 10 負傷者 1	本館、別館1、別館2の3棟の施 設で、別館1から出火 入所者の喫煙管理 避難経路の確保	管理権原者（理事長）： 　禁錮2年 　（執行猶予4年）
H21.11.22 9：08	東京都杉並区 雑居ビル	死者 4 負傷者 12	地上5階地下2階建て雑居ビル の2階居酒屋厨房より出火	居酒屋経営者： 　禁錮2年6月 　（執行猶予5年） 防火管理者： 　禁錮1年8月 　（執行猶予3年） ビル所有会社社長： 　禁錮1年8月 　（執行猶予3年）

【注】平成3年11月14日最高裁判所の判決において、「建物の防火管理上の責任は、代表取締役が負う。」とされ、管理権原者の防火管理責任が明確に示されるとともに、防火管理者についても「企業内で一般的に管理的、監督的な地位にあるというだけでなく、防火管理上必要な業務を適切に遂行できる権限を有する地位にある者をいう。」との判決が出された。

火災事例

福岡県福岡市　整形外科火災

発生日時	平成25年10月11日（時刻調査中）	覚知日時	平成25年10月11日2時22分
建物構造	鉄骨造およびRC造・地上4階・地下1階建て	用　途	診療所（6項イ）
出火原因	調査中	死傷者	死者10人、負傷者5人

火災概要 整形外科の1階処置室から出火し、閉鎖されていない防火戸を介して他室へ延焼した模様。

　本火災で死者10名、負傷者5名が発生した。なお、火災による死者はいずれも高齢者で、その大半は自力歩行困難者であったと推測される。

防火管理上の問題点

① 初期消火や患者の避難誘導がなされなかったと推測される。

② 防火戸が閉鎖されなかったこと等により煙が建物内に充満したものと推測される。

長崎県長崎市　認知症高齢者グループホーム火災

発生日時	平成25年2月8日（時刻調査中）	覚知日時	平成25年2月8日19時43分
建物構造	鉄骨造一部木造・地上4階建て	用　途	複合用途（グループホーム、事務所、共同住宅）
出火原因	加湿器から出火したものと想定（火災の発生のおそれがあるとしてリコールの対象となっていたもの）	死傷者	死者5人、負傷者7人

火災概要 複合用途（グループホーム、事務所および共同住宅）の2階グループホーム部分の一室から出火し、室内の洋たんす、天井および内壁に燃え広がった後、居室出入口や隣室との開口部を介して他室へ延焼した模様。また、防火区画が不完全な階段室、埋戻しが不完全なパイプスペースを介し、建物全体に煙が拡大したと推測される。

　本火災で死者5名、負傷者7名が発生した。

防火管理上の問題点

① 自動火災報知設備の鳴動後に、火災通報装置の操作が行えず、施設からの通報がなされなかった。

② 消防訓練が十分に実施されておらず、初期消火のための消火器が用いられなかった。

③ 防火区画が建築基準に不適合であったことについて、関係行政機関間で情報が共有されておらず、改善が図られていなかった。

広島県福山市 ホテル火災

発生日時	平成24年5月13日（時刻調査中）	覚知日時	平成24年5月13日6時58分
建物構造	RC造・4階建ておよび木造2階建て	用　途	ホテル
出火原因	不明	死傷者	死者7人、負傷者3人

火災概要 火災発生時、8室に計13人が宿泊し、従業員は1人であった。宿泊客ら男女10人が病院に搬送され、うち男性3人、女性4人が死亡し、女性客2人と従業員が負傷した。犠牲者の多くは、一酸化炭素中毒で死亡したとみられ、煙に巻かれて逃げ遅れた可能性がある。

防火管理上の問題点

① 消火器および屋内消火栓設備を用いた消火活動が行われていなかった。

② 第一発見者による通報および有効な避難誘導が行われていなかった。

③ 消防訓練が実施されていなかった可能性がある。

④ 消防用設備等の点検結果報告がされていなかった可能性がある。

⑤ 階段のたて穴区画や構造制限など、建築基準法に適合していない項目が複数あった。

東京都杉並区 雑居ビル火災

発生日時	平成21年11月22日（時刻調査中）	覚知日時	平成21年11月22日9時10分頃
建物構造	RC造・地上5階・地下2階建て （2階居酒屋）	用　途	飲食店
出火原因	詳細調査中	死傷者	死者4人、負傷者12人

火災概要 居酒屋カウンター内の厨房から炎が上がり、天井に吊るされていた布製の飾り物に燃え移り天井一帯に燃え広がった。店内にいた男性4名が死亡、男女12名が煙を吸うなどして重軽傷を負ったもの。

防火管理上の問題点

① 店には通常使用される出入口のほか、座敷席の脇に非常階段へ通じる扉もあったが、扉の前の通路に座布団が積み上げられ、1カ所の出口に人が集中し避難が遅れた。

② 天井から吊るされた布製の飾り物が、防炎製品でなかった可能性がある。

③ 初期対応が遅れたため逃げ遅れた可能性がある。

大阪府大阪市 個室ビデオ店火災

発生日時	平成20年10月1日 未明	覚知日時	平成20年10月1日2時50分頃
建物構造	RC造・地上7階建て（1階個室ビデオ店、2〜5階事務室・空室、6〜7階居室）	用　途	個室ビデオ店
出火原因	放火とみられる	死傷者	死者15人、負傷者10人（負傷者のうち1人は48時間経過後に死亡）

火災概要 当該店舗は、間仕切りにより複数の個室が設けられており、宿泊施設としても利用されていた。出火時ビデオ店には客26名、従業員3名がおり、同店舗の個室エリアの中ほどから出火。自動火災報知設備の音響が鳴ったが、しばらくして音響の鳴動が停止（6階の居住者が誤作動と思い鳴動を停止させたとの証言あり）。通路が狭く、行き詰まり箇所が3カ所あるなど避難が困難であったことなどが要因となり、25名の死傷者が発生したもの。

防火管理上の問題点

① 店舗には出入口が2カ所設けられていたが、試写室部分からの出入口は1カ所しかないうえ、通路が狭く、避難に支障があった。

② 間仕切り等による個室構造のため、消火器、屋内消火栓等による消火が困難であった。

③ 初期消火、避難誘導等が行われなかった。

兵庫県宝塚市 カラオケ店火災

発生日時	平成19年1月20日（時刻調査中）	覚知日時	平成19年1月20日18時35分
建物構造	鉄骨造・地上2階建て	用　途	カラオケ店
出火原因	油を入れた鍋から出火	死傷者	死者3人、負傷者5人

火災概要 2階建てカラオケ店の1階厨房で従業員が鍋に油を入れて加熱し、その場を離れた間に出火。当時店内には従業員（アルバイト店員）1名しかいなかった。従業員は調理場に戻り消火器にて消火を試みたが、消火器が使用済みのものであったために薬剤が放出されず、初期消火を失敗。その後、延焼拡大し、2階にいた8人が逃げ遅れた。

防火管理上の問題点

① 消防法令で定められた避難器具などを設置していなかった。

② 消防用設備等の点検が行われておらず、初期消火に使用した消火器が使用済みであったため、消火に失敗しており、火災を拡大させている。

③ 従業員による避難誘導がなかったうえ、個室構造のため2階の利用客は火災に気付くのが遅れた。

④ 行政への届出をしないままカラオケ店を経営しており、2階の窓をふさぐなどの危険な改築を行ったため、逃げ遅れた3名が一酸化炭素中毒により死亡している。

長崎県大村市 認知症高齢者グループホーム火災

発生日時	平成18年1月8日未明	覚知日時	平成18年1月8日2時32分
建物構造	RC造一部木造・平屋建て	用　途	認知症高齢者グループホーム（6項ロ）
出火原因	ライターによる着火と推定	死傷者	死者7人、負傷者3人

火災概要 火災発生当時、施設内には職員1名、入所者9名が在館していた。仮眠中の職員が「パチパチ」という音に気付き、共用室へ行くとソファなどが燃えており、炎は天井まで届いていた。職員は粉末消火器で消火を試みたが消火できず、助けを求めるため施設外へ走り出た。県道を走行中のトラックの運転手から携帯電話を借りて110番通報をした。その後、到着した警察官と職員により各居室から合計4名を救出した。

防火管理上の問題点

① 自力避難困難者が入所している認知症高齢者グループホームでは、火災時において、短時間で全入所者を少人数の職員により避難させることが困難である。

② 夜間の職員数が1人であることが多く、自動火災報知設備などの消防用設備等が設置されていない場合は、火災の発見が遅れる可能性がある。また、消防機関への通報が遅れる可能性がある。

③ 火災発生当時の法令では、収容人員が30人未満では、防火管理者を選任する義務が課されないため、有効な防火管理体制が確立されない状況にあった。

東京都新宿区歌舞伎町 雑居ビル火災

発生日時	平成13年9月1日未明	覚知日時	平成13年9月1日1時1分
建物構造	耐火造一部その他の構造 地上5階・地下2階建て・延べ516㎡	用　途	複合用途（16項イ）
出火原因	放火の疑い	死傷者	死者44人、負傷者3人

火災概要 5階建て小規模雑居ビルの3階エレベーターホール付近から出火し、3階遊技場に延焼、さらに屋内階段を経由して4階飲食店に延焼拡大した。

　第1発見者である3階遊技場従業員が店のドアを開けたところ、黒い煙が勢いよく室内に入ってきたため、初期消火・避難誘導等何もせずに3階窓から飛び降りた。3階から人が落ちたとの救急要請が消防機関への第一報で、その2分後に外部者から火災通報があり、消防機関は火災を覚知した。出火時、自動火災報知設備のベルは鳴動しておらず、初期消火も実施されていない。屋内階段以外に有効な避難手段がなく、1系統しかない屋内階段の3階エレベーター付近に放置された物品から出火したため、3階および4階店舗内の従業員および客の避難路が断たれた。

防火管理上の問題点

① 防火管理の未実施

当該防火対象物には、防火管理者選任の届出がされておらず、また、消防計画や共同防火管理の届出もされていなかった。また、屋内階段に放置された物品が障害となり、防火戸が適正に閉鎖しなかったため、火煙が急激に延焼拡大し店舗内に流入した。

② 初期対応の不備

当該防火対象物には、自動火災報知設備が設置されていたが、ベルが停止されていた可能性が高く、鳴動していない。このため、火災の発見が遅れ、延焼拡大してようやく火災であることを覚知しており、初期消火および通報、避難の機会を逃している。

③ 避難経路の確保

唯一の避難経路である屋内階段からの出火であり、他に有効的な避難手段がなかったため、3階および4階の者が逃げ場を失った。

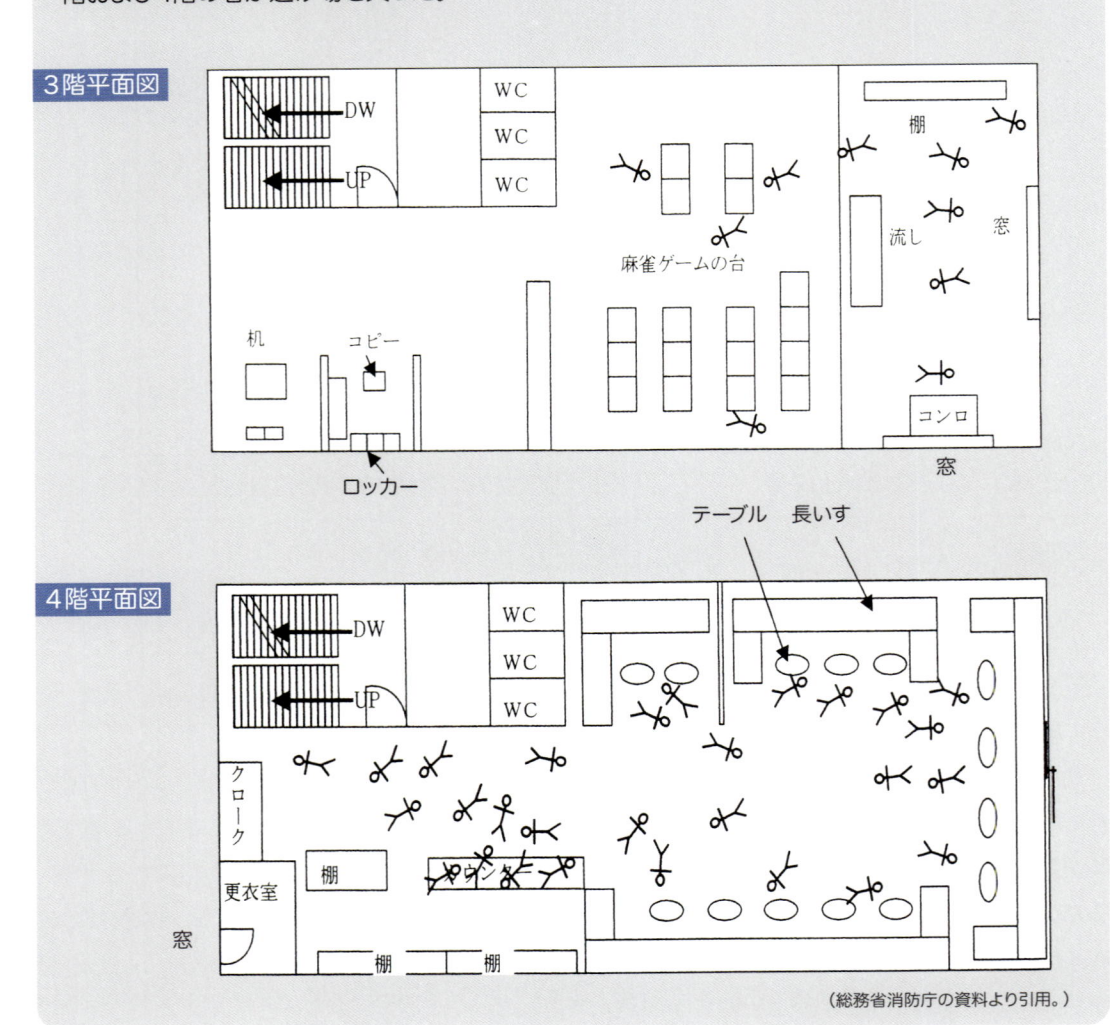

（総務省消防庁の資料より引用。）

兵庫県尼崎市 長崎屋尼崎店

発生日時	平成2年3月18日12時30分頃	覚知日時	平成2年3月18日12時37分
建物構造	耐火造・地上5階・地下1階建て・延べ5,140㎡	用　途	物品販売店舗（4項）
出火原因	放火の疑い	死傷者	死者15人、負傷者6人

火災概要 4階売場の従業員Aは、自動火災報知設備の地区ベルが鳴り、4階南側の寝具売場付近に火の手が上がっているのを発見し、消火器で消火しようと駆け付けたが、火災拡大により無理と判断し、他の従業員と1階から駆け付けた警備員と協力して屋内消火栓で消火しようとホースを延長したが、濃煙と熱気のため放水できず、階下へ避難した。

　5階事務室にいた女子事務員BとCは、事務室の自動火災報知設備受信機のベルが鳴動し、4階南側の火災表示が点灯していたため、それぞれ手分けして防火管理者の呼び出し放送、4階売場および1階警備員室への状況確認要請を行った。

　火災を確認したBは119番へ通報し、Cは避難誘導の館内放送を行った後、隣りの食堂へ火災を知らせた。

防火管理上の問題点

① 自動火災報知設備の作動時において、火災か否か確認しないでベル停止を繰り返し、迅速かつ適切な初動措置がとられなかった。

② 火災の発見が遅れ、火災拡大により初期消火が遅れた。

③ 階段防火戸付近に商品等を放置していたため、閉鎖障害となり防火戸が閉鎖しなかった。

④ 階段室、廊下等に商品が置かれていたため、避難障害となった。

⑤ 適切な避難誘導訓練が実施されていなかった。

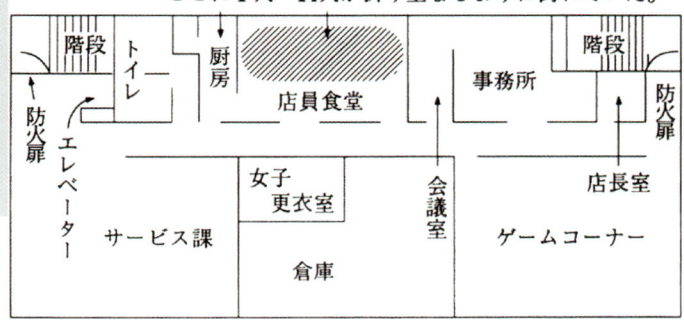

4階平面図

階段　エレベーター　ナイトウェアー　階段　防火扉　防火扉　トイレ　肌着　インテリアー　寝具　靴下　エスカレーター

5階平面図

ここに1人　14人が折り重なるように倒れていた。

階段　トイレ　厨房　店員食堂　事務所　階段　防火扉　防火扉　エレベーター　サービス課　女子更衣室　倉庫　会議室　店長室　ゲームコーナー

（総務省消防庁の資料より引用。）

東京都東村山市 特別養護老人ホーム・松寿園

発生日時	昭和62年6月6日23時23分頃	覚知日時	昭和62年6月6日23時29分
建物構造	耐火造・地上3階建て・延べ2,014㎡	用　途	老人ホーム（6項ロ）
出火原因	放火の疑い	死傷者	死者17人、負傷者25人

火災概要 2階寮母室で宿直をしていた寮母Aは、23時30分頃巡回のため、同部屋を出たところ、自動火災報知設備のベルが鳴動したので、同部屋へ戻り副受信機を確認すると、数個の火災表示ランプが点灯していた。1階へ行ってベルを停止しようとエレベーターのところへ行くと、3階から駆け付けた寮母Bと会い、2人で1階へ降りた。2人で1階の受信機のベルを停止した後、2階へ上がったとき、リネン室のドア上部から煙が出ているのを発見した。

　寮母Bは、2階寮母室から119番通報し、続いて園長に電話をかけたが、連絡できなかった。

　寮母Aは、リネン室前まで行くと入口上部の欄間から大量の黒煙が噴出していたため、廊下にあった消火器を欄間に向けて放射したが、リネン室の扉を開けずに放射したため、効果がなかった。

　そのため、寮母Aはリネン室の隣の部屋の窓を開けて「ベランダに逃げろ」と言い、さらに廊下に出て「ベランダに逃げろ」と言い回った。

防火管理上の問題点

① 自動火災報知設備のベルが鳴動したとき、副受信機で火災表示を確認したが、誤報と思いベルを停止し、すぐに現場を確認しなかった。

② 消火器を放射する際、出火室の扉を開けないで、欄間や煙に向けて放射しており、適切な取扱いができなかった。

③ 屋内消火栓設備は使用されておらず、消防用設備等の取扱要領等の教育・訓練が不十分であった。

④ 夜間の宿直者が2人しかおらず、74人の入園者に対する火災発生時等における初動体制に不備があった。

⑤ リネン室や倉庫等で常時使用しないところは、施錠するなどの出火防止対策が講じられていなかった。

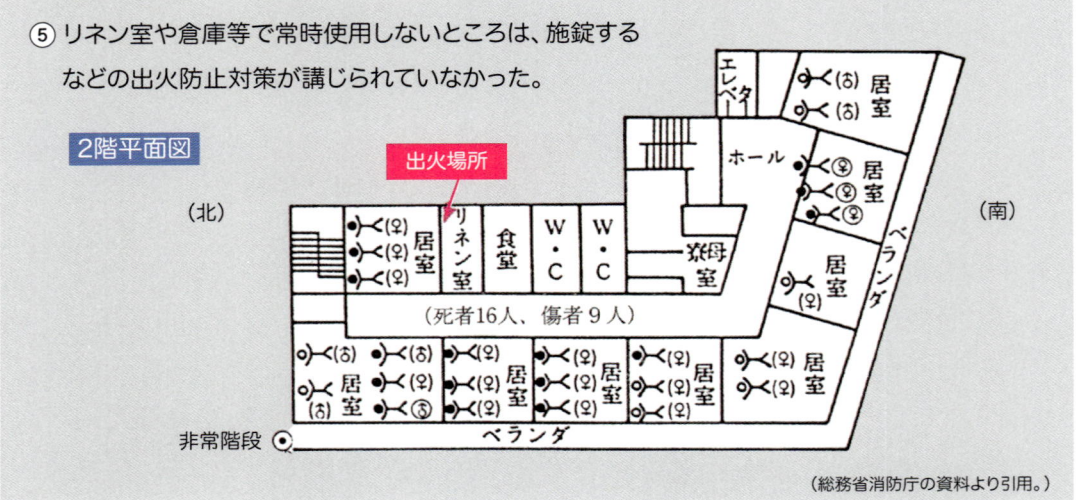

2階平面図

（総務省消防庁の資料より引用。）

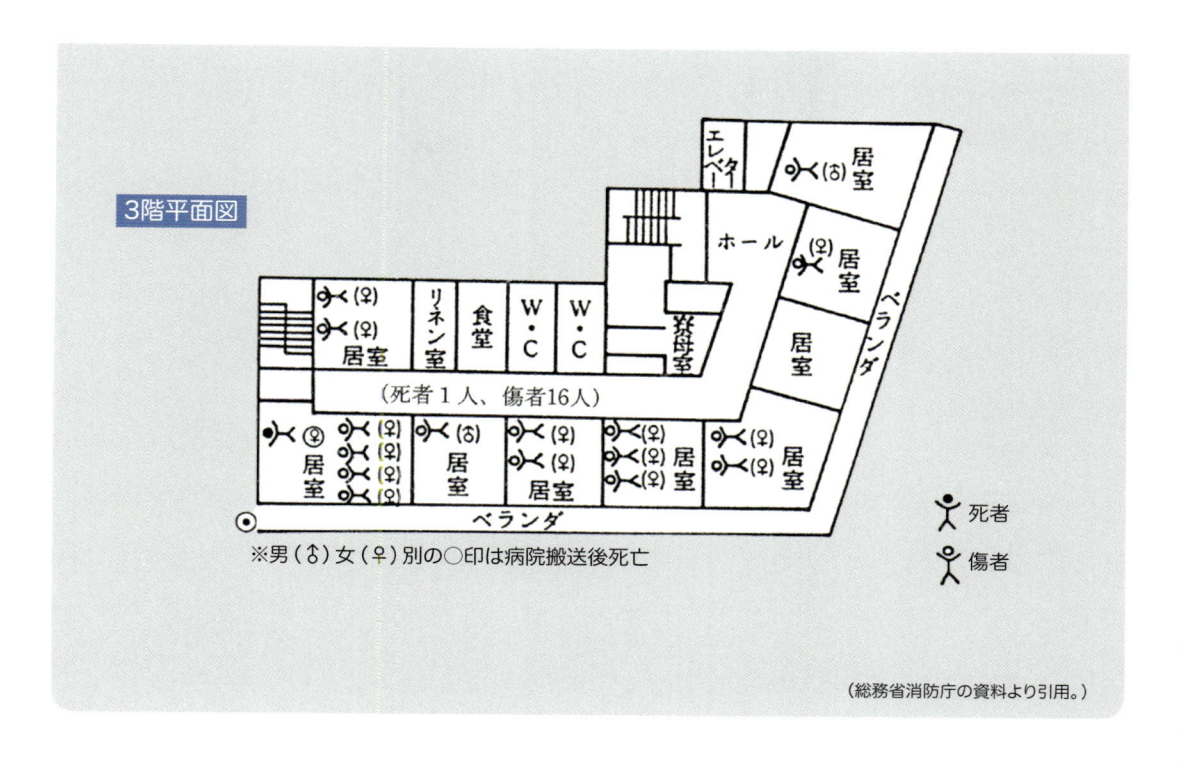

3階平面図

（死者1人、傷者16人）

※男（♂）女（♀）別の○印は病院搬送後死亡

☆ 死者
☆ 傷者

（総務省消防庁の資料より引用。）

東京都千代田区 ホテルニュージャパン

発生日時	昭和57年2月8日3時15分頃	覚知日時	昭和57年2月8日3時39分
建物構造	耐火造・地上10階・地下2階建て・延べ46,697㎡	用　途	ホテル（5項イ）
出火原因	たばこの不始末	死傷者	死者33人、負傷者34人

火災概要 フロント係員Aは、仮眠のため9階に上がり、エレベーターを降りたところ、異臭を感じたため、前方を見ると938号室ドア上部付近から白煙が出ているのを発見したが、部屋へは行かず、エレベーターでフロントに戻り、その旨を知らせた。

　それを聞いたフロント係員Bと係員Cはエレベーターで9階に上がり、同室のドアをマスターキーで開けると出入口付近に外国人が倒れ、室内は煙がたちこめていた。ベッド付近が燃えていたので持ってきた消火器1本を放射したが、消火できなかった。このため、Bは8階へ消火器を取りに行き、戻ったが、濃煙が廊下に充満していたため、4階へ降りた。火災を知らせたAは、再度9階へ上がり、付近にいた宿泊客4～5名を避難誘導した後、屋内消火栓のホースを延ばし、消火しようとしたが、不慣れでホースを落とす等して初期消火に失敗した。

　フロント係員Dは、9階が火災であることを知らされ、警備室へ火災を確認するよう連絡したが、119番へは火災の状況がわからないため、しばらくしてから通報しており、この通報は、第3報であった。

　出火時、9階に78人、10階に29人の宿泊客がいたが、フロント係員やガードマンがそれぞれ数人を避難誘導したのみで、組織的な避難誘導はなされず、33人の尊い命が失われた。

防火管理上の問題点

① **初期対応に不備があったこと。**

  ⑴ 煙を発見した時点で、すぐに、その部屋へ駆け付け確認し、館内電話でフロントへ連絡する等の措置がとられず、初期の行動に不備があった。

  ⑵ 知らせを受けて駆け付けた係員は、消火器1本を放射したが、消火できなかったので、8階まで消火器を取りに行っており、時間的なロスが生じた。

  ⑶ 火災を確認した早期の段階で、9階および10階の宿泊客に避難を呼び掛けなかった。

② **自衛消防体制に不備があったこと。**

  ⑴ 従業員等に対する防災教育、訓練が実施されていないなど、自衛消防体制が不十分であった。

  ⑵ 火災発生時の館内通報連絡、初期消火、避難誘導等の役割分担が徹底されていなかった。

③ **消防用設備等の未設置および管理不備があったこと。**

  ⑴ スプリンクラー設備が設置されていなかった。

  ⑵ 自動火災報知設備および非常放送設備の点検がされておらず、維持管理が不十分であった。

  ⑶ 自動火災報知設備のベルの鳴動スイッチが停止されていた。

④ **建築構造上の欠陥等があったこと。**

  ⑴ ブロック造の壁が天井部までしか施工されていなかったり、防火区画の配管貫通部等の埋め戻しが不完全であったため、急速に延焼拡大した。

  ⑵ 居室、廊下等の下地および仕上げ材にベニヤ板等の可燃材が多く使用されていたため、急速に延焼拡大した。

  ⑶ 防火戸の維持管理が不十分で、一部の防火戸が閉鎖できなかった。

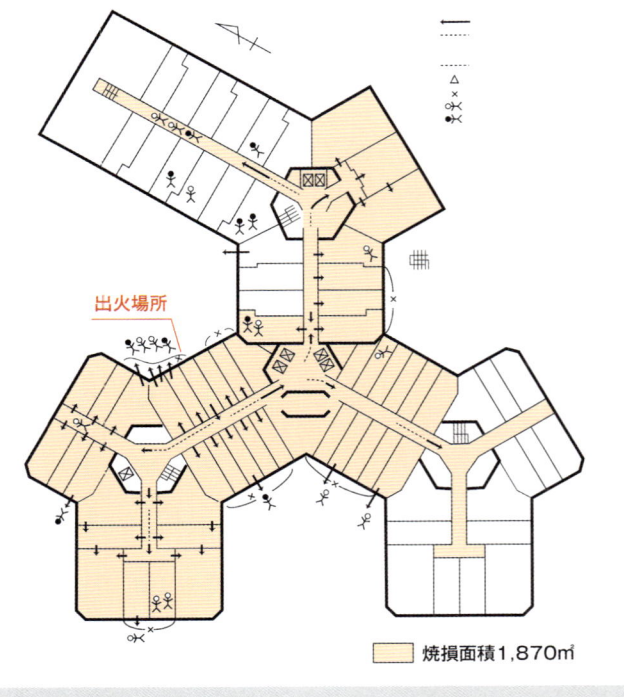

9階平面図

出火場所

焼損面積1,870㎡

（総務省消防庁の資料をもとに作図。）

大阪府大阪市南区 千日デパートビル

発生日時	昭和47年5月13日22時27分頃	覚知日時	昭和47年5月13日22時40分
建物構造	耐火造・地上7階・地下1階建て・延べ25,924㎡	用　　途	複合用途（16項イ）
出火原因	工事人のたばこかマッチの不始末	死　傷　者	死者118人、負傷者81人

火災概要　3階婦人服売場において電気工事中の工事人が同売場からの出火を発見し、周囲に大声で知らせるとともに、消火器を探しながら工事監督者に知らせ、それを聞いた監督者は、自動火災報知設備の発信機を押した。自動火災報知設備の受信機により、3階の火災表示を確認し、駆けつけた保安係員と工事人は初期消火を行ったが効果がなかった。119番通報はしたものの、7階への連絡は全くされず、火災に気づいたのはダクトやエレベーターからの煙の噴出によるもので、出火後15分から20分も遅れて避難を始めた。加えて避難誘導が不適切で、出火時、7階にいた181人のうち118人が、熱と煙に追われ、窓から飛び下りたり窒息する等して死亡したもので、戦前戦後を通じて建物火災史上最大の惨事となった。

防火管理上の問題点

① **閉店後の防火安全体制が適切でなかったこと。**

　　閉店後におけるデパートの各階の防火シャッターを閉鎖したり、工事中における保安係員の立会い等の措置が講じられていなかった。

② **ビル内への通報連絡が行われなかったこと。**

　　出火を知ったデパート保安係員は、119番通報をしたものの、7階への通報連絡は行わなかった。

③ **適切な避難誘導が行われなかったこと。**

　　7階のキャバレーの防火管理者である支配人を始め、従業員のほとんどは、火災を覚知してからも非常口の開放等組織的な避難誘導を行わなかった。

④ **階段防火戸が施錠されていたこと。**

　　4カ所の階段のうち3カ所は、施錠されており、唯一避難が可能であった特別避難階段は、防火戸前面にカーテンが張られわからない状態で、これを利用して避難したのは従業員とホステスそれぞれ1人のみであった。

⑤ **救助袋の使用方法を誤ったこと。**

　　7階救助袋の使用方法を誤り、取り付け支持枠を完全に起こさず、救助袋を抱え、滑り降りた。

⑥ **共同防火管理体制が確立されていなかったこと。**

　　当該防火対象物は、170数店舗のテナントが共存する雑居ビルで、業種により営業時間帯も異なり、一体的な防火管理体制が確立されていなかった。

⑦ **消防関係法令上既存不適格ビルであった。**

3階平面図

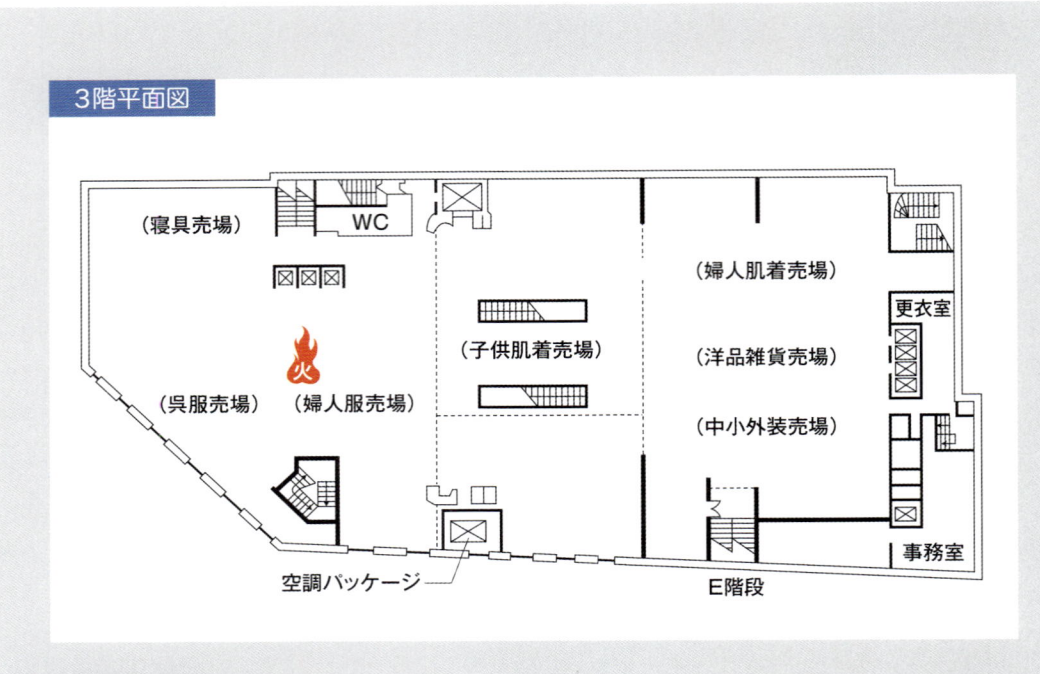

- （寝具売場）
- WC
- （婦人肌着売場）
- 更衣室
- （洋品雑貨売場）
- （子供肌着売場）
- （中小外装売場）
- （呉服売場）
- （婦人服売場）
- 事務室
- 空調パッケージ
- E階段

7階平面図

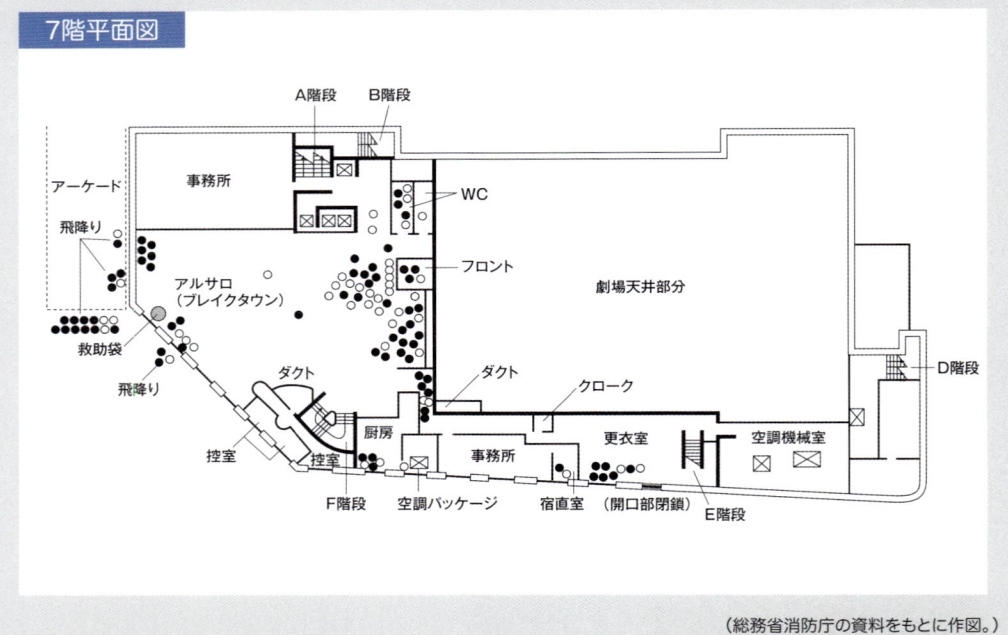

- A階段
- B階段
- アーケード
- 事務所
- WC
- 飛降り
- フロント
- 劇場天井部分
- アルサロ（ブレイクタウン）
- 救助袋
- 飛降り
- D階段
- ダクト
- ダクト
- クローク
- 控室
- 厨房
- 控室
- 更衣室
- 空調機械室
- F階段
- 空調パッケージ
- 事務所
- 宿直室
- （開口部閉鎖）
- E階段

（総務省消防庁の資料をもとに作図。）

「南海トラフ地震臨時情報」等の提供開始について

　気象庁では、中央防災会議での「南海トラフ地震防災対策推進基本計画」の変更を踏まえ、本日（31日）15時より「南海トラフ地震臨時情報」及び「南海トラフ地震関連解説情報」の提供を開始します。

　本日（31日）開催された中央防災会議において、南海トラフ地震に係る地震防災対策の推進に関する特別措置法に基づく「南海トラフ地震防災対策推進基本計画」が変更され、南海トラフ沿いでマグニチュード8クラスの地震が発生した場合等、南海トラフ地震の発生可能性が平常時と比べて相対的に高まったと評価された場合の国や地方公共団体、企業等の防災対応が定められました。

　国や地方公共団体、企業等が、この基本計画に基づく防災対応をとりやすくするため、気象庁では、従前の「南海トラフ地震に関連する情報（臨時）」及び「南海トラフ地震に関連する情報（定例）」に替わり、「南海トラフ地震臨時情報」及び「南海トラフ地震関連解説情報」の情報発表を、本日（31日）15時より開始します。（これら情報の内容は、本年3月29日の報道発表でお知らせしたものです）

　このうち、「南海トラフ地震臨時情報」については、情報の受け手が防災対応をイメージし適切に実施できるよう、「巨大地震警戒」等の防災対応等を示すキーワードを情報名に付記します。情報発表条件やキーワードを付記する条件は別紙1のとおりです。

　なお、内閣府（防災担当）から公表されている「南海トラフ地震の多様な発生形態に備えた防災対応検討ガイドライン（第1版）」には、地方公共団体や企業等における防災対応の基本的な考え方や検討手順等が示されています。

【参考】南海トラフ地震対策（内閣府HP）

http://www.bousai.go.jp/jishin/nankai/index.html

※「南海トラフ地震防災対策推進基本計画」や「南海トラフ地震の多様な発生形態に備えた防災対応検討ガイドライン（第1版）」が掲載されています

問合せ先：地震火山部 地震予知情報課　宮岡、竹中、岩村
　　　　　電話　03-3212-8341（内線 4566）　FAX　03-3212-2807

第13章　消防訓練実施要領

南海トラフ地震に関する情報について

┤ 「南海トラフ地震臨時情報」等の提供開始について ├

○「南海トラフ地震に関連する情報」の名称および発表条件

「南海トラフ地震に関連する情報」は、以下の2種類の情報名で発表します

情報名	情報発表条件
南海トラフ地震臨時情報	○南海トラフ沿いで異常な現象が観測され、その現象が南海トラフ沿いの大規模な地震と関連するかどうか調査を開始した場合、または調査を継続している場合 ○観測された異常な現象の調査結果を発表する場合
南海トラフ地震関連解説情報	○観測された異常な現象の調査結果を発表した後の状況の推移等を発表する場合 ○「南海トラフ沿いの地震に関する評価検討会」の定例会合における調査結果を発表する場合（ただし南海トラフ地震臨時情報を発表する場合を除く） ※すでに必要な防災対応がとられている際は、調査を開始した旨や調査結果を南海トラフ地震関連解説情報で発表する場合があります

○「南海トラフ地震臨時情報」に付記するキーワードと各キーワードを付記する条件

情報名の後にキーワードを付記して「南海トラフ地震臨時情報（調査中）」等の形で情報発表します

キーワード	各キーワードを付記する条件
調査中	下記のいずれかにより臨時に「南海トラフ沿いの地震に関する評価検討会」を開催する場合 ○監視領域内[1]でマグニチュード6.8以上[2]の地震[3]が発生 ○1カ所以上のひずみ計での有意な変化と共に、他の複数の観測点でもそれに関係すると思われる変化が観測され、想定震源域内のプレート境界で通常と異なるゆっくりすべりが発生している可能性がある場合など、ひずみ計で南海トラフ地震との関連性の検討が必要と認められる変化を観測 ○その他、想定震源域内のプレート境界の固着状態の変化を示す可能性のある現象が観測される等、南海トラフ地震との関連性の検討が必要と認められる現象を観測

巨大地震警戒	○想定震源域内のプレート境界において、モーメントマグニチュード※4 8.0以上の地震が発生したと評価した場合
巨大地震注意	○監視領域内※1において、モーメントマグニチュード※4 7.0以上の地震※3が発生したと評価した場合（巨大地震警戒に該当する場合は除く） ○想定震源域内のプレート境界において、通常と異なるゆっくりすべりが発生したと評価した場合
調査終了	○（巨大地震警戒）、（巨大地震注意）のいずれにも当てはまらない現象と評価した場合

※1　南海トラフの想定震源域および想定震源域の海溝軸外側50km程度までの範囲（下図参照）
※2　モーメントマグニチュード7.0の地震をもれなく把握するために、マグニチュードの推定誤差を見込み、地震発生直後の速報的に求めた気象庁マグニチュードでM6.8以上の地震から調査を開始する
※3　太平洋プレートの沈み込みに伴う震源が深い地震は除く
※4　断層のずれの規模（ずれ動いた部分の面積×ずれた量×岩石の硬さ）をもとにして計算したマグニチュード。従来の地震波の最大振幅から求めるマグニチュードに比べて、巨大地震に対しても、その規模を正しく表せる特徴を持っている。ただし、モーメントマグニチュードを求めるには詳細な解析が必要で、その値が得られるまで若干時間を要する。そのため、気象庁が地震発生直後に発表する津波警報等や地震情報には、地震波の最大振幅から求められる気象庁マグニチュードを用いている。

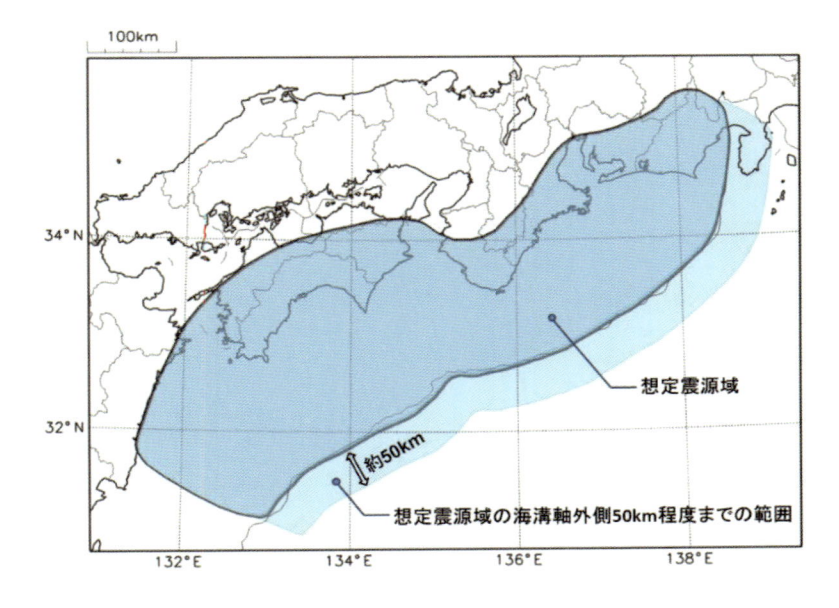

○今後の情報発表方法について

今後、十分な準備期間を設けた後、自動処理がしやすいように新たな電文による情報発表を実施する予定です。

第14章 消防用設備編

　本章は、防火管理の仕事に携わる人に建物に備え付けてある消防用設備等の機能と使い方をよく知っていただくことを目的に編集しました。

　消防用設備等には、下に記載したように初期消火のための消火設備、火災の発生を知らせる警報設備、避難するための避難設備があります。本書ではそれらの設備のうち、多くの建物に取り付けてある設備を取り上げています。（**太字で表記した設備**）

1 消火設備

① **消火器具（消火器、簡易消火用具）**
② **屋内消火栓設備**
③ **スプリンクラー設備**
④ 水噴霧消火設備
⑤ **泡消火設備**
⑥ **不活性ガス消火設備**
⑦ **ハロゲン化物消火設備**
⑧ **粉末消火設備**
⑨ 屋外消火栓設備
⑩ 動力消防ポンプ設備

2 警報設備

① **自動火災報知設備**
② **ガス漏れ火災警報設備**
③ 漏電火災警報器
④ **消防機関へ通報する火災報知設備**
⑤ 非常警報器具
　（警鐘、携帯用拡声器、手動式サイレン）
⑥ **非常警報設備**
　（**非常ベル、自動式サイレン、放送設備**）

3 避難設備

① **避難器具**
　（**避難はしご、緩降機、救助袋、すべり台、避難用タラップ、避難橋、すべり棒、避難ロープ**）
② **誘導灯、誘導標識**

　取り上げた設備を実際に見ながら、その設備の項目を読んでいただければ操作方法を擬似的に体験できるように工夫しています。

　消防用設備等は、消防法に基づく毎年2回の定期点検が義務付けられています。読んで得た知識を、点検整備の時に立ち会ったり、消防訓練時に設備を実際に使ったりすることで、一層確かなものに高めていただければと考えています。

　本章が、防火管理の業務の遂行に役立つことを心から祈念しています。

消火器

1 火元近くまで消火器を運ぶ

2 安全栓を抜く

3 ホースを外す

4 ホースを火元に向ける

5 レバーを強くにぎる

1. できるだけ3～4mまで近づいて放射しましょう。
2. 屋外の火災のときは、風上から放射しましょう。
3. 粉末消火器の場合、消火薬剤が燃焼物の中へ浸透しませんので、消火器使用後十分に水をかけて燃焼物の中に残る火種を完全に消火しましょう。

消火器はいろいろな火災に使えます

 普通火災用　 油火災用　 電気火災用

消火器に貼付されているラベル

○ **普通火災**　木材・紙・繊維類の火災に有効

○ **油 火 災**　ガソリン・灯油・重油・石油ストーブ・天ぷら油などの火災に有効

● **電気火災**　配電盤・変圧器・電気配線などの電気火災に有効

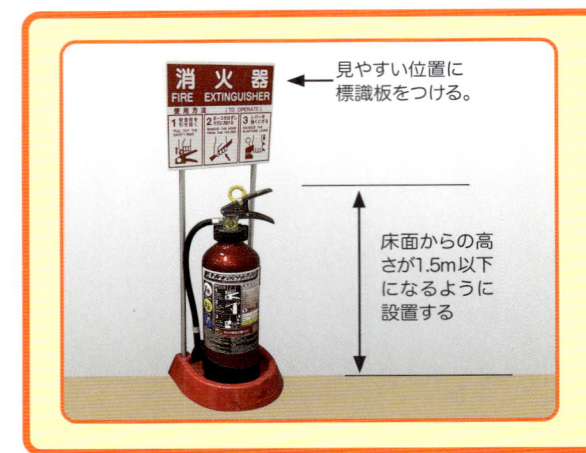

見やすい位置に標識板をつける。

床面からの高さが1.5m以下になるように設置する

☞ チェックポイント

- 歩行距離が20m以下となるように配置してありますか。
- 通行、避難に支障がなく、容易に持ち出せる所に設置してありますか。
- 底部の腐食した消火器は、事故防止のため取り替えましょう。

1 消火器具（消火器、簡易消火用具）

どんな事業所にも消火器が備えられています。消火器の代わりに水バケツを備えたり、工場では乾燥砂を備えたところもあるでしょう（水バケツや乾燥砂を簡易消火用具といいます。）。

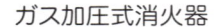

ガス加圧式消火器

蓄圧式消火器

水バケツ

1 消火器の使い方

消火器は圧力により消火薬剤を放射する器具で、圧力のかけ方は、上の写真のように加圧式と蓄圧式の2種類があります。ガス加圧式と蓄圧式の簡単な見分け方は、レバーの根本に小さな指示圧力計が付いているかいないかで、付いているのが蓄圧式で、付いていないのがガス加圧式です。

使い方は同じで、❶安全栓を抜く、❷ホース（ノズル）を火に向ける、❸レバーを強くにぎるの3つの動作です。❸のレバーを強くにぎることによって消火薬剤が放射されます。

実は、❸のレバーの機能がガス加圧式と蓄圧式では少し異なります。

一般的にガス加圧式は握ったレバーを放しても消火薬剤の放射を止めることはできませんが、蓄圧式はレバーを放すと消火薬剤の放射が止まります（ガス加圧式でも一部の消火器はストップ機能付きの消火器となっていますので、レバーを放すことで放射を止めることができます。）。

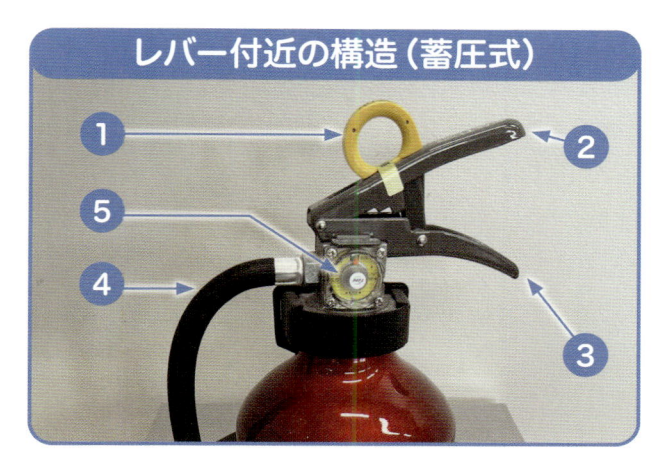

レバー付近の構造（蓄圧式）

❶ 安全栓（ピン）
❷ 上レバー
❸ 下レバー（取手）
❹ ホース
❺ 指示圧力計

2 消火器の適用火災

消火器は様々な種類があるので、一度手にとってみてラベル等を見て確認してみましょう。

⑴ 適用火災の表示

消火器にはラベルが貼ってありますが、まず目につくのはまるい色表示です。この色は消火器で消すことのできる火災の種類を示しています。

普通火災用（A火災）　　油火災用（B火災）　　電気火災用（C火災）

①普通火災用（A火災）

紙や木等が燃える火災（普通火災やA火災といいます）の消火に適応性があることの目印です。

②油火災用（B火災）

石油類やその他の油が燃える火災（油火災やB火災といいます）の消火に適応性があることの目印です。

③電気火災用（C火災）

配電盤や変圧器の火災（電気火災やC火災といいます）を感電することなく消火できることの目印です。

⑵ 消火器の消火薬剤

消火器の適用火災は、消火薬剤で決まります。主な消火薬剤は次の4種類で、消火器のラベルに消火薬剤の表示があります。

❶ABC粉末消火器

ラベルに「粉末消火器」、「ABC粉末消火器」と表示されている消火器には、リン酸塩類の微粉末の消火薬剤が詰められています。

消火薬剤を放射するための方式は蓄圧式とガス加圧式の2種類のものがあります。

普通火災、油火災、電気火災のいずれにも使用できる万能型で、高い消火能力を持っています。ただ

し、粉末のため、水のように燃えている物に浸透しません。火災を消した後は、燃えていた物の芯まで消えたことを確認しないと再燃する可能性があります。天ぷら油などの動植物油が燃え上がった火災についても同様で、油温が下がらないと再燃する可能性があります。

❷ 強化液消火器

ラベルに「強化液消火器」、「中性強化液消火器」と表示されている消火器には、液体の消火薬剤が詰められています。

「強化液消火器」と表示されている消火器は炭酸カリウム水溶液が詰められており、アルカリ性を示します。

「中性強化液消火器」と表示されている消火器にはリン酸塩類水溶液にフッ素系界面活性剤を混ぜたものが詰められており、中性を示します。

水溶液なので燃えているものを冷却し、浸透することから特に普通火災に有効です。

❸ 泡消火器（機械泡消火器）

ラベルに「機械泡消火器」と表示されている消火器にはフッ素系界面活性剤の水溶液が消火薬剤として詰められています。

機械泡とは、空気を吸い込んで泡立てる泡のことで、化学反応によって泡を発生させる泡消火器と区別するために「機械泡」と表示してあります。

❹ 二酸化炭素消火器

ラベルに「二酸化炭素消火器」と表示されている消火器には液体状態の二酸化炭素が消火薬剤として詰められています。この消火器はレバーをにぎると、液体状態の二酸化炭素が気体となって放射されます。

油火災と電気火災に有効ですが、油火災の場合、火が消えても油の温度が高いときは、消火薬剤の放出を止めると再燃することがあります。

二酸化炭素は他の消火薬剤と異なり、消火薬剤が空気中に拡散するのが一番の特徴です。

3 消火器の選択

消火器は次の項目を考慮して選びましょう。

⑴ 火災の種別に適用する消火器を選びます。

衣料品や紙類を扱う店舗や事務所などは、粉末消火器と強化液消火器をバランスよく設置し、火災の際まず火勢を抑えるために制炎性の大きい粉末消火器を使用し、その後再燃を防止するために、冷却および浸透性のある強化液消火器を使用すると効果的です。

⑵ 初期消火による消火損害が小さいものを選びます。

消火器は初期消火に使います。そのとき消火薬剤によって火災の損害よりも飛び散った消火薬剤で大きな損害が出ることもあります。

● 蓄圧式の消火器やストップ機能付きのガス加圧式消火器を選べば、消火薬剤の放射を途中で止めることができます。

● 精密機械や電子機器などの火災については、ガス系消火器を使うと消火損害を小さくできます。

⑶ 使いやすい消火器を選びます。

　一般的に強化液消火器や泡消火器などの水溶液を詰めた消火器は、粉末消火器と比べて大きくて重く、中には2倍近い重さの物もあります（消火器のラベルに総重量が記載されています。）。

　また、同じ種類の消火器でも消火薬剤量によって大きさ、重さが異なります。消火薬剤の放射時間は、粉末消火器はガス加圧式、蓄圧式を問わず15秒前後、強化液消火器や泡消火器は40 〜 60秒です（消火器のラベルに放射時間が記載されています。）。

⑷ 設置場所の環境に適合するものを選びます。

　消火器はいずれも錆びないように塗装が施されています。（本体の表面の25％以上は赤色塗装）しかし、水がかかりやすい場所等では水がかからないように工夫するとともに、消火器底部に防錆等の工夫がしてあるものを選ぶことが大切です。

　また、壁に引っかけるようにするなどの工夫も必要です。

> **CHECK!**
>
> ## 消火器選びのワンポイント
>
> ブティックや飲食店あるいは、じゅうたんが敷いてある部屋等で粉末消火器を使用すると、飛び散った薬剤によって商品（衣類や食材等）に粉末消火薬剤の粉が付着したり、薬剤特有の臭いが付いたりします。また、飛び散った薬剤は非常に粒子が細かいため、清掃が大変です。消火器メーカーは多種多様な消火器をラインアップしています。その中から最も適切なものを選びましょう。

4　消火器の消火能力

⑴ 消火能力の大きさの表示

　消火器のラベルの消火能力単位欄を見ると、「A-3 B-7 C」などと書いてあります。この表示は、消火器の消火能力の大きさを示しています。

　2⑴で説明したように、Aは普通火災、Bは油火災、Cは電気火災を表示していますので、この「A-3 B-7 C」という表示は、「この消火器は普通火災（A）については能力が3、油火災（B）については能力が7、電気火災（C）の消火に使用可」ということを表しています。AとBについてはこの数字が大きいほど消火する力が大きいことを示しています。

⑵ A-1の消火能力

　A-1の消火能力は、8L入りの水バケツ3個と同等の消火能力です。A-3と表示された消火器ならば、A-1の3倍の消火能力を持っており、その大きさは1本で水バケツ9杯分に相当します。

⑶ B-1の消火能力

　B-1の消火能力は、面積0.2㎡（約45cm四方の面積）に広がった油火災を消火する能力です。B-7と表示がある消火器は、B-1の7倍の消火能力を持っており、1本で面積1.4㎡（約120cm四方の面積）に広がった油火災を消火することができます。

⑷ Cの能力単位

　Cについては能力単位の評価方法が決められていません。Cの表示がついていれば通電中の電気設備の火災に対して使用できるということを示しています。

5 消火器の放射距離

放射距離とは、消火器の消火薬剤が届く距離のことです。

● 粉末消火器………約3 〜 6m

● 強化液消火器……約4 〜 7m

天ぷら油火災の消火に粉末消火器を使う場合は、4 〜 5mぐらい離れたところで放射します。あまり近づきすぎると放射の圧力で油が鍋から飛び出すことがあります。

6 消火器の設置場所

(1) 設置本数と設置間隔

消火器は、建物の床面積の合計を基準面積で割ることによって必要能力単位を算出し、その値を設置する消火器1本の能力単位で割って必要本数を算出します。さらに、消火器は、階ごとに設置間隔が歩行距離20m以下となるように置くことになっているので、この条件も満たすように必要本数を算出します。

この必要本数を比較して、算出された必要能力単位以上の消火器を歩行距離20m以下の間隔で設置することになります。

この他、石油類などの危険物や変圧器などの電気設備の状況などにより消火器を付加することになっています。

(2) 標識

設置場所には、長辺24cm以上、短辺8cm以上の赤色板に白文字で「消火器」と書いた標識を掲げることが必要です。

 （縦でも可）

7 住宅用消火器

共同住宅のうち、国が定める基準に適合する構造の共同住宅は、住戸、共用室または管理人室には消火器に代えて住宅用消火器という小型の消火器を置くことができます。普通火災の他、天ぷら油火災、ストーブ火災などを想定したものです。

住宅用消火器は、小型の蓄圧式消火器で、強化液消火器、泡消火器、粉末消火器などの種類があります。消火器の塗色は、本体の塗色に制限がありませんから、緑色や水色など赤色以外の色が塗ってあります。

屋内消火栓設備（1号消火栓）

1号消火栓は2人で使います

※ただし、易操作性1号消火栓は、1人で操作可能です。
（使用方法は、2号消火栓と同様）

①
消火栓箱を開け、ノズルとホースを外す（1人がノズル、1人がバルブ操作）

②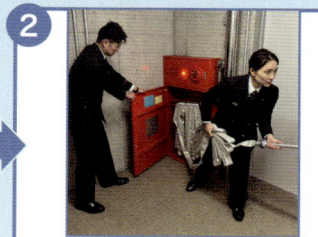
ノズルとホースを脇にかかえ、火点に向かう

③
ホースのねじれをなくす

④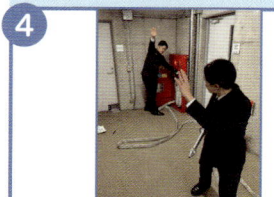
腰を落とし放水姿勢をとり、「**放水始め**」と合図

⑤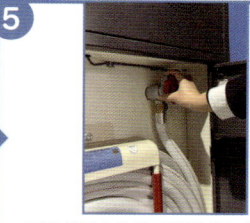
ノズル係員の合図で開閉バルブを開ける（**反時計回り：左回転**）

⑥
ポンプ起動ボタンを押し、赤色表示灯の点滅等で、ポンプ起動を確認する

※⑥の順番は、消防本部の指導や火災状況によって、最初に行う場合もあります

⑦
煙等に惑わされないように火元に放水する。バルブ操作員は、ノズル担当の補助に入る。

 ## 1号消火栓の復旧方法
（ポンプ起動が自動火災報知設備の発信機と兼用の場合）

①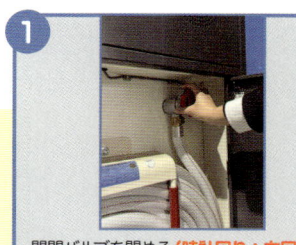
開閉バルブを閉める（**時計回り：右回転**）

②
起動ボタンを復旧する（復旧方法は、ボタンを引き戻すタイプと小窓の中の復旧スイッチを押すタイプがあります）

③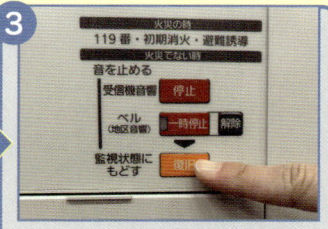
自動火災報知設備の受信機で復旧操作を行う

④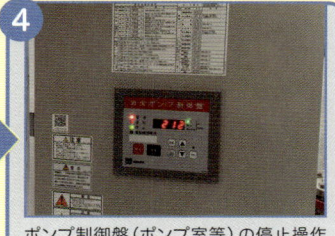
ポンプ制御盤（ポンプ室等）の停止操作を行う

屋内消火栓設備
（易操作性1号消火栓、2号消火栓、広範囲型2号消火栓）

易操作性1号消火栓、2号消火栓、広範囲型2号消火栓は1人で使います

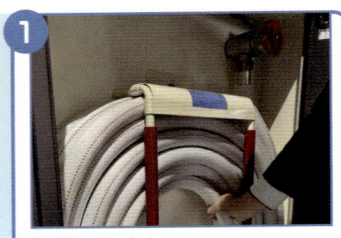
ノズルを取り出す

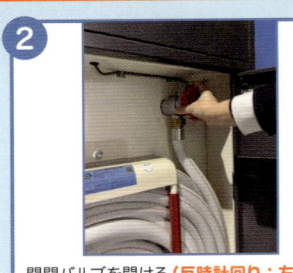
開閉バルブを開ける（反時計回り：左回転）

ノズル先端のバルブを開ける。煙等に惑わされないように火元に放水する

 復旧方法

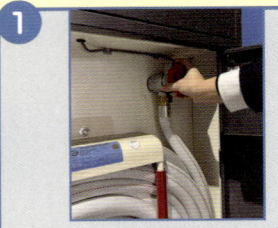
ノズルのバルブを閉めた後開閉バルブを閉める（時計回り：右回転）

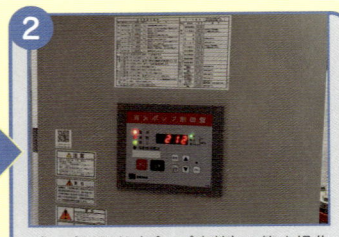
ポンプ制御盤（ポンプ室等）の停止操作を行う

屋内消火栓設備の基準比較表

種類	1号消火栓	易操作性1号消火栓	2号消火栓	広範囲型2号消火栓
設置対象	a 工場または作業場　b 倉庫 c 指定可燃物（可燃性液体に係るものを除く。）を貯蔵し、または取り扱うもの d a〜c以外		左欄のa〜c以外の防火対象物	
起動方式	・直接操作 ・遠隔操作 （箱の内部、直近の箇所の操作部）	・直接操作 ・連動操作 （開閉弁の開放、ホースの延長操作等と連動）		
放水量（毎分）	130L 以上	130L 以上	60L 以上	80L 以上
ホース（長さ）	15m×2本	30m×1本	20m×1本	30m×1本
ホースの種類	平ホース	保形ホース		
ホース（口径）	40mm	30mm	25mm	25mm
水平距離	25m以下	25m以下	15m以下	25m以下
放水圧力	0.17MPa 〜 0.7MPa	0.17MPa 〜 0.7MPa	0.25MPa 〜 0.7MPa	0.17MPa 〜 0.7MPa

 **チェックポイント**

● 設置されている消火栓はどの種類ですか
● 消火栓ボックス扉の**開閉障害**はありませんか
● **ホース・ノズル・バルブ**に**漏水**はありませんか
● **表示灯**が**点灯**していますか

あなたの建物の廊下等に赤色の灯火がともり、その下に「消火栓」と表示した箱が取り付けてあれば、それが屋内消火栓です。

屋内消火栓には、1号消火栓（2人で操作）、易操作性1号消火栓（1人で操作）、2号消火栓（1人で操作）、広範囲型2号消火栓（1人で操作）の4種類があり、扉を開けると見分けることができます。また、収納されているホースでも区別できます。

あなたの事業所にはどの消火栓が取り付けられていますか？

屋内消火栓箱の外観

1号消火栓
（折りたたんだ15m ホースが2本入っています。ホースの径は一般的に40mmです）

1　屋内消火栓の使い方

屋内消火栓は、消火器と同様に初期消火に使用します。

1号消火栓は、同一の階に設置

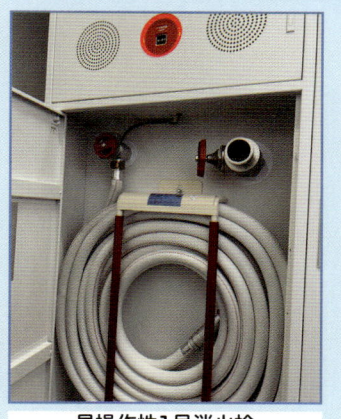

易操作性1号消火栓
（厚手の折れないホース（保形ホース）が1本入っています。ホースの内径は30mm、長さ30mです）

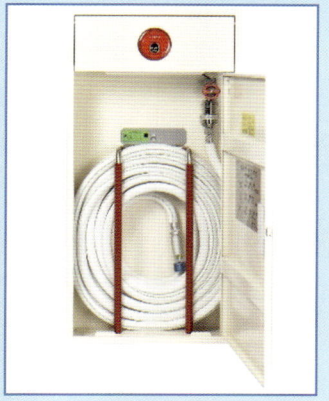

2号消火栓
（厚手の折れないホース（保形ホース）が1本入っています。ホースの内径は25mm、長さは20mです）

してある2カ所の消火栓を同時に放水したとき、いずれの消火栓からも毎分130L以上放水できます。

易操作性1号消火栓も1号消火栓と同一の性能を持っています。

2号消火栓は、毎分60L以上の水を、広範囲型2号消火栓は、毎分80L以上の水を放水することができます。

訓練で使い方をマスターすれば、消火器で消すことができない規模の火災を消火することが可能となります。

⑴ 操作のポイント

① 1号消火栓は、2人が力を合わせて操作します。操作のポイントは、「ホースを絡ませない。」ということです。

ホースの収納は、折りたたんで櫛状の金具に掛けるものと、下から差し込むものがあります。どちらも、ホースを金具から外す前に、ポンプを起動し開閉バルブを開けてホース内に充水されると、櫛からホースが抜けなくなったり、ホースが絡まる可能性があります。ホースを延ばしてからバルブを開くよう注意してください。

- 1人がホースを金具から外して、延ばし始めます。
- もう1人が、ホースがある程度延び、「放水始め」の合図を聞いて、開閉バルブを全開にし、ポンプの起動ボタンを押します。

② 易操作性1号消火栓、2号消火栓および広範囲型2号消火栓はいずれも1人で操作します。

　いずれも箱の扉を開けて、ノズルを取り出し、開閉ノズルを開きます。これによってポンプが起動します。

　易操作性1号消火栓は、内径30mmと太いため、ホースを延ばすときは20Lのポリタンクを引きずるぐらいの力が必要になります。

　2号消火栓および広範囲型2号消火栓は、内径25mmと細いため、ホースを延ばす力は易操作性1号消火栓の半分で済みます。

⑵ 操作要領

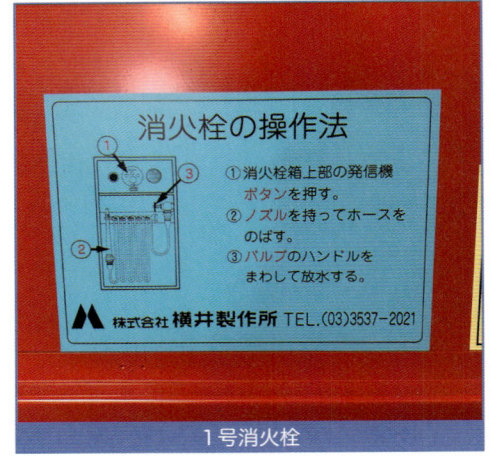

① 消火栓箱の扉の内側に操作方法のシールが貼付してあります。易操作性1号消火栓および広範囲型2号消火栓の操作方法は、2号消火栓と同様です。

② 1号消火栓の場合、ポンプ起動ボタンを最後に押すのか、最初に押すのかが問題になることがあります。147ページの写真❺❻では開閉バルブを開けてから押すこととしていますが、消防本部の指導や火災状況によって最初に行う場合もあります。

2　屋内消火栓の設置間隔

⑴ 1号消火栓、易操作性1号消火栓または広範囲型2号消火栓は階ごとに、ホース接続口（開閉バルブ）を中心に半径25mの円を描き、その階のすべてを包含するように設置してあります。

⑵ 2号消火栓の場合も同様ですが、半径15mの円となります。

⑶ ホースの長さは、ホース接続口から水平距離が1号消火栓、易操作性1号消火栓、広範囲型2号消火栓は25m、2号消火栓は15mの範囲内の当該階の各部に有効に放水することができる長さとする。

3　屋内消火栓箱を構成する機器等とその働き

⑴ 屋内消火栓は、152ページの写真のように、屋内消火栓箱、ポンプの起動装置、消火栓箱の位置表示灯（ポンプの始動表示灯）、開閉バルブ、ホース、ノズルで構成されています。

⑵ 屋内消火栓箱の上部に、自動火災報知設備の一部である発信機、発信機の位置表示灯、非常ベルが取り付けられ、屋内消火栓の構成機器と兼用している場合があります。

(3) 屋内消火栓箱の扉を開けると、ホースが接続されていない大型の放水バルブが取り付けられている場合がありますが、これは連結送水管の放水口で、基本的には消防隊が使用するものです。

(4) 機器等の働きは次のとおりです。

① 屋内消火栓箱

箱の表面に「消火栓」と表示することになっています。最近は内部がよく見えるスケルトンタイプの箱もあります。

② 位置表示灯（赤色の灯火）

屋内消火栓の設置位置を示すために取り付けます。

ポンプの始動の表示灯を兼ねる場合があります。兼ねる場合は、ポンプが始動すると灯火が点滅します。

③ ポンプの起動装置

1号消火栓の消火栓箱にはポンプの起動装置として押しボタンが取り付けられています。押しボタンを押すとポンプが起動します。

起動押しボタンにはいくつかのタイプがあります。

> **ア** 消火栓箱の上部に専用の起動ボタンが取り付けてあるもの。
> **イ** 消火栓箱の内部に専用の起動ボタンが取り付けてあるもの。
> **ウ** 自動火災報知設備の発信機と兼用するもので、発信機に「消火栓起動」と表示されているもの。このタイプは押すと同時に自動火災報知設備も作動するので地区音響装置（非常ベル）が鳴り響きます。
> 易操作性1号消火栓、2号消火栓または広範囲型2号消火栓は、消火栓の開閉バルブを開くことによって、あるいはノズルを外すことによって、ポンプが起動するので起動押しボタンを押す必要はありません。

④ ポンプの始動表示灯

ポンプが起動すると始動表示灯が点滅します。上の③**ア**または**イ**の専用の起動ボタンが設置してある場合は、起動ボタンの直近に始動表示灯を設置するのが一般的です。

それ以外は、②で述べたように消火栓の位置表示灯が点滅して始動を表示します。

⑤ 開閉バルブ

ホースが接続されたバルブは、普段は閉めてあるので、放水するときは開くことが必要です。開くためにはバルブを左回転（反時計回り）に回します。バルブに開閉方向が表示されています。

⑥ ホース

1号消火栓には、15mのホースが2本結合されたまま、金具に折りたたんで収納されています。すぐ近くの火災を消火するときでも、ホースを金具から全部外して伸ばさないと、ホースが折れ曲がったままになり、水が出なくなる可能性があります。

易操作性1号消火栓には、ゴム製の筒状となった長さ30mの保形ホースが1本巻いた状態で入っています。巻いた状態で開閉バルブを開いて、水が入っても折れ曲がったりすることはありません。火災の時は、必要な長さだけを引っ張り出して放水します。

2号消火栓も易操作性1号消火栓と同じですが、ホースの長さが20mと短く、ホースの直径も細く

なっているので、ホースを引き出し易くなっています。

広範囲型2号消火栓は、2号消火栓と同じですが、ホースの長さは30mとなっています。

⑦ノズル

ノズルには、いろいろな形のものがあります。1号消火栓、2号消火栓および広範囲型2号消火栓は、棒状注水用のノズルまたは棒状注水と噴霧注水の切り替えができるノズルが備えつけられています。

易操作性1号消火栓は、棒状注水と噴霧注水の切り替えができるノズルが備えつけられています。

⑧自動火災報知設備の発信機、発信機の位置表示灯、地区音響装置

1号消火栓の設置間隔と自動火災報知設備の地区音響装置（非常ベル）の設置間隔は同一であることから、屋内消火栓箱に自動火災報知設備の地区音響装置や発信機、発信機の位置表示灯を一体化したものが普及しています。

> **ア 発信機**
>
> ③ウで述べたように、1号消火栓でポンプの起動装置と兼用するものは、「消火栓起動」と表示されています。
>
> **イ 発信機の位置表示灯**
>
> 1号消火栓の場合、発信機の位置表示灯は、屋内消火栓箱と発信機の位置表示灯、消火栓のポンプの始動表示灯の3つを兼ねることになります。
>
> **ウ 地区音響装置（非常ベル）**
>
> 発信機の押しボタンを押すことにより、非常ベルが鳴動します。非常ベルではなくスピーカーから警報音と音声が流れる設備もあります。

1号消火栓で、147ページの写真❺❻では、開閉バルブを開けてからポンプ起動ボタンを押すこととしていますが、消防本部の指導や火災状況によって最初に行う場合もあります。

1号消火栓で、専用のポンプ起動ボタンが取り付けてある場合や易操作性1号消火栓、2号消火栓および広範囲型2号消火栓の場合でも、その消火栓箱に発信機が取り付けてあります。この場合は、発信機を押すことにより、自動火災報知設備が作動し、火災が起きたことをより広範囲に知らせることができます。

消防訓練等を通じて消火栓を使うときは、発信機を押す（起動ボタンの復旧が可能な場合）ように心がけましょう。

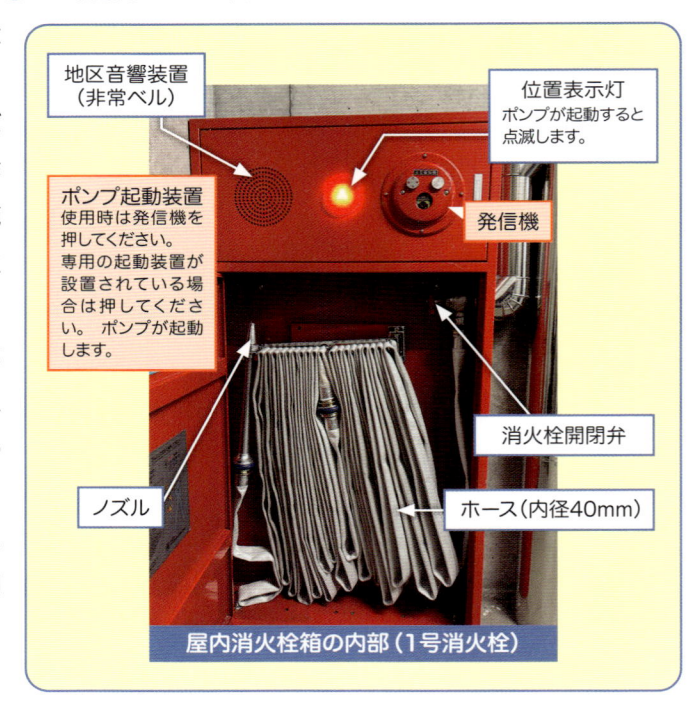

地区音響装置（非常ベル）

位置表示灯　ポンプが起動すると点滅します。

ポンプ起動装置　使用時は発信機を押してください。専用の起動装置が設置されている場合は押してください。ポンプが起動します。

発信機

ノズル

消火栓開閉弁

ホース（内径40mm）

屋内消火栓箱の内部（1号消火栓）

スプリンクラー設備

スプリンクラーが火災を感知すると

① スプリンクラーヘッドが熱を感知し、散水を開始する

② 専用ポンプが起動し、消火が行われる

☞ チェックポイント

散水障害

送水口まわりの点検

● スプリンクラーヘッドの周辺に障害物がありませんか
● 散水を止めるための制御弁がどこにあるかわかりますか
● 送水口の周辺には、障害物はありませんか

! 消火確認後の復旧方法

① 該当する制御弁室（各階に有）へ急行する

② 制御弁を閉める（時計回り：右回転）

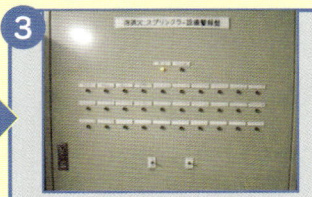
③ 警報盤（ポンプ室等）の復旧操作を行う

④ ポンプ制御盤（ポンプ室等）の停止操作を行う

　スプリンクラー設備は、初期消火の能力は非常に高いのですが、火災の消火を確認したら、制御弁を操作して散水を止めないと、水による被害（水損）が発生します。

補助散水栓は1人で使います

① ノズルを取り出す

② 開閉バルブを開ける（反時計回り：左回転）

③ ノズルのバルブを開け放水する（反時計回り：左回転）

④ 消火確認後開閉バルブを閉める（時計回り：右回転）

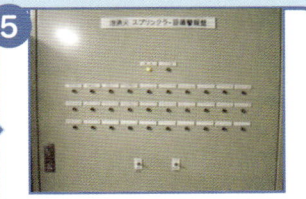
⑤ 警報盤（ポンプ室等）の復旧操作をする

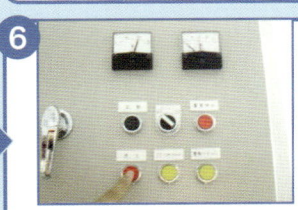
⑥ ポンプ制御盤（ポンプ室等）の停止操作を行う

第14章 — 消防用設備編

153

3 スプリンクラー設備

天井に下の写真のようなスプリンクラーヘッドが見えたら、あなたの事業所には、スプリンクラー設備が設置されています。スプリンクラー設備は、火災を初期の段階で消し止めることのできる信頼性の高い設備です。

フラッシュ型ヘッド

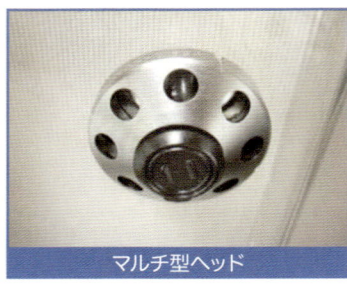
マルチ型ヘッド

フレーム型ヘッド

1 散水のしくみ

⑴ ヘッドの開放とポンプの起動

スプリンクラー設備は、一般的にポンプからスプリンクラーヘッドのところまで常に水が充填されている湿式という方式となっています。

① 火災が起きると直近のスプリンクラーヘッドが、火災の熱を受けます。すると、ヘッドの感熱部分が熱によって溶けてヘッドの栓がはずれ、散水が始まります。

② この散水で配管内に水の流れが生じ、その流れを流水検知装置が検知、または圧力タンクの圧力が低下すると自動的にポンプが起動します。ポンプが起動するとヘッドからの散水の勢いが増して、ヘッドの直下のおおむね半径2m内の火災を消火します。

③ 全てのヘッドから一斉に散水するのではなくて、火災の熱を感知したヘッドだけが散水します。一般的には1 ～ 2個のヘッドからの散水で消火できます。

⑵ 作動に伴う設備の働き

流水検知装置が水の流れを検知するとポンプが起動するとともに、次の設備が働きます。

① 散水されている放水区域または階ごとに取り付けられている自動警報装置が働き、警報音を出します。警報音は、一般的にサイレンが鳴ります。どんな警報音なのかを設備点検の時に聞いておきましょう。

② ヘッドから散水が行われている場所（放水区域）をポンプ室等にある警報盤に表示します。また、自動火災報知設備の受信機にも、放水区域を表示したり、ポンプの起動を表示する場合もあります。どんな表示が出るか確認しておきましょう。

2 散水の停止操作

スプリンクラー設備は、火災の熱を受けて自動的に作動し、消火しますが、自動的に停止しません。そのため、人が停止させない限り消火後も散水し続け、水による損害が発生します。消火を確認したら

速やかに散水を止める必要があります。

　散水は、放水区域ごとに取り付けてある制御弁という弁を閉止すれば止まります（153ページの「消火確認後の復旧方法」を参照してください。）。

① 制御弁の設置場所を確認しましょう。

② 制御弁を閉鎖するため、弁のハンドルに印された回転方向を確認しましょう。

③ 制御弁は常時開のままなので、いざ閉めるとき、ハンドルが固くて回らないこともあります。ハンドルが回ることを確認し、確認後は、全開の位置に戻しておきます。

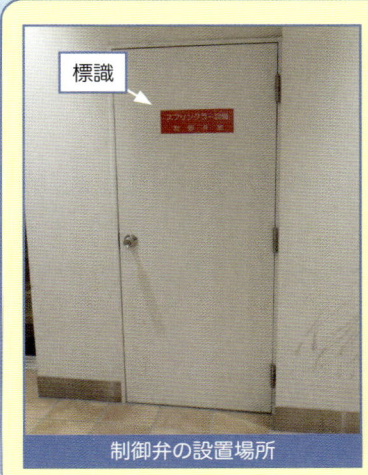
制御弁の設置場所

扉を開けると

標識

制御弁

「常時開」の表示

　ポンプの停止は、消火を確認した後、制御弁を閉止し、ポンプ室の制御盤で停止操作を行います。

3　補助散水栓

　スプリンクラー設備を設置した建物の廊下等の壁に、『消火栓』または、『消火用散水栓』と表示された箱が取り付けられている場合があります。スプリンクラー設備の補助散水栓といわれるもので、スプリンクラーヘッドを取り付けていないトイレや階段部分などをカバーするためのものです。

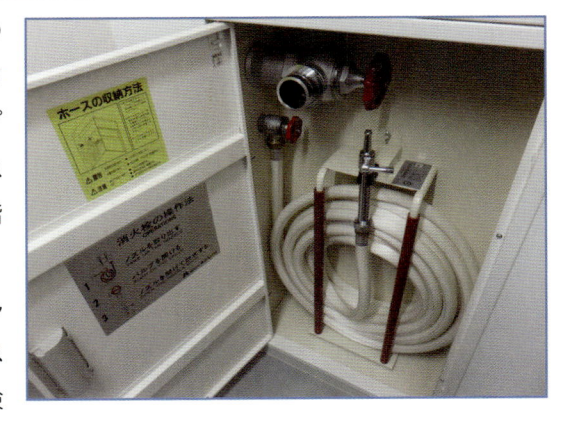

　補助散水栓は、スプリンクラー配管から延ばした配管に接続されています。開閉バルブを開くとスプリンクラー設備の流水検知装置が水の流れを検知してポンプを起動させ、警報音を発します。

　補助散水栓箱の中の様子は、屋内消火栓設備の2号消火栓と同じです。

⑴ 設置間隔

　補助散水栓は、階ごとに、スプリンクラーヘッドが設置されていない部分をカバーするように設置しなければなりません。1個の補助散水栓がカバーできる範囲は、補助散水栓の開閉バルブを中心に半径15mの範囲です。

② 補助散水栓の構成

補助散水栓の構成は、補助散水栓箱、位置表示灯、開閉バルブ、ホース、ノズルで構成されます。2号消火栓と違ってポンプの始動表示はありません。

① 補助散水栓箱

箱の表面に「消火用散水栓」と表示することになっています。2号消火栓という屋内消火栓の操作方法と同じであることから、「消火栓」と表示されているものもあります。

② 位置表示灯

補助散水栓箱に取り付けてある場合や、上方の壁に取り付けてある場合があります。屋内消火栓と異なり、ポンプが起動しても位置表示灯が点滅することはありません。

③ 開閉バルブ

開閉バルブを開くために、バルブのハンドルを反時計回りに回します。

④ ホース

2号消火栓と同じ長さ（20m）の保形ホースが巻いて入れてあります。

⑤ ノズル

ノズルにはバルブが付いています。一般的にはバルブのハンドルを反時計回りに回して開きます。水がノズルから出始めると、スプリンクラーヘッドから散水を始めた時と同様に、自動的にポンプが起動します。

③ 自動火災報知設備の発信機等、連結送水管の放水口

屋内消火栓箱の場合と同様に、補助散水栓箱に自動火災報知設備の発信機、位置表示灯、地区音響装置や連結送水管の放水口が取り付けられていることがあります。

4 共同住宅用スプリンクラー設備

11階建て以上の共同住宅の場合、国の定める構造基準に応じて、11階以上の階の各住戸または15階以上の各住戸に、共同住宅用スプリンクラー設備を設置しなければならないことがあります。一般的なスプリンクラー設備と比較して次の特長があります。

① 各住戸のパイプシャフト内等に当該住戸用の制御弁が取り付けられています。

② 住戸のヘッドが開放したときは

> ア 住戸内に設置された住宅情報盤に表示され、音声で警報されます。
> イ 住戸の廊下に設置された戸外表示器の作動表示灯が点滅します。
> ウ 管理人室の住棟受信盤から警報音が発せられ、放水した階または住戸が表示されます。
> エ 同一階、直上階の各住戸に警報が出されます（警報は各住戸で停止できます。）。

③ 制御弁を閉止して散水を止めたとき、

> ア 当該住戸の戸外表示器の制御弁表示灯が点滅します。
> イ 管理人室の住棟受信盤の制御弁表示灯が点滅します。

5 スプリンクラー設備の送水口

　スプリンクラー設備は専用の水源を備えていますが、火災によって
は水が不足することがあります。そのときに備えて消防車からスプリン
クラー配管に直接送水するために「送水口」が設置されています。

① スプリンクラー設備の送水口である旨の標識が取り付けてある
　か確認しましょう。

② 周囲に障害物等がないか確認しましょう。

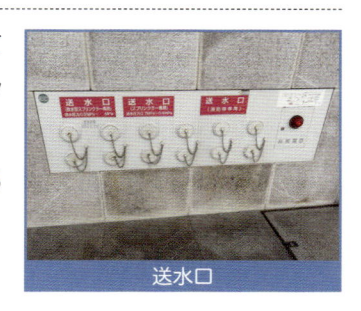
送水口

泡消火設備

泡消火設備が火災を感知したとき

1 天井に設置された感知ヘッドが熱を感知する

2 自動的に専用ポンプが起動し、泡ヘッドから泡が放射され消火が行われる

3 消火を確認したら該当する制御弁を閉める**（時計回り：右回転）**

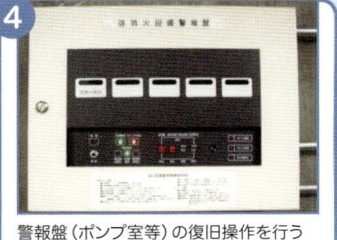
4 警報盤（ポンプ室等）の復旧操作を行う

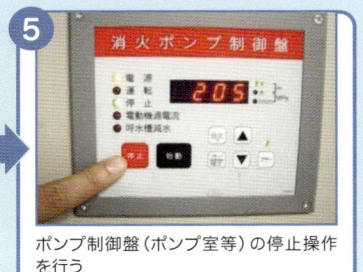
5 ポンプ制御盤（ポンプ室等）の停止操作を行う

手動で起動させる場合の手順

1 火災が起きている区画の手動起動装置の場所へ行く

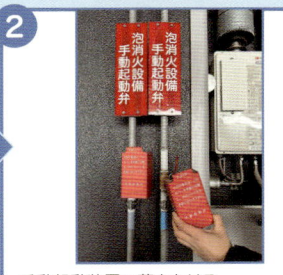
2 手動起動装置の蓋をあける

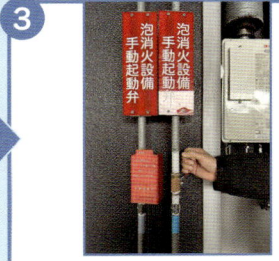
3 レバーを倒す

4 警報盤（ポンプ室等）の復旧操作を行う

5 ポンプ制御盤（ポンプ室等）の停止操作を行う

4 泡消火設備

地下駐車場の天井に写真のような泡ヘッドがあったら、それが泡消火設備（固定式）です。外気に面する立体駐車場の場合は、『移動式泡消火設備』という泡消火設備が設置されている場合があります。ホースを伸ばして使うので移動式といいます。

泡消火設備はガソリンなどの引火性の高い石油類の火災に備える設備です。

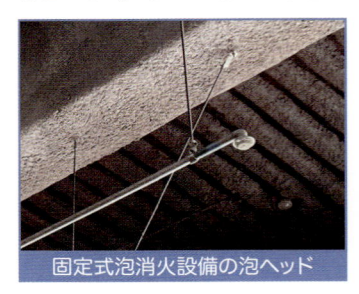

固定式泡消火設備の泡ヘッド

移動式泡消火設備

1 泡ができる仕組み

泡消火設備が作動すると、泡消火薬剤と水が混合して3%水溶液または6%水溶液ができます。

この水溶液が泡ヘッドを通過するときに空気と混ざり合って泡となり、放射されます。移動式泡消火設備の場合はノズルを通過する間に空気と混ざり合って泡となります。

2 固定式泡消火設備の作動

自動起動用火災感知装置
（閉鎖型スプリンクラーヘッドを使用しています）

⑴ 放射区域

泡消火設備の配管がむき出しの場合、その配管は50〜100㎡以下ごとに色分けして塗装してあります。また、配管が天井裏にある場合には、泡ヘッドの周囲を塗装したりして色分けがしてあります。

同一色の区域が1の放射区域で一旦作動すると、スプリンクラー設備と異なり、1の放射区域（同一色の区域）に取り付けられた全部の泡ヘッドから泡が放射されます。

⑵ 起動装置

起動は自動起動と手動起動の2種類があります。

① 放射区域ごとに火災を感知する自動起動装置がついています。その装置としては、スプリンクラーヘッドまたは火災感知器のいずれかを使います。

　ア 放射区域にスプリンクラーヘッドが付いている場合、そのヘッドが火災の熱を感知して、水が流れ出ます。流水検知装置がその水の流れを検知してポンプを起動します。

　イ 放射区域に定温式感知器が付いている場合、その感知器が火災の熱を感知してポンプを起動します。

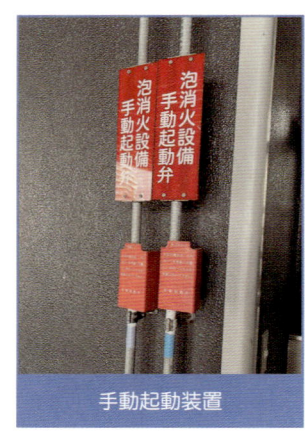

手動起動装置

② 人が火災を発見したときにも起動させることができるように、放射区域ごとに手動起動装置が取り付けられています。

手動起動装置のハンドルを操作すると水が流れ出て、流水検知装置が働きます。柱に取り付けてあることが一般的ですが、放射区域（同一色の区域）を確認して起動させることが大切です。手動起動装置には泡消火設備の「手動起動装置」等の標識が付けられています。

⑶ 作動に伴う設備の働き

① 階ごとに取り付けられている自動警報装置が働き、警報音を出します。警報音は、サイレン、ゴング、ベルなどいろいろです。どんな警報音なのかを設備の点検の時に聞いておきましょう。

② 火災を感知したスプリンクラーヘッドが付いている放射区域の一斉開放弁が開いて、泡水溶液が泡ヘッドまで到達します。泡ヘッドを通るときに空気と混じり合い泡となります。

③ 泡が放射された場所をポンプ室等にある警報盤に表示します。また、自動火災報知設備の受信機に、ポンプの起動を表示する場合もあります。どんな表示が出るか確認しておきましょう。

⑷ 泡放射の停止

　泡消火設備は、10分間以上放射できる泡消火薬剤と水源を備えています。消火を確認したならば速やかに放射を止めないと放射し続けます。放射は階ごとに取り付けてある制御弁を閉止して止めます。

① 制御弁の設置場所を確認しましょう。放射区域ごとに2個の止水弁が1セットになったものが取り付けてありますが、これらの弁の間には③②で述べた一斉開放弁が取り付けてあります。これらの2つの弁は、一斉開放弁のメンテナンス用のもので、泡を停止する目的で取り付けられたものではありません。

② 制御弁を閉鎖するため、弁のハンドルに印された回転方向を確認しましょう。

③ 制御弁は常時開のままなので、いざ締めるとき、ハンドルが固くて回らないこともあります。ハンドルが回ることを確認してみましょう。確認後は、全開の位置に戻しておきます。

　ポンプの停止は、消火を確認した後に、ポンプ室の制御盤で停止操作を行います。警報音の停止はポンプ室内の制御盤で行います。

3 移動式泡消火設備の使い方

　移動式泡消火設備は、外気に面する駐車場などに設置してあります。

　操作方法は屋内消火栓設備の1号消火栓とほぼ同じです。水の代わりに泡が出てくると考えてください。

⑴ 操作方法

　屋内消火栓の1号消火栓と同じで、2人で操作します。

① 消火栓箱の扉を開けるとホース1本と泡ノズル1本が入っています。ホースを延ばしてからホース接続口につなぐとともに、ホースとノズルを接続し泡放

位置表示灯

起動装置

開閉バルブ

泡ノズル

泡源液タンク

射の態勢を整えます。ホースは、ホース接続口、ノズルと接続された状態となっている場合もあります。

② 開閉バルブを開き、ポンプの起動ボタンを押すと、最初は泡水溶液がそのまま出てきますが、次第に泡に変わり勢いよく泡が放射されます。

⑵ 移動式泡消火設備を構成する機器等とその働き

移動式泡消火設備は、消火栓箱、位置表示灯、ホース、泡ノズル、開閉バルブ、起動装置で構成されています。写真のように消火栓箱の中に泡原液タンクが組み込まれている場合があります。

① 消火栓箱の扉には「移動式泡消火設備」と表示してあります。

② 位置表示灯は、箱の上部に取り付けてあります。ポンプが起動すると位置表示灯が点滅するものもあります。

③ ホースは内径40mm、長さ20mのものが1本入っています。渦巻き状に巻いたままであったり、1号消火栓と同じように櫛状の金具にかけてあるものなどもあります。

④ 泡ノズルは大ぶりですが、アルミ製で軽いものです。泡水溶液がこのノズルを通るときに空気を取り込んで泡になります。

⑤ ホース接続口には開閉バルブが付いています。

⑥ 起動装置は一般的に泡消火栓箱の中に設置してあります。「泡消火設備の手動起動装置」と表示されています。

⑦ 泡消火薬剤の保有方法として、建物の泡消火設備に必要な全量を1基の泡消火薬剤タンクで保有する方法と、写真のように泡消火栓ごとに必要量を分散して保有する方法があります。
駐車場などで分散保有方式とする場合は、消火栓箱の中に50L程度の大きさの泡消火薬剤タンクが据えられています。

⑶ 移動式泡消火設備の設置間隔

移動式泡消火設備は半径15mの円を描いた場合、その階の全てを包含するように設置してあります。

⑷ ホースの長さ

ホース接続口から水平距離が15mの範囲内の当該防護対象物の各部に有効に放射することができる長さとする。

4 特定駐車場用泡消火設備

平面式または機械式駐車場のうち、一定の要件を満たすものは、特定駐車場用泡消火設備を設置している場合があります。

固定式泡消火設備と同様に、移動を伴わずに泡を放射することができます。

固定式泡消火設備と特定駐車場用泡消火設備との主な違いとして、前者は火災感知ヘッドの放射区域（同一色の区域）全ての泡ヘッドから泡が放射されるのに対し、後者は閉鎖型泡水溶液ヘッドを設けた部分は、一般的なスプリンクラー設備と同様に、火災を感知したヘッドから必要となる範囲へ泡を放射することが可能です（設置したヘッドの種類により、泡放射の方法は異なります。）。

不活性ガス消火設備

手動で起動させる場合の手順（窒素ガス）

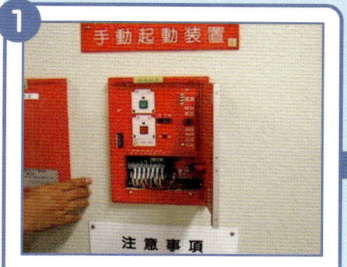
① 手動起動装置の蓋を開ける

② 音声等による警報が流れる

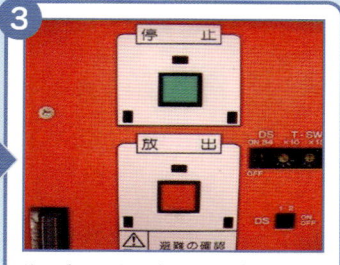
③ 放出ボタンを押す（通常放出ボタンはプラスチックカバーにより保護されています）

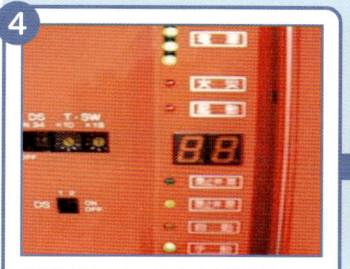
④ 遅延時間のカウントダウンが始まる

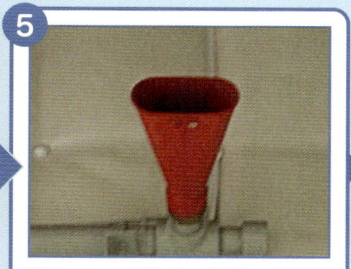
⑤ 噴射ヘッドからガス消火剤が放出される

⑥ 室内への立入を禁止する放出表示灯が点灯または点滅する

ガス消火剤放出に対する安全対策

ここには
二酸化炭素消火設備を設けています。二酸化炭素を放出する前に退避指令の放送を行います。放送の指示に従い室外へ退避して下さい。

二酸化炭素消火設備の場合

注意　ここには
不活性ガス（窒素）消火設備を設けています。
消火ガスを放出する前に退避指令の放送を行います。放送の指示に従い室外へ退避して下さい。

窒素ガス消火設備の場合

☞ **チェックポイント**

● ガス消火剤が放出された場合の人体への影響を考慮し、左のような注意表示がしてありますので、確認してみましょう。

 ガス消火剤が放出された室内に入るのは危険！

消防隊によって消火が確認された後に、ガス消火剤の排出を行う必要があります

5 不活性ガス消火設備

不活性ガス消火設備という言葉を聞いたことがありますか？ この用語は、次のガス消火設備の総称です。

① **二酸化炭素消火設備**

消火剤に二酸化炭素ガスを使用します。

② **窒素ガス消火設備**

消火剤に窒素ガスを使用します。

③ **IG-55ガス消火設備**

消火剤に窒素ガスとアルゴンガスを50対50の割合に混合したIG-55ガスを使用します（IGとは、不活性ガスの英語表記「inert gas」の頭文字です。）。

④ **IG-541ガス消火設備**

消火剤に窒素ガス、アルゴンガスと二酸化炭素ガスを52対40対8の割合に混合したIG-541ガスを使用します。

⑤ **メーカーが独自に開発し、国の評定を受けたガス消火剤を使ったガス消火設備**

これらのガスは、火災の高熱をうけても燃えることなく、またガスの性質も変わらないことから不活性ガスといわれています。後で説明しますが、①の二酸化炭素ガスはガス自体に毒性があります。他のガスはガス自体には毒性がありません。そのため、①と②〜④の二つに区分して設備の基準が作られています。

⑤のガスについては製造メーカーによって様々ですが、いずれも②〜④のガスと同等以上の消火性能と安全性を持っているといわれています。

1 不活性ガスの特徴

(1) 不活性ガスで火災が消える理由

① 火が燃え続けるためには酸素が必要です。

② 酸素の濃度が空気中の濃度である21%から18%程度あると、盛んに燃え続けますが、閉め切って空気が流入しないようにしておくと、次第に酸素が不足して炎が消えて煙ばかりになります。酸素の濃度が15%以下になると次第に煙も少なくなり、やがて消えてしまいます。

③ 不活性ガス消火設備は、極めて短時間のうちに酸素の濃度が13%前後になるように、不活性ガスを放出して消火する設備です（酸素の濃度を低下させることによって消火する方法を窒息消火法と言います。）。

④ 二酸化炭素ガスは、他のガスにない冷却作用があります。この作用もあり、他のガスと比較して高い消火能力を持っています。

(2) 不活性ガス消火設備は、水や泡を消火薬剤に使う消火設備と比べて次の特徴があります。

① 水や泡は放出の様子を目で確かめることができますが、ガスは透明であるため放出の様子が見えず、全く臭いません。放出するときの音は聞こえます（二酸化炭素の場合は、空気中の水分が冷却されるため、白い霧状のものが見えます。）。

② 消火した後で、換気すればガスはすべて屋外に出てしまい残りません。ただし、二酸化炭素ガスの場合は、冷却効果が高いので、空気中の水分が霧になって消火後に結露する場合があります。

③ 窒息消火によることから、人がいない場所で、かつ、水による消火が不適当な特殊な場所、たとえばボイラー室、発電機室、受変電室、電子計算機室、通信機器室や立体駐車場などに設置してある消火設備です。

④ 一方で、美術館や博物館などでは、水を使う消火設備に代えて二酸化炭素以外の不活性ガス消火設備を取り付けています。

⑤ いったん放出しはじめたら、消火剤の全量が放出されます。途中で停止させることはできません。

以上のように特殊な消火設備ですが、この機会にガスの性質と設備の起動、誤って起動させたときの対処方法をよく理解しておきましょう。

2 不活性ガス消火設備の種類を確認する

ボイラー室、発電機室、受変電室、電子計算機室、通信機器室や機械式立体駐車場などにどんな種類の不活性ガス消火設備が設置してあるか確認しましょう。出入り口には消火設備を起動するための手動起動装置が取り付けてあります。その手動起動装置の標識を見れば消火設備の種類を確認できます。

3 手動起動装置

(1) 出入り口付近に取り付けてある「手動起動装置」と表示した赤色の操作箱に消火設備の手動起動装置が納められています。

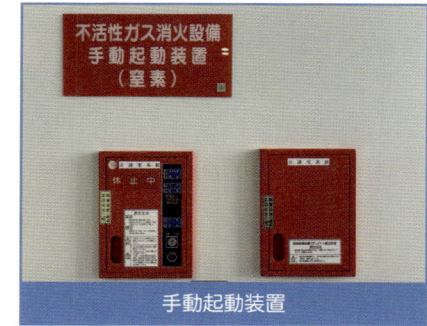

手動起動装置

① 起動装置は、消火設備が設置してある区画（「防護区画」といいます）の出入り口ごとに取り付けてあります。

② 赤地に白文字で「○○消火設備 手動起動装置」と表示してあります。○○は二酸化炭素、窒素ガスなどのガスの名称です。

(2) 操作箱の前面の表示

右の操作箱は比較的新しいタイプの箱です。古いタイプのものには表示灯等が付いていないものもあります。

① 防護区画の名称

起動するとガスが放出される区画が明記してあります。

② 自動・手動の区別表示灯

ア 起動方法の設定状況を表示しています。

イ 手動起動の表示灯が点灯している時は、人が放出用スイッチを押すことによって起動します。

ウ 自動起動の表示灯が点灯している時は、防護区画内に取り付けた火災感知器の感知信号を受け自動的に起動します。

③ 自動・手動の切り替え

ア 二酸化炭素消火設備は手動起動が原則です。二酸化炭素自体に毒性があるからです。

イ 窒素ガス、IG-55ガス、IG-541ガスの場合は自動起動が原則です。ガス自体に毒性がないからです。

ウ 自動・手動の切替は鍵を使って行います。

④ 電源表示灯

ランプが点灯していれば通電中です。

⑤ 起動表示灯

自動または手動によって設備が作動したときランプが点灯します。

⑥ 閉止弁閉表示灯

閉止弁とは、消火剤の誤放出を防ぐために取り付けてある弁です。設備を点検する時に誤放出を防ぐために閉めますが点検終了後は「開」の状態に戻しておかなければなりません。

「閉」の状態のとき、次のいずれかで警告を表示するものです。

ア 点滅する。

イ 点灯し、警報音を発する。

⑦ 手動起動装置の取扱方法の表示

手動起動装置付近には取扱方法が表示してあります。いざという時に使えるようにしておきましょう。

⑶ 操作箱の中の機能

① 操作箱の扉

扉は不用意に開けないようにシールで封印してあります。

② 音響警報用スイッチ

扉を開けると音響警報用スイッチが入ります。警報音に続いて男声による「火事です。火事です。消火剤を放出します。危険ですので避難してください」という警報がスピーカーから繰り返し流れ出ます。

③ 放出用スイッチ

ア 放出用スイッチを押すと起動確認灯が点灯します。自動起動になっている場合でもこのスイッチを押せば起動確認灯が点灯し、手動で起動させることができます。

イ 起動確認灯が点灯してから少し時間がたってから消火剤が放出するよう設定してあります。このタイムラグを遅延時間といっ

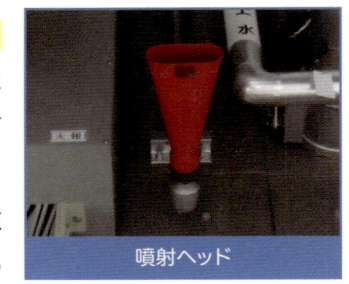

噴射ヘッド

ています。

ウ 二酸化炭素消火設備は、遅延時間を20秒以上とするように決められています。防護区画内から避難できるようにするためで、実態に合わせて設定してあります。遅延時間の長さを確認し、防護区画で働く人に徹底しておきましょう。

エ 二酸化炭素以外の消火設備については、すぐに放出するのが原則です。しかし、誤って放出用スイッチを押したときには、停止させるための時間が必要です。その時間だけ遅延させるように設定してあります。

④停止用スイッチ

放出用スイッチを押した後、遅延時間内に停止用スイッチを押すと起動を停止することができます。起動確認灯が消えることで、起動の停止が確認できます。遅延時間が経過し、ガスの放出が始まった後では停止用スイッチを押しても停止しません。

⑷ ガスの放出開始から放出完了までの所要時間

ガスの種類と防護区画ごとに所要時間が決められています。

① 二酸化炭素消火設備の場合は、通信機器室で3分30秒以内、その他は1分以内です。

② 窒素ガス、IG-55ガス、IG-541ガスの消火設備の場合は、おおむね1分です。いずれにしても極めて短時間で放出が終わります。

⑸ 放出表示灯

放出用スイッチを押して遅延時間が経過し、ガスが放出されると同時に放出表示灯が点灯または点滅表示します。放出表示灯は防護区画の出入り口の上に取り付けられています。

表示内容は「○○ガス充満 危険・立入禁止」などです。大きさ等は次のとおりです。

二酸化炭素充満
危険・立入禁止

放出表示灯

縦	8cm以上
横	28cm以上
地色	白
文字色	赤（消灯時は白色）

4 自動起動装置

二酸化炭素消火設備は手動起動が原則となりますが、夜間など防護区画内に人がいないときは、手動起動から自動起動に切り替えます。

⑴ 自動起動への切り替え

自動起動への切り替えは、設備の制御盤で鍵を使って行います。防護区画ごとの手動起動装置に自動・手動切り替え装置が付いていれば、区画ごとで切り替えることができます。

⑵ 火災の感知方法

一般的に、防護区域内に設けた種類の異なる2個の火災感知器が、火災を感知したときに自動的に起動するようにしてあります。

⑶ 起動に伴う警報、表示等

　ガス放出に伴う音響警報や表示、放出までの遅延時間など手動起動装置のところで説明した事柄は自動起動の場合もそのまま当てはまります。

5 放出に備える安全対策

　二酸化炭素消火設備の作動による死傷事故が続いたため、現在は安全対策が強化されています。以下の安全対策ができているか確認しましょう。

　窒素ガス、IG-55ガス、IG-541ガスはガス自体は安全ですが同様の表示を行うように努めましょう。

⑴ 手動起動装置の直近に掲げる注意表示

　① 「火災または点検のとき以外は手を触れてはいけません」と表示しておきましょう。

　② 「装置を起動したときは、速やかに安全な場所へ避難してください」と表示しておきましょう。

⑵ 防護区画内の安全対策

　① 消防用設備の点検時などに作動時の音声による警報だけで十分か確認しましょう。十分でないときは赤色回転灯を取り付けましょう。

　② 出入り口までの歩行距離が20m以下で、見通せるかどうか確認しましょう。

　③ 出入り口のドアに放出時のガス圧力で隙間ができないか確認しましょう。

　④ 出入り口付近の照明は十分確保されているか確認しましょう。

　⑤ 防護区画内の見やすい位置に注意銘板が掲出してあるか確認しましょう。

⑶ 防護区画への出入り口の保安対策

　防護区画への出入り口付近の見やすい箇所に注意銘板が掲出してあるか確認しましょう。

⑷ 防護区画に隣接する区画への出入り口の保安措置

① 放出表示灯

　防護区画から隣接区画に二酸化炭素が漏れ出すことがあります。隣接区画への出入り口に防護区画への出入り口に付けてある放出表示灯と同じものを付けましょう。

② 注意銘板

　放出表示灯の他に、注意銘板を掲出しましょう。

⑸ 防護区画への入室制限

　防護区画には、関係者以外の立ち入りを禁止することが必要です。防護区画内で工事が行われる時は、要注意です。

　二酸化炭素消火設備が設置されている区画において工事が行われるときは工事関係者に二酸化炭素消火設備があることを伝え、いざというときの避難についても徹底することが大切です。

6 標識等について（二酸化炭素消火設備）

1　貯蔵容器を設ける場所および防護区画の出入り口に設ける標識は、図1 および 図2 のとおりです。

防護区画に隣接する部分の出入り口の見やすい箇所には、図3 の例により注意銘板を設けてください（あわせて 図1 を設けることが望ましいです。）。

図1

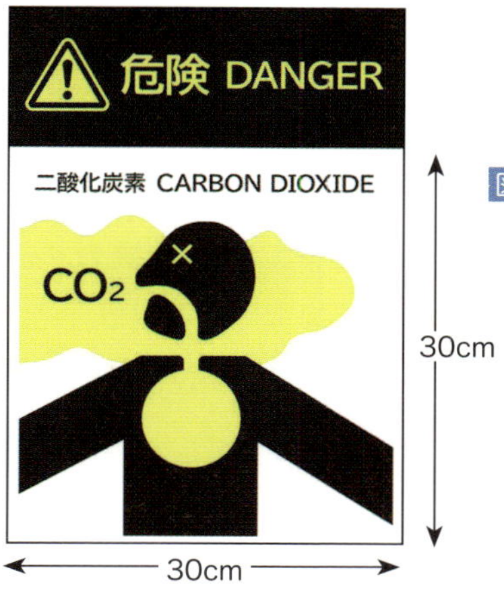

⚠ 危険 DANGER

二酸化炭素 CARBON DIOXIDE

CO₂ ×

30cm

30cm

2 防護区画内の見やすい位置に、保安上の注意事項を表示した注意銘板を 図4 の例により設けてください（あわせて 図1 を設けることが望ましいです。）。

図2

この室は、
二酸化炭素消火設備が設置されています。
消火ガスを吸い込むと死傷のおそれがあります。
消火ガスが放出された場合は入室しないこと。
室に入る場合は、消火ガスが滞留していないことを確認すること。

図3

危険
ここは、隣室に設置された二酸化炭素消火設備の消火ガスが流入するおそれがあり、吸い込むと死傷のおそれがあります。
消火ガスが放出された場合は、退避すること。
近づく場合は、消火ガスが滞留していないことを確認すること。

図4

危険
ここには、二酸化炭素消火設備が設置されています。
消火ガスを吸い込むと死傷のおそれがあります。
消火ガスを放出する前に退避指令の放送を行います。
放送の指示に従い室外へ退避すること。

7 消火剤等の排出

消火剤は、消火できたことを確認した上で外気中へ排出します。

⑴ 消火に必要な時間

完全に消火するために消火剤が充満した状態を何分保つのかということについて基準はありません。消火を確認してからということです。

消火に用いた消火ガスの種類や火災で燃えている物によっても異なりますが、窒息消火による方法では、2 ～ 3分で炎が消えます。炎が消えると全体を冷却していきます。

内部を確認しようとしても、内部に入る術がありません。

火災の通報から数分すれば公設消防隊が到着します。二酸化炭素消火設備が作動していることを消防隊に通知し、消防隊が防護区画内に入って消火状況を確認した上で消火剤と燃焼ガスの排出開始を行うことになります。

⑵ 防護区画の壁の下方に排出のための換気口が取り付けてあります。消火剤の放出中はダンパーが自動的に閉まるようになっているので、これを開放して強制的に消火ガスを外気中に排出します。一般的には1時間程度で排出できるように設計されていますが、確認しておきましょう。

ダンパーの開放装置は、貯蔵容器置場内（ボンベ室内）または防災センター等、防護区画外で容易に接近できる安全な場所に設置してあります。さらに、その直近に操作方法を明記したマニュアルが掲出されています。

排出方法は自然換気でも差し支えないことから、機械式立体駐車場などには自然換気方式によるところもあります。特に、二酸化炭素ガスは空気よりも重いガスなので、風通しのよい場所へ排出する必要があります。

8 移動式二酸化炭素消火設備

自動車の整備・修理工場や電気機器室など常時人がいて、火災のとき煙が著しく充満する恐れがない場所には移動式二酸化炭素消火設備を設けることができます。専用の電源が不要で、一定の間隔に設置すればよいというメリットがあります。二酸化炭素以外のガスについては移動式はありません。

(1) 操作方法

① 容器弁開放装置を開きます。

② ホースを延ばしします。ホースの長さは20mです。

③ ノズルのバルブを開くと炭酸ガスが放射されます。白い霧を放射しているように見えるのは炭酸ガスの放射に伴い空気中の水分が瞬間的に冷やされるためです。この白い霧で燃えている物を十分な濃さで包み込むように放射します。

(2) 放射量、放射時間

① 放射量はメーカーで異なりますが1分間に60kg以上です。

② 放射時間は60秒前後です。

③ 放射距離は2〜5mです。

(3) 移動式二酸化炭素消火設備の設置間隔

防護区画のすべての部分を移動式二酸化炭素消火設備を中心として半径15mで包含するように設置します。

(4) ホースの長さ

ホース接続口から水平距離が15mの範囲内の当該防護対象物の各部に有効に放射することができる長さとする。

9 二酸化炭素ガスの特徴と危険性

二酸化炭素は一酸化炭素に比べれば、低濃度では安全ですが、濃度が上がると危険です。特徴を理解して事故防止に努めましょう。

(1) 高圧をかけてガスを液体に変えてボンベに貯蔵してあります。

(2) 電気絶縁性が高く、冷却効果も有することから、消火薬剤として50年以上の使用実績があります。

(3) 消火にあたっては、ガス放出後の防護区画内の二酸化炭素の濃度が約35%以上になるように放出量が決められています。このとき酸素濃度は約13%と薄くなるので燃え続けることができなくなり、消火にいたります。

(4) 二酸化炭素は空気より重いため、放出後は時間が経過するにつれて下の方に溜まります。

(5) 放出後の防護区画内の二酸化炭素の濃度は人体に極めて危険です。労働安全衛生上の二酸化炭素の許容濃度は0.5%です。2%で中毒症状がでるといわれています。頭痛、めまいがおき、10%を超えると意識がもうろうとし始め、30%になると数呼吸で意識が喪失し、55%以上では短時間で死亡するといわれています。

二酸化炭素消火設備に係る基準改正

　令和2年12月から令和3年4月にかけて二酸化炭素消火設備に係る死亡事故が相次いで発生したことを受け、二酸化炭素消火設備に係る政省令の改正等が行われました。

すでに設置されている二酸化炭素消火設備において必要となる主な対応

(1) 標識の設置（令和5年3月31日までに）

　二酸化炭素を貯蔵する貯蔵容器を設ける場所および防護区画の出入口等の見やすい箇所に、次の①②およびJIS A8312（2021）の図A.1を表示した標識を設ける必要があります。
① 二酸化炭素が人体に危害を及ぼすおそれがあること。
② 消火剤が放射された場合は、原則として、放射された場所に立ち入ってはならないこと。

(2) 図書の備え付け（令和5年3月31日までに）

　制御盤の付近に、次の①②を定めた図書を備えておく必要があります。
① 二酸化炭素消火設備の構造
② 工事、整備および点検時においてとるべき措置の具体的内容・手順

(3) 閉止弁の設置（令和6年3月31日までに）

　集合管または操作管に、一定の基準に適合する閉止弁（二酸化炭素を放射するための配管を閉止するための弁）を設ける必要があります（ただし、令和6年3月31日までに設置されている閉止弁のうち、一定の要件を満たすものにあっては、一部の基準に適合しない場合であっても、違反となりません。）。

(4) その他主な改正点

　すでに設置されているものを含め、全ての二酸化炭素消火設備が対象（全て令和5年4月1日から義務化。）。
① 二酸化炭素消火設備が設置された防火対象物における消防用設備等の点検は、消防設備士または消防設備点検資格者が行うものとする。
② 防護区画内に人が立ち入る場合は、閉止弁を閉止し、かつ、手動起動に切り替えた状態を維持する。
③ 消火剤が放出したときは、みだりに人が防護区画内に立ち入ることのないよう維持する。

【参考】令和5年4月1日以降に新たに設置された二酸化炭素消火設備が対象

① 起動用ガス容器を設ける。
② 起動装置には、消火剤の放出を停止する旨の信号を制御盤へ発信するための緊急停止装置を設ける。
③ 自動式の起動装置の場合には、2以上の火災信号により起動するものとする。
④ 常時人のいない防火対象物にあっても、自動式の起動装置を設けた場合の音響警報装置は音声による。

6 ハロゲン化物消火設備

ハロゲン化物消火設備は、ハロゲン化物を消火剤として使用する消火設備です。ハロゲン化物について少し説明します。

① ハロゲンとは、「ハロゲン電球」や「ハロゲンヘッドランプ」などのハロゲンと同じものです。これらは、電球の中にハロゲン元素（フッ素、塩素、臭素などの総称）を少し入れたもので、ハロゲン元素の働きで電球が明るくしかも長寿命になることが特徴です。

② このハロゲン元素をメタン（都市ガスに使われています）などにくっつけるとハロゲン化物消火剤ができます。ハロゲン化の「化」は「くっつける」という意味です。

③ ハロゲン化物消火剤として代表的なものは、メタンに臭素1個とフッ素3個を付けたもの（ハロン1301）、メタンに臭素1個、フッ素2個と塩素1個を付けたもの（ハロン1211）、エタンに臭素2個とフッ素4個を付けたもの（ハロン2402）の3種類です。

このハロンとはもともと商品名ですが、今では一般名となり、この名前を使ってハロゲン化物消火設備のことをハロン消火設備ということがあります。

1 ハロン消火剤の特徴と現状

⑴ ハロン消火剤の消火効果

① ハロン1301やハロン1211は室温で気体です。ハロン消火剤は火災の熱を受けて臭素や塩素を切り離します。切り離された臭素や塩素が炎の中で繰り返されている燃焼の反応を抑制し、ついには反応を止めてしまいます。こうして火災が消えます。

② ハロン1301を使えば二酸化炭素ガスで窒息消火する場合の5分の1の量の消火剤で消火できます。ハロン消火剤自体には二酸化炭素ガスのような毒性がありません。また、ハロン消火剤は火災の熱で分解して刺激性物質を発生しますが、その量は限られた量です。

③ ハロン消火設備は二酸化炭素消火設備と比べて消火能力が高く、しかも安全なガス消火設備として1975年ごろから1990年にかけてコンピューター室、通信機器室、電気室、書庫、美術品収納庫、機械式立体駐車場などに設置されました。

⑵ ハロンの使用規制の現況

① ハロン消火剤が空気中に放出されると地球のオゾン層を破壊することがわかりました。ハロン1301、ハロン1211、ハロン2402は、1993年12月で生産を打ち切られ、現在は内閣府の認証を受けたNPO法人消防環境ネットワークがハロンの回収、再利用などの管理を行っています（この3種類のハロンを「特定ハロン」といいます。）。

② 特定ハロンを消火剤に使うハロン消火設備は消防環境ネットワークに登録されているのでハロン消火剤を充填した容器を移動、補充するときは、あらかじめ消防環境ネットワークの承認が必要です。

③ 消防設備メーカーが回収した特定ハロン消火剤は、特定ハロンでしか効果的な消火が見こめない施設に新設されるハロン消火設備の消火剤として再利用されています。

⑶ 代替ハロン消火剤

オゾン層を壊さないハロゲン化物が特定ハロンの代替消火剤として使われています。代替ハロン消火剤には、HFC-23、HFC-227ea、FK-5-1-12の3種類があり、ハロンと違い塩素や臭素がついていないのが特徴です。

2 ハロゲン化物消火設備を確認する

ボイラー室、発電機室、受変電室、電子計算機室、通信機器室や機械式立体駐車場などの出入り口に取り付けてある手動起動装置を見てみましょう。その手動起動装置の標識に「ハロンガス消火設備」または「ハロゲン化物消火設備」と記載してあれば、その出入り口の向こう側にはハロゲン化物消火設備が設置されています。

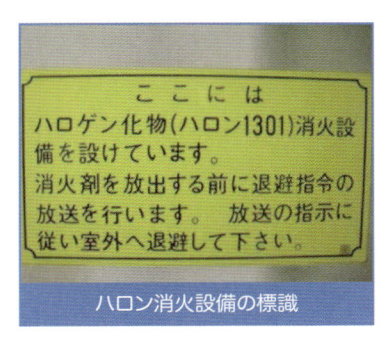
ハロン消火設備の標識

3 手動起動装置

⑴ 出入り口付近の「手動起動装置」と表示した赤色の操作箱に消火設備の手動起動装置が収納されています。起動装置は、消火設備が設置してある区画（「防護区画」といいます）の出入り口ごとに取り付けてあります。

⑵ 操作箱の前面の表示

起動装置はいくつかのタイプがあります。新しい操作箱の場合

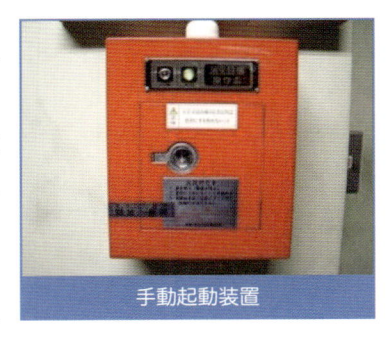
手動起動装置

は、不活性ガス消火設備のところで説明したタイプの操作箱と同様の箱が取り付けられています。

古い操作箱はここに記載した表示灯が付いていないものもあります。

① 防護区画の名称

起動するとガスが放出される区画が明記してあります。この記載がないものもあります。

② 電源表示灯

ランプが点灯していれば通電中です。

③ 起動表示灯

自動または手動によって設備が作動し始めたときランプが点灯します。

④ 手動起動装置の取扱方法の表示

手動起動装置付近に、取扱方法が表示してあります。いざという時に使えるようにしておきましょう。

⑶ 操作箱の中の機能

① 操作箱の扉

扉は不用意に開けないようにシールで封印してあります。

ア 扉を開けると音響警報用スイッチが入ります。警報音に続いて男声による「火事です。火事です。消火剤を放出します。危険ですので避難してください」という警報がスピーカーから繰り返し流れ出ます。

イ ハロン1301の場合は、警報音のみで音声警報が出ないものもあります。

③放出用スイッチ

ア 放出用スイッチを押すと起動確認灯が点灯します。自動起動になっている場合でもこのスイッチを押せば起動確認灯が点灯し、手動で起動させることができます。

イ 起動確認灯が点灯して、少し時間がたってから消火剤が放出するように設定してあります。このタイムラグを遅延時間といっています。消火剤によって遅延時間の設定が異なります。確認して防護区画内に入る人に徹底しておきましょう。

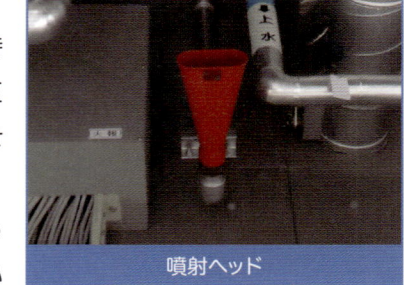

噴射ヘッド

(ア) ハロン1211、ハロン2402を放出する場合は、遅延時間を20秒以上とするように決められています。防護区画内から避難できるようにするためで、実態に合わせて設定します。

(イ) ハロン1301は遅延時間を設けなくてもよいことになっていますが、同じように遅延時間を持たせるのがよいでしょう。

(ウ) HFC-23、HFC-227ea、FK-5-1-12を放出する場合は遅延時間を設けないのが原則です。しかし、誤って放出用スイッチを押したときには、停止させるための時間が必要です。その時間だけ遅延させるように設定してあります。

④停止用スイッチ

放出用スイッチを押した後、遅延時間内に停止用スイッチを押すと起動を停止することができます。起動確認灯が消えることで、起動の停止が確認できます。遅延時間が経過し、消火剤の放出が始まった後では、停止用スイッチで停止できません。操作箱によっては、停止用スイッチが箱の前面の電源表示灯などと並んでいるものもあります。

⑷ 消火剤の放出開始から放出完了までの所要時間

消火剤は加圧用に充填した窒素ガスとともに放出されますが、全量を放出する所要時間が決められています。

① ハロン1301、ハロン1211、ハロン2402の場合は、30秒以内です。

② HFC-23、HFC-227ea、FK-5-1-12の場合は、10秒以内です。いずれにしても極めて短時間で放出が終わります。

⑸ 放出表示灯

放出用スイッチを押して遅延時間が経過し、ガスが放出されると同時に放出表示灯が点灯または点滅表示します。放出表示灯は防護区画の出入り口の上に取り付けられています。表示内容は「ガス消火剤充満 危険・立入禁止」などです。大きさ等は次のとおりです。

ガス消火剤充満
危険・立入禁止

縦　8cm以上
横　28cm以上
地色　白
文字色　赤（消灯時は白色）

放出表示灯

4 起動方法の切り替え

(1) 起動方法の原則

① ハロン1301、ハロン1211、ハロン2402の場合は手動起動が原則です。夜間など防護区画内に全く人がいないときは手動起動から自動起動に切り替えます。自動起動への切り替えは、ハロン消火設備の制御盤で行います。

② HFC-23、HFC-227ea、FK-5-1-12の場合は自動起動が原則です。

(2) 自動起動の場合の火災の感知方法

① 一般的に、防護区域内に設けた種類の異なる2個の火災感知器が火災を感知したときに自動的に起動するようにしてあります。

② 自動起動に設定してあるときでも、手動起動装置で起動することができます。

(3) 自動起動に伴う警報、表示等

ガス放出に伴う音響警報や表示、放出までの遅延時間など手動起動装置のところで説明した事柄は自動起動の場合もそのまま当てはまります。

5 消火剤等の排出

消火剤は、消火できたことを確認した上で外気へ排出します。

完全に消火するために消火剤が充満した状態を何分保つのかということについて基準はありません。消火を確認してからということです。

ハロンによる消火では、速やかに炎が消えます。炎が消えると全体を冷却していきます。

火災の通報から数分すれば公設消防隊が到着します。ハロン消火設備が作動していることを消防隊に報告し、消防隊が防護区画内に入って消火状況を確認した上で消火剤と燃焼ガスの排出開始を行うことになります。

排出のための専用の換気口が取り付けてあれば、このダンパーを開いて強制的に消火ガスを外気中に排出します。一般的には1時間程度で排出できるように設計されていますが、一度確認しておきましょう。

ダンパーの開放装置は、貯蔵容器置場内（ボンベ室内）または防災センター等、防護区画外で容易に接近できる安全な場所に設置してあります。さらに、その直近に操作方法を明記したマニュアルが掲出されています。

ハロン消火剤は、いずれも空気よりもはるかに重いガスなので、風通しのよい場所へ排出する必要があります。

6 移動式ハロゲン化物消火設備

　移動式ハロゲン化物消火設備は比較的古い建物に設置されています。常時人がいて、火災のとき煙が著しく充満するおそれがない場所に置かれています。専用の電源が不要で、一定の間隔に設置すればよいというメリットがあります。

　移動式の消火剤はハロン1301、ハロン1211、ハロン2402のいずれかです。

⑴ 操作方法

① 容器弁開放装置を開きます。

② ホースを延ばします。ホースの長さは20mです。

③ ノズルのバルブを開くとハロンガスが放射されます。

⑵ 放射量、放射時間

① 放射量はハロンの種類によって異なりますが1分間に35 ～ 45kgです。

② 放射時間は60秒前後です。

③ 放射距離は2 ～ 5mです。

⑶ 移動式消火設備の設置間隔

　防護区画のすべての部分を移動式消火設備を中心として半径20mで包含するように設置してあります。

⑷ ホースの長さ

　ホース接続口から水平距離が20mの範囲内の当該防護対象物の各部に有効に放射することができる長さとする。

粉末消火設備

移動式粉末消火設備操作手順

❶ 扉を開ける

❷ 加圧用ガスボンベのバルブを全開にする(反時計回り:左回転)

❸ ホースの付け根にある放出弁を全開にする

❹ ホースを延ばしてノズルのバルブを全開にする

7 粉末消火設備

　粉末消火設備は、粉末消火器と同じように粉末消火剤を放射する設備です。消火器のところで説明したように油火災に大きな効果があります。また、粉末なので電気を通さないことから通電中の電気設備の火災の消火に適しています。

　粉末消火設備は石油施設や電気室、ボイラー室などのほか、自走式立体駐車場に設置してあるのをよく見かけます。粉末消火剤にもいろいろな種類がありますが、粉末消火器と同じABC粉末消火剤を使う設備が多いようです。

1 粉末消火設備を確認する

　電気室やボイラー室、外気に面した自走式立体駐車場などがある場合、粉末消火設備が実際に設置されているか確認してみましょう。電気室やボイラー室などの場合は、出入り口には粉末消火設備を起動するための手動起動装置の標識があるかどうかで確認することができます。

2 手動起動装置

　手動起動装置は、161ページの不活性ガス消火設備と同じタイプの物を使っています。詳しくは、その部分を参照してください。

(1) 粉末消火設備は手動起動が原則です。無人のときは設備の制御盤などで自動起動に切り替えることができます。

(2) 手動起動装置の前面の扉を開けると警報音が出ます。警報音は、音だけのもの、音と音声の両方のものなどいろいろです。扉の中には、起動用ボタンと停止用ボタンが納められています。

(3) 起動用ボタンを押すと設備が起動します。ボタンを押してから20秒以上の遅延時間が経過すると消火剤の放射が始まります。遅延時間の長さは建物ごとに設定してあります。確認しておきましょう。粉末消火設備には防護区画内一面に消火剤を放射する方法（全域放出方式）と、消火すべき防護対象物に向かって消火剤を放射する方法（局所放出方式）があります。局所方式では、一般的に遅延時間を設定していません。

(4) 遅延時間内に停止用ボタンを押すと起動を停止させることができます。これは誤って起動ボタンを押すことがあるからです。遅延時間が経過した後では停止できません。

(5) 手動起動装置付近に、取扱方法が表示してあります。いざという時に使えるようにしておきましょう。

3 自動起動装置

　異なる2種類の火災感知器を取り付け、それらがいずれも火災であるとの感知信号を送ってきたものを受け自動的に起動するように設定してあります。

消火剤の放射に伴う音響警報や表示、放射までの遅延時間など手動起動装置のところで説明した事柄は自動起動の場合もそのまま当てはまります。

4 消火剤の放射開始から放射完了までの所要時間

(1) 窒素ガスの圧力により、消火剤の放射は始めてから30秒以内に完了します。

(2) 消火剤の放射量は、6帖間に10型消火器を3本放射した場合とほぼ同様です。一瞬にして、真っ白という状況になります。

(3) 放射し始めると防護区画の出入り口付近に取り付けられた放出表示灯が点灯または点滅表示します。

5　移動式粉末消火設備

　移動式粉末消火設備は人が操作するので、火災の時に著しく煙が充満する恐れがない、自走式の立体駐車場や自動車整備工場などで高さ1.2 ～ 1.5mぐらいの赤い箱にユニットで納められています。

(1) 操作方法

　ほぼ①から③の手順によりますが、ユニットの扉の内側に貼ってある取扱説明書を読んでおきましょう。174ページを参照してください。

> ① 加圧用ガスボンベの弁（黄色に塗色）を開きます。
> ② ホースの付け根にある放出弁を開きます。
> ③ ホースを延ばして、ノズルのバルブを開くと粉末消火剤が放射されます。ホースの長さは20mです。

(2) 放射後の圧抜き作業

　消火後、ホースから圧力を抜くために次の操作を行います。

> ① ノズルのバルブを閉じます。
> ② 加圧用ガスボンベの弁を閉じます。
> ③ 放出弁を閉じます。
> ④ 再びノズルのバルブを開くと、ホースから圧力が抜けます。圧力が抜けたら湿気が入らないようにノズルの弁を閉めておきます。

(3) 設備のクリーニング

　ホースの中に粉末消火剤が残っていると湿気で固化することがあります。消防設備会社にクリーニングを依頼します。

⑷ 消火剤の放射量、放射距離

① 放射量は33kgで放射時間はおおむね1分間です。

② 放射距離はノズルから6 ～ 10mです。

⑸ 移動式粉末消火設備を構成する機器等とその働き

① ボンベ

ア 大きな赤色ボンベがABC粉末消火剤のボンベです。

イ 緑色のボンベで弁が黄色のボンベが粉末消火剤を放射するための加圧用ガスボンベです。

ウ 緑色のボンベがもう1本取り付けてある場合があります。このボンベは、使用後にホース内に残っている粉末消火剤をクリーニングするための炭酸ガスボンベです。このボンベの弁は、工具を使って開けるようになっています。このボンベを使えば自分でクリーニングできますが、専門家に依頼しましょう。

② ノズル

ノズルには開閉バルブが取り付けてあります。開閉することで放射を調整できます。

③ ホース

長さはノズル部分を含めて20m以上あります。

④ 位置表示灯

付近に赤色の位置表示灯を付けます。

⑤ 標識

「移動式粉末消火設備」と表示します。

⑥ 取扱説明板

扉の内側に取扱方法が書いてあります。ときどき確認しておきましょう。

⑹ 移動式粉末消火設備の設置間隔

防護区画のすべての部分を移動式粉末消火設備を中心として半径15mで包含するように設置します。

⑺ ホースの長さ

ホース接続口から水平距離が15mの範囲内の当該防護対象物の各部に有効に放射することができる長さとする。

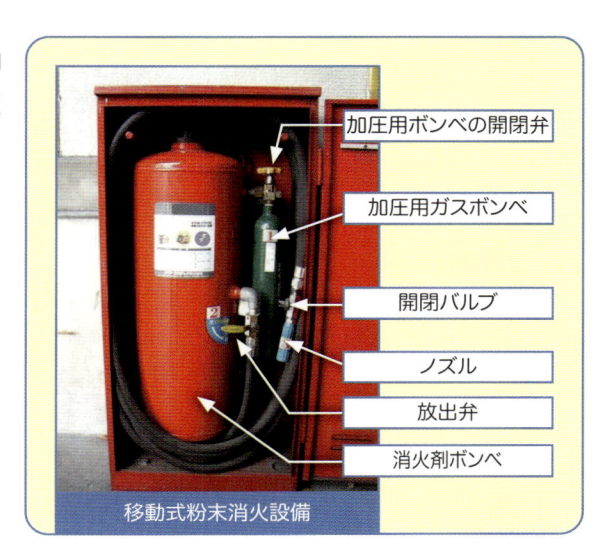

移動式粉末消火設備

加圧用ボンベの開閉弁

加圧用ガスボンベ

開閉バルブ

ノズル

放出弁

消火剤ボンベ

自動火災報知設備

ベルが鳴ったとき

1

ベルが鳴ったら

2
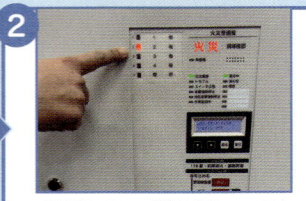
受信機のランプが点灯している表示窓を確認する

3
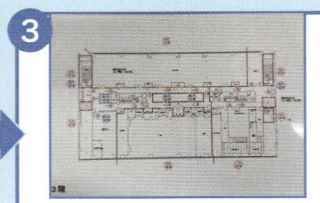
警戒区域一覧図で異常発生場所（範囲）を把握し、現場確認に向かう

4

現場確認に向かう時の携行品（消火器、送受話器、ライト、マスターキー、メガホン等）

！ 火災を確認したら

消防計画に基づく
- **初期消火**
- **通報連絡**
- **避難誘導**

を実施する

CHECK!
受信機によっては、連絡用の送受話器が設置されています。送受話器を携行し、連絡に活用します。

現場確認の結果火災でなかったとき

1
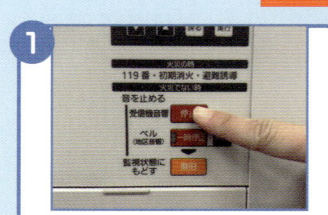
ベルを止める（主音響・地区音響共）

2
作動表示灯
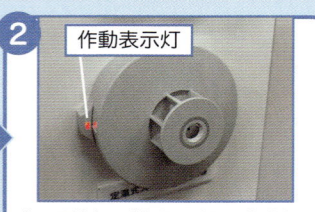
表示区域内の感知器を確認し作動表示灯が点灯しているものを探す

3
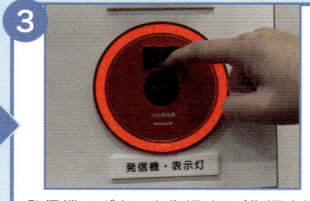
発信機のボタンを復旧する（復旧方法は、ボタンを引き戻すタイプと小窓内の復旧スイッチを押すタイプがあります）

4
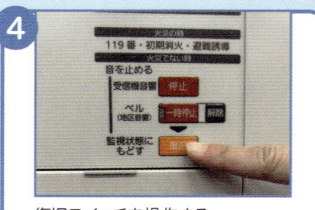
復旧スイッチを操作する

5
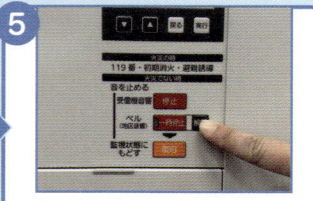
主・地区音響スイッチを定位に戻す

👉 チェックポイント
- スイッチ注意灯が点滅していませんか
- 主音響および地区音響スイッチが停止になっていませんか
- 警戒区域一覧図はありますか
- 携行品は備えてありますか

発信機上部の表示灯が点滅、または消火栓起動表示灯が点灯している時は、最後にポンプ停止操作が必要となります。

8 自動火災報知設備

　自動火災報知設備は火災の発生を捉えて、いち早く警報を発するための設備です。

　火災警報を聞いたとき、あなたはどのような行動をとりますか。また、職場ではどのような行動をとることになっていますか。

　自動火災報知設備は、火災を発見する「目」としての感知器、警報音を出す「口」としての音響装置、感知器よりも早く人が火災を見つけた時に操作する発信機、設備全体を制御する受信機の4つから構成されています。

　受信機を操作する機会は少ないとは思いますが、これを機に設備の基本事項を理解したうえで適切に運用できるようにしましょう。

1 感知器

作動表示灯

　火災になると、熱、煙、炎が出ます。一般的な感知器は、このいずれかを感知して電気的に接点を閉じて火災信号を発します。

　感知器は火災信号を発すると同時に、感知器に取り付けられている作動表示灯を点灯します。煙感知器と炎感知器には必ず作動表示灯を取り付けることになっていますが、熱感知器にも取り付けたものが多くなってきました。

　作動表示灯をチェックすれば、火災が起きていないにもかかわらず火災信号を発した感知器を容易に探し出すことができます。

(1) 熱感知器

　熱感知器は、火災のときに発生する熱を感知して火災信号を出します。代表的なものは次の2種類です。

① 差動式スポット型感知器（写真①）

　感知部にダイヤフラム（diaphragm）という隔膜を使った感知器で、外形は、写真①のように円い蓋をかぶせたような形をしています。

写真① 差動式スポット型感知器

　温度がゆっくり上昇するときは、ダイヤフラムの横に設けた小穴（リーク）から膨張した分の空気が逃げますが、火災のときの急激な温度上昇のときは膨張した空気が小穴から逃げきれないのでダイヤフラムが膨らみます。すると、電気接点が接触して火災信号が流れるという仕組みです。

　差動式とは、「ゆっくり」と、「急激」との差をとらえて動くという意味のようです。スポット（spot）とは「点」という意味です。

　感知部に半導体を使った差動式感知器も増えています。

② 定温式スポット型感知器（写真②）

　定温式とは、周囲の熱を受けて、あらかじめ感知器に設定した作動温度に到達したとき火災信号を出す感知器です。

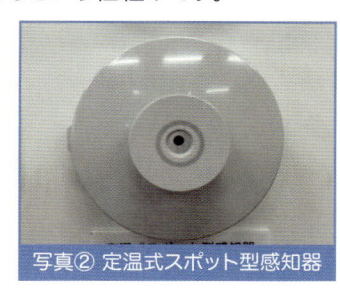
写真② 定温式スポット型感知器

取り付け場所の環境に合った作動温度の感知器を設置します。金属の膨張を利用するもので、感知器の下部に金属が使ってあります。

定温式感知器でも半導体を利用するものもあります。

⑵ 煙感知器

煙感知器は火災のときに発生する煙を感知して火災信号を出します。代表的なものは次の2種類で、いずれも煙が入るように感知器に隙間があります。

① 光電式スポット型感知器（写真③）

感知器の中に発光部と受光部が取り付けてあります。発光部は常に光を放射しています。受光部はこの光を直接受けないようにずらした位置に取り付けてあります。煙が感知器に入ると、発光部が出す光が煙で散乱します。この散乱した光が受光部に入ると火災信号を出します。

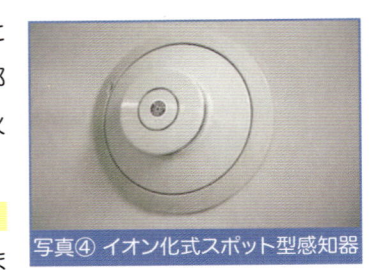

写真③ 光電式スポット型感知器

② イオン化式スポット型感知器（写真④）

感知器の中に微量の放射線源（アメリシウム241）が入っています（放射線源は空気をイオン化するため、感知器内には微量の電流が流れています）。煙が入ってくるとイオン化が妨げられ、電流が弱くなります。この変化をとらえて火災信号を出します。

写真④ イオン化式スポット型感知器

平成17年6月に放射線障害の防止に関する法令による規制が強化され、線源の大きさが10KBq（キロベクレル）を超えるイオン化式感知器が規制の対象になりました。すでに建物に取り付けてあるものは何ら変わりなく使うことができますが、廃棄するときに放射線障害の防止に関する法令で許可を得た廃棄業者等に任せる必要があります。

⑶ 炎感知器

炎感知器は火災の炎を感知して火災信号を出します。代表的なものは次の2種類です。

①赤外線式スポット型感知器（写真⑤）

炎が出す赤外線を感知して火災信号を出します。

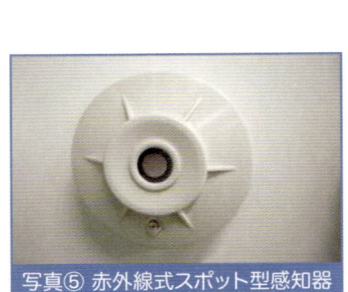

写真⑤ 赤外線式スポット型感知器

②紫外線式スポット型感知器

炎が出す紫外線を感知して火災信号を出します。外形は赤外線式スポット型感知器と同じです。

2 音響装置

感知器が出した火災信号は、受信機（受信機については184ページの**4**で説明します。）に届きます。受信機はこの信号を受けて、音響装置を鳴動させます。

⑴ 主音響装置

① 受信機に取り付けられた音響装置を主音響装置といい、受信機の設置場所にいる人に自動火災報知設備が作動したことを知らせます。

② 古い受信機はベルですが、現在は電子音（ピーピーという音）がほとんどです。

③ 停止スイッチを押せば鳴り止みますが、別の火災信号が入ってくると再び警報音を出します。

⑵ 地区音響装置

地区音響装置は、建物内にいる人に、自動火災報知設備が作動したことを知らせるものでベルまたはスピーカーが使われています。

① ベルは、壁に単独で取り付けられている場合、屋内消火栓箱の上部に発信機と並んで設置してある場合、または機器収納箱、総合盤などの名称で呼ばれる小型の金属箱に発信機と並んで納められている場合などいろいろです。

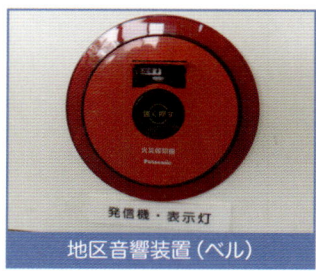

発信機・表示灯

地区音響装置（ベル）

② スピーカーは、非常警報設備として設置してある放送設備のスピーカーを使うもので警報音と音声による火災警報を発します。

⑶ 地区音響装置の区分鳴動と一斉鳴動への切り替え

地階を除く階数が5以上で、かつ、延べ面積が3,000㎡を超える建物の場合は、危険が差し迫っている階から優先して火災を知らせる方式を取り入れる場合があります。

そのため、感知器からの火災信号を受信したとき、地区音響装置を全館一斉に鳴動させるのではなく、段階的に鳴動させる区分鳴動方式を取り入れています。

① 地区音響装置がベルの場合

ア 区分鳴動

受信機は、感知器または発信機から最初に火災信号を受けると次のようにベルを区分鳴動させます。

● 2階以上の階に出火した場合、出火階と直上階のベルを鳴動させます。

● 1階に出火した場合、1階、2階、地階全部のベルを鳴動させます。

● 地下1階に出火した場合、1階、地階全部のベルを鳴動させます。

● 地下2階以下の階に出火した場合、地階全部のベルを鳴動させます。

6階				
5階				
4階	ベル			
3階	出火			
2階		ベル		
1階		出火	ベル	
地下1階		ベル	出火	ベル
地下2階		ベル	ベル	出火
地下3階		ベル	ベル	ベル

イ 一斉鳴動への切り替え

次の場合、受信機は地区音響装置を全館一斉に切替鳴動させます。

● 区分鳴動が始まってから火災確認時間が経過したとき（火災の確認に必要とする時間で、10分を超えない範囲で、実態に合わせて受信機で設定します）

● 区分鳴動中に他の警戒区域からの火災信号を受けたとき

● 火災信号を送ってきた感知器を個別に認識する機能を持つ受信機で、区分鳴動中に他の感知器からの新たな火災信号を受けたとき

● 区分鳴動中に発信機からの火災信号を受けたとき

② 地区音響装置がスピーカーの場合

ア　区分鳴動

　受信機は、感知器から最初の火災信号を受けるとベルの区分鳴動の場合と全く同様の範囲に、放送設備を使って区分鳴動させます。この区分鳴動のときに伝える警報を感知器作動警報（放送設備では「感知器発報放送」）といいます。

　感知器作動警報は、「ピンポン、ピンポン、○階の感知器が作動しました。ただいま係員が確認しておりますので次の放送に注意してください（1秒間の無音状態）」というように警報音に続いて女声で音声警報が流れます。これを反復します。

　発信機から最初の火災信号を受けたときも区分鳴動させますが、警報内容を放送設備側で次のいずれかに設定できるようになっています。設定を確認しておきましょう。

● 感知器が作動したものとして、女声による感知器作動警報が流れます。

● すぐに火災警報（放送設備では「火災放送」）を流す。火災警報は「ピンポン、ピンポン、火事です。火事です。○階に火災が発生しました。落ち着いて避難してください。（1秒間の無音状態）ピンポン、ピンポン、火事です。火事です。○階に火災が発生しました。落ち着いて避難してください。（1秒間の無音状態）ホァン、ホァン」というように2種類の警報音と男声で音声警報が流れます。

イ　一斉鳴動への切り替え

　受信機が放送設備を使って一斉鳴動するときの条件は、ベルの場合と全く同じです。一斉鳴動するときの火災警報は、前記で述べた男声による火災警報と同じです。

⑷ 地区音響装置を最初から一斉鳴動させる場合

　⑶に当てはまらない建物の場合は、次のように地区音響装置を全館一斉に鳴動させます。

① 地区音響装置がベルの場合

　感知器からの火災信号、発信機からの火災信号の別なく、最初の火災信号を受けたときは一斉鳴動させます。

② 地区音響装置がスピーカーの場合

　一斉鳴動することに変わりはありませんが、放送設備側において感知器作動警報を出すのか火災警報を出すのかが設定できます。最初に感知器作動警報を全館に流すときは次の状況に至ったとき、自動的に火災警報が全館に流れます。

● 感知器作動警報を流してから火災確認時間が経過したとき
● 鳴動中に他の警戒区域からの火災信号を受けたとき
● 火災信号を送ってきた感知器を個別に認識する機能を持つ受信機で、感知器作動警報鳴動中に他の感知器からの新たな火災信号を受けたとき
● 発信機からの火災信号を受けたとき

⑸ 音響装置の停止と復旧

① 主音響、地区音響ともに受信機で停止することができます。

② 停止中に新たに火災信号を受けたときは再び鳴動しはじめます。

③ 初期消火が成功したまたは火災ではなかったときは、復旧ボタンを押して初期状態に戻します。

3 発信機

発信機は、人が火災を発見したときに手動で火災信号を発する機具です。

姿は、右の写真のように直径13 ～ 14cmの赤色に塗色した円形のもので、屋内消火栓箱の上部や、単独で壁等に取り付けられています。発信機には、多数の人の目に触れやすくするため、赤色の表示灯が一緒に取り付けられています。

(1) 使い方

① 発信機の真ん中にある押しボタンをプラスチック製カバーの上から押すと火災信号が受信機に送られます。押しボタンは押し込まれたままの状態のものと、押しボタンが元の位置に戻るものの2種類があります。

② 火災信号が受信機に届いたときは、押しボタンの穴の中、または穴の上に取り付けられた応答ランプが点灯します。応答ランプが付いていない発信機もありますが、この場合は、ベルの鳴動、またはスピーカーから火災警報が流れることで受信機に火災信号が届いたことがわかります。

③ 発信機が屋内消火栓箱の上部に取り付けてある場合は、屋内消火栓の起動装置を兼ねている場合があります。

(2) 復旧方法

押した発信機を復旧しない限り火災警報を止めることはできません。復旧操作は次のいずれかで、復旧すると押しボタンの穴の中の応答ランプが消えます。

① 押しボタンが押し込まれた状態のままである発信機は、押しボタンを引き出します。

② 押しボタンが元の位置に戻る発信機は、前面に小窓がありそれを開くと専用の復旧装置が取り付けてあります。そこに復旧方法が記載（押す等）してあるのでそのとおり行います。

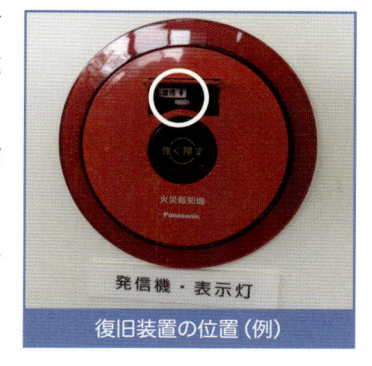

復旧装置の位置（例）

(3) 送受話器（通話装置）

発信機の小窓内に送受話器のプラグを差し込むための電話ジャックがある発信機があります。受信機にも同じく電話ジャックが付いていれば発信機と受信機の間で送受話器を使用し通話することができます。

火災発生時で発信機を押した時でも、発信機を押していない通常時でも送受話器は使用することができます。

電話ジャックの位置

送受話器の使い方は①～④の通りです。

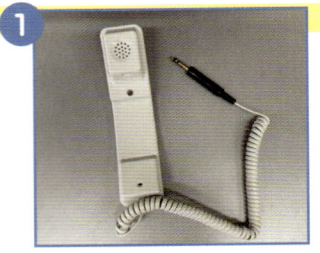

！受信機の電話ジャックに送受話器のプラグを差し込んだままの状態の場合、発信機にプラグを差し込んだ時に受信機の呼出音は鳴りません。使用後は送受話器のプラグを抜いてください。

送受話器は、受信機に2台用意されています（受信機に通話装置が組み込まれているものは1台。）。

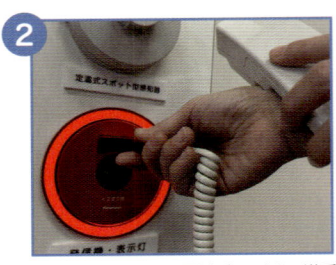

発信機の小窓内にある電話ジャックに、送受話器のプラグを差し込みます。

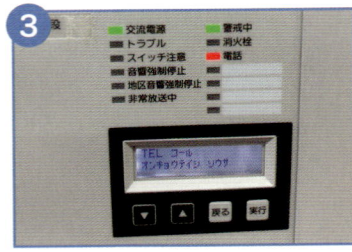

発信機に送受話器のプラグを差し込むと、受信機の電話灯に表示が出て、呼出音が鳴ります。

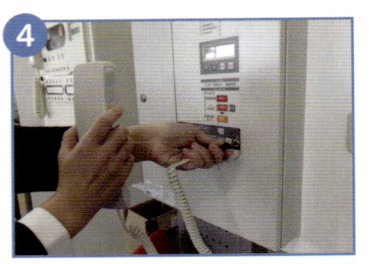

受信機の電話ジャックに送受話器のプラグを差し込み応答します。

4 受信機

(1) 受信機の機能

受信機は次の機能を持っています。

① 感知器または発信機からの火災信号を受信したとき

　ア　火災灯（赤色）が点灯します。

　イ　主音響装置が鳴動します。

　ウ　地区表示装置に火災が発生した警戒区域を表示します（警戒区域については③を参照してください。）。

　エ　地区音響装置を鳴動させます。

　オ　発信機からの火災信号を受信したとき、発信機灯が点灯します。

② 電話ジャックを持つ発信機との間で

　ア　発信機の応答ランプを点灯させます。

　イ　発信機との間で電話連絡できます。

③ 消火設備等が作動したとき、設備作動信号を受信して当該設備の作動を表示できるようにしてあるものもあります。

④ 音響装置を停止させたときなどに注意表示、故障表示等を行います。また、設備の点検に必要な機能が備わっています（警戒区域が1の受信機には、①の地区表示装置、

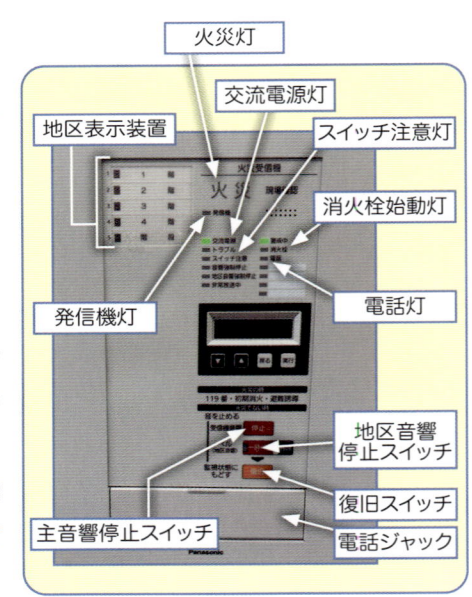

火災灯

交流電源灯

地区表示装置

スイッチ注意灯

消火栓始動灯

発信機灯

電話灯

地区音響停止スイッチ

復旧スイッチ

主音響停止スイッチ

電話ジャック

地区音響装置、発信機を取り付ける義務はなく、また②、③も関係ありません。警戒区域が1の受信機については、189ページの**7**をご参照してください。）。

⑵ 火災灯が点灯したときの火災確認

火災灯が点灯または点滅し、主音響装置が鳴ったとき、次の手順で火災確認を行います。

① 地区表示装置により火災が発生している区域を確認し、その区域が、建物のどの部分になるのかを、警戒区域一覧図と照合し把握します。

② 発信機の押しボタンが押されたことを表示する発信機灯が、点灯しているかどうか把握します。発信機が屋内消火栓設備の起動装置を兼ねている場合は、ポンプの起動表示（消火栓始動灯）も確認します。点灯していない場合は、感知器からの火災信号だけです。大規模建物の場合は地区音響装置が区分鳴動しています。

③ 主音響装置を停止します。音を止めて円滑な活動ができるようにします。

④ 建物内の関係者に対して連絡網を使って感知器または発信機が作動した区域を知らせます。その区域内にいる関係者には火災確認を指示するとともに、施設管理要員が火災確認に出向きます。煙が漂っていないか、焦げ臭いにおいがしないか、五感を働かせます。このとき消火器、電話機、ライト、マスターキー、メガホン等を携行します。

⑤ ベルによる一斉鳴動のときは、構内放送や、放送設備を使って火災の確認を行っていることを建物内に広く伝えます。地区音響装置がスピーカーの場合は、火災確認を行っている旨の感知器作動警報が自動的に区分鳴動します（182ページを参照してください。）。

⑥ 現場を確認して異常がないときは、火災ではありません。受信機側に連絡して地区音響装置を一時停止させるとともに、館内に異常がなかったことを案内します。

⑦ 感知器が作動した場合は、警戒区域内にある感知器を全数確認し、作動表示灯が点灯している感知器を探し出します（作動表示灯付きの感知器の場合。）。

⑧ 発信機が押された場合は、発信機を復旧します（183ページを参照してください。）。

⑨ 受信機の復旧ボタンを押します。自動火災報知設備全体がリセットされて通常の監視状態に戻ります。屋内消火栓設備のポンプが起動している場合はポンプ室へ出向き、ポンプ制御盤で停止し、復旧します。受信機に屋内消火栓設備の起動表示（消火栓始動灯）がある場合は、始動灯が消えます。

⑶ 警戒区域と警戒区域一覧図

① 一般的な自動火災報知設備は、建物の階ごとに適当な数の感知器をグループ化して、どのグループに属する感知器が作動したのかを表示するシステムになっています。このグループ化した区域を警戒区域といっています。一つの警戒区域に属する感知器や発信機は電気的な1本の回線でつながれるので、警戒区域の数が受信機で必要な回線の数になります。警戒区域が10ならば10回線以上の受信機が取り付けられています。

② それぞれの警戒区域が、建物の階のどの部分を指し示すのかが明確にわかるものとして、警戒区域一覧図を作っておきます。これがないと、火災信号を受信したときに火災確認の範囲がきちんと把握できません。常に受信機に備えておかなければなりません。

③ 新しい受信機では、感知器のひとつひとつに番号を与えて、感知器を個別に認識することができるタイプのものがあります。この受信機は、火災信号を受信したとき、作動した感知器の番号を表示します。この受信機では、感知器をグループ化して警戒区域を作るのではなく、1個の感知器が1個の警戒区域を作ることになります。感知器に与える番号のことを「場所」という意味のアドレスという用語を使います。アドレス数が大きい受信機ほどたくさん感知器を接続することができます（**④②イ**を参照してください。）。

⑷ 受信機の種類と地区表示装置

受信機は、感知器・発信機から火災信号を受信したとき、作動した感知器、発信機の設置場所（警戒区域）を地区表示装置に表示します。この火災信号の受信方法によって受信機がP型とR型の2つに区分されています。

① P型受信機の地区表示装置

P型受信機では、受信機前面に警戒区域の数だけの地区表示灯が整然と並んでいます。個々の地区表示灯のラベルには、該当する警戒区域の名称または番号が書き込まれています。火災信号を受信すると、該当する警戒区域の地区表示灯が点灯します。P型受信機の特徴は、多数の警戒区域を持っている場合でも、火災信号として1種類の電気信号を（ON・OFF信号）受信していることです。

警戒区域ごとに異なった信号を受信している訳ではありません。火災信号を受信したとき、警戒区域ごとに対応する地区表示灯が点灯しますが、これは表示灯と対応する警戒区域に属する感知器、発信機が1本の回線で結ばれているからです。

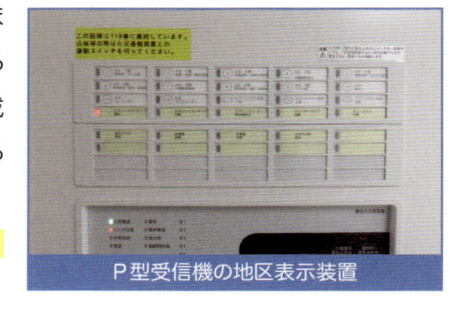

P型受信機の地区表示装置

② R型受信機の地区表示装置

ア　従前のR型受信機

従来から使われてきたR型受信機では、感知器・発信機と受信機の間に固有の番号を持つ中継器を接続しています。感知器または発信機が出した火災信号は一旦中継器に入ります。中継器は自分の固有番号を火災表示信号と一緒に受信機に送ります。受信機は、その番号から警戒区域を割り出してその警戒区域の番号を表示窓に表示します。このようにR型受信機は、中継器（警戒区域）ごとの電気信号を受信することが特徴です。2つの警戒区域の中継器から同時にそれぞれ火災表示信号が送られてきたときでも表示できるよう表示窓が少なくとも2つ取り付けてあります。警戒区域の番号が表示されたとき以降の対応は上に述べたものと同じです。

イ　新しいR型受信機

現在導入されているR型受信機を使ったシステムでは、**③③**で述べたように感知器にアドレスを持たせています。感知器、発信機は火災信号とともにアドレスを中継器を経由してまたは直接、受信機に送ります。したがって受信機は火災信号を固有の信号として受け取ることができ、感知器または発信機の設置場所を表示できます。従来の中継器の番号（警戒区域）が表示される場合と比べて、作動した感知器等の設置場所が表示されるのですぐに火災確認を行うことができます。

5 非火災報の原因と対策

　非火災報とは、火災が起きていないにもかかわらず感知器が火災と判定して信号を出すことをいいます。非火災報によってたびたび地区音響装置が鳴ることは、自動火災報知設備の信頼性そのものにかかわることです。

　昭和60年頃から、非火災報対策が行われるようになり、非火災報は確実に少なくなってきていますが、個々の建物で見れば1件でも非火災報があれば大きな問題になりかねません。防火管理上の重要問題として建物事情に応じた改善策を積み重ねることが必要です。

(1) 感知器の種類ごとに見た非火災報の原因

　感知器は、火災の熱や、煙などを感知して火災信号を出しますが、感知器の周辺にこの熱や煙などに似た現象が起きると火災と間違えることになります。

① 熱感知器の場合

ア　暖房、照明、調理などにより急激な温度上昇を感知して作動することがあります。

イ　清掃中などに振動や衝撃を与えると作動することがあります。

ウ　風などで気圧が変化すると作動することがあります。

② 煙感知器の場合

　非火災報の大部分は煙感知器によるものです。

ア　たばこの煙、排気ガスなどにより作動することがあります。

イ　水蒸気、湿気などにより作動することがあります。

ウ　ほこり、虫などにより作動することがあります。

③ 炎感知器の場合

ア　工事中の火花（溶接等）などにより作動することがあります。

イ　太陽光、照明などにより作動することがあります。

(2) 感知器の作動表示灯

　作動した感知器は、作動表示灯（作動表示装置ということもあります。）が点灯しています。

① 煙感知器には、非火災報のときに作動した感知器を探し易くするために必ず作動表示灯を付けることになっています。このランプは、煙がなくなると消えますが、自己保持型という煙が無くなってもランプが点灯し続けるようなタイプのものもあります（自己保持タイプは受信機の復旧ボタンを押すと消えるようになっています。）。

② 熱感知器についても作動表示灯を取り付けたものが増えてきました。この表示はメーカーが自主的に取り付けているもので、熱が下がるとランプが消えてしまいます。煙感知器と同様に、受信機で復旧ボタンを押さない限り、ランプを点灯し続ける自己保持型の作動表示装置を付けたものも使われはじめています。

③ 非火災報の原因となった感知器を探し出すことができたならば、対策をとることが必要です。同種の感知器で、感度が低い物に交換する、違う種類の感知器に交換するなどいろいろな対策が考えられます。消防設備の専門技術者に相談して具体的に改善しましょう。

(3) 受信機側の非火災報対策

　煙感知器からの火災信号を受信したとき、すぐに地区音響装置を鳴動させると問題が多いということがわかってきました。そこで受信機側で非火災報を低減させるため蓄積式という方式の受信機が使われるようになりました。

① 蓄積式受信機とは感知器から最初の火災信号を検出したときを始期として受信機にあらかじめ設定してある蓄積時間の間、感知器が継続して火災信号電流を流し続けるかどうかを監視します。蓄積時間内に感知器からの火災信号電流が途絶えれば、非火災であると判断し、通常の監視状態を続けます。蓄積時間を超えて火災信号を受けつづけると、火災と判断します（昭和60年以降に設置された受信機には、ほとんど蓄積機能が備わっています。）。

② 蓄積時間は、煙感知器の場合60秒以内、熱感知器の場合は20秒以内と決められています。

③ 蓄積時間中の受信機の表示は次のようになります。

　ア　受信機の蓄積表示灯が点灯し、検出中であることを表示します。

　イ　感知器の作動中は作動表示灯が点灯します。

④ 蓄積時間中は主音響装置および地区音響装置ともに、鳴動しません。

6 アナログ式の自動火災報知設備

　アナログ式の自動火災報知設備とは、アナログ式感知器とアナログ式受信機を使った自動火災報知設備です。

(1) アナログ式受信機

① アナログ式受信機は、R型受信機の一種です。アナログ式感知器から送られてくる温度（または煙濃度）を受信して、感知器ごとに事前に設定した注意表示温度（または煙濃度）や火災表示温度（または煙濃度）になったとき、注意表示または火災表示を行います。また、温度や煙濃度の変化を連続的に測定し、時間経過に伴う変化を瞬時にグラフとして表示する機能を持っている場合もあります。このように温度や煙濃度に関するデータを連続的に監視・処理する受信機であることから、アナログ式受信機と呼ばれています。

② 注意表示は、次により表示されます。

　ア　注意灯が点灯します。

　イ　地区表示装置に警戒区域が表示されます。

　ウ　注意音響装置が鳴動します（地区音響装置は鳴動していません。）。

③ 感知器にアドレスを付与したのち、受信機の感度設定装置を使ってアドレスごとに注意表示温度（または煙濃度）と火災表示温度（または煙濃度）の事前設定ができるようになっています。熱アナログ式感知器は設置場所の常温に基づき、光電アナログ式感知器は感知器の感度種別ごとに消防法で定められた煙濃度に基づいて設定します。

④ アナログ式受信機には、表示温度等設定一覧図を備え付けておかなければなりません。

⑵ アナログ式感知器

　一般的な感知器、例えば、定温式熱感知器は、普通は電気的にOFFの状態にあるのですが、火災になると熱を受けて感知器の作動温度を超えたとき接点を閉じてONの状態に変わります。火災が大きくなって温度がますます上昇しても同じONの状態を続けるだけで、受信機に温度がますます上昇しているという情報を伝えません。このように一般的な感知器は、ON-OFF型です。

　これに比較して、熱アナログ式感知器は、公称感知温度範囲内で受信機に自らのアドレスと測定温度を送り続ける一種の温度計です。同様に、光電アナログ式感知器は、公称感知濃度内で受信機に自らのアドレスと測定した煙濃度を送り続けます。このように測定データを連続して送り続けることからアナログ式とよばれています。

　受信機での処理は⑴で述べたとおりです。

⑶ アナログ式と非火災報対策

　アナログ式では、火災表示の前に注意表示の段階を踏むため非火災報を減少させることができます。

7 小規模建物の自動火災報知設備

　平屋建てで延べ面積が350㎡以下の場合、P型2級受信機（1回線専用）という規格の受信機が使われることがあります。1回線ですから、この建物全体が一つの警戒区域となっています。

　1回線の場合、自動火災報知設備は、感知器と受信機で構成されています。建物内に鳴り響く地区音響装置の設置が義務となっていません。受信機の主音響装置が鳴りますが、その音量は建物内全体に伝わるような大きさではありません。

　自動火災報知設備が火災を告げたとき、どのように建物内に知らせるのかをあらかじめ決めておかなければなりません。

8 共同住宅用の自動火災報知設備

　共同住宅の構造が国が定める基準に適合している場合、共同住宅用自動火災報知設備または住戸用自動火災報知設備が取り付けられていることがあります。

　共同住宅は個人住居の集合体であることから、一般の自動火災報知設備と異なった機器があります。

⑴ 各住戸に設置された受信機

　共同住宅には管理人室等に受信機が設置されていますが、各住戸にも受信機が設置されています。各住戸の住宅情報盤が受信機の機能を持っています。住戸内の感知器が作動したとき、

① 女声の感知器作動警報が流れます（建物の形態や階数によっては、感知器が作動するとすぐに火災警報を出すタイプになっているものもあります。）。

② 作動警報が流れて一定時間（2分以上5分以内で設定した時間）経過したとき、または火災確認ボタンを押したときには、火災の発生した住戸の受信機と、その住戸の出入り口付近の戸外表示器の他に、出火階（出火階区域）と直上階（直上階区域）の各住戸の受信機ならびに、共用部分に設

置されたスピーカーから、男声の火災警報が流れます。また、管理人室などにある全体の受信機からも警報が発せられます（建物の形態や階数によっては、建物全体に警報が発せられるタイプのものもあります。）。

⑵ 戸外表示器

戸外表示器は次の機能があります。

① 感知器作動信号を受けたとき、作動表示灯が赤色点滅します。

② 火災信号を受けたときは、男声による火災警報を流します。

③ 感知器、受信機の点検装置を兼ねる場合があります。

9 住宅用火災警報器

住宅の用途に使われる建物は、自動火災報知設備、スプリンクラー設備が設置された部分を除いて、住宅用火災警報器の設置が義務化されています。

⑴ 取り付ける部屋等は、寝室および階段があって上階が寝室に使われている場合は階段にも取り付けます。いずれも天井または壁に取り付けます。

⑵ 取り付ける住宅用火災警報器は煙式のものです。

10 消防機関へ通報する火災報知設備（194ページ参照）との連動

平成27年4月1日より、老人短期入所施設、養護老人ホームおよび特別養護老人ホーム等の社会福祉施設（消防法施行令別表第1⑹項ロ（または⒃項イもしくは（16の2）項に掲げる防火対象物のうち⑹項ロの用途に供される部分））においては、自動火災報知設備の感知器の作動と連動して、消防機関へ通報する火災報知設備が起動（以下、「感知器連動」という。）するよう規定されました（ただし、平成27年4月1日時点で現に存するまたは工事中の対象施設については平成30年3月31日まで上記規定の適用は猶予されました。）。

また、平成28年4月1日より、避難のために患者の介助が必要な病院・有床診療所（消防法施行令別表第1⑹項イ⑴および⑵（または⒃項イもしくは（16の2）項に掲げる防火対象物のうち⑹項イ⑴または⑵の用途に供される部分））においても、同様に感知器連動が規定されました（ただし、平成28年4月1日時点で現に存するまたは工事中の対象施設については平成31年3月31日まで上記規定の適用は猶予されました。）。

9 ガス漏れ火災警報設備

昭和56年（1981年）8月16日に静岡駅前の地下街でガス漏れによるガス爆発が起こり、15人が死亡し、223人が負傷しました。これを契機として、ガス漏れ火災警報設備が導入されることになりました。

ガス漏れ火災警報設備は、地下街や百貨店などの地下部分において、ガス燃焼機器が使われている時に、ガス漏れを関係者と利用者に知らせる設備です。ガスを検知するガス漏れ検知器、関係者や利用者に知らせる警報装置、設備全体を制御する受信機で構成されています。

ほぼ同じ設備が、ガス事業法では「ガス漏れ警報設備」、液化石油ガスの保安の確保および取引の適正化に関する法律（「LP ガス法」と呼びます）では「液化石油用ガス漏れ警報器」という名称で導入されています。

1 ガス漏れ検知器

(1) ガス漏れ検知器の種類

ガス漏れ検知器には、都市ガス用（空気より軽いガス用、空気より軽い12A・13A用、空気より重いガス用など）、液化石油ガス用などいろいろな種類があります。

(2) 検知器の機能

① 都市ガスが地下街の店舗にある厨房機器から漏れ出したと想定します。都市ガスである天然ガスは、空気と混じり合い、濃度がだんだん上がっていきます。天然ガスは濃度が約5％になったときに、付近に火源があると引火して爆発します。この爆発が起きる濃度を爆発下限界濃度といいます。

都市ガス用のガス漏れ検知器は、ガス濃度が爆発下限界濃度の200分の1に達したときに受信機にガス漏れ信号を送ります。したがって、天然ガス用の検知器が作動する濃度は約0.03％になったときです。

液化石油ガス用のガス漏れ検知器は、ガス濃度が爆発下限界濃度の100分の1に達したときに受信機にガス漏れ信号を送ります。液化石油ガスの爆発下限界濃度は約1.8％なので、液化石油ガス用検知器は約0.02％になったときに作動します。

② 検知器は、受信機にガス漏れ信号を送るとともに、一般的に次の機能をもっています。

　ア　内蔵の音響装置から警報音や音声警報を出し、付近の人にガス漏れを知らせます。

　イ　赤色警報灯を点灯させ、作動したことを知らせます。

(3) 検知器の設置場所

検知器は、次の場所に取り付けます。取り付け場所は、ガスが空気よりも軽いときは、天井面または天井面から30cm 以内の壁に、ガスが空気よりも重いときは床面から30cm 以内の壁に取り付けることになっています。

① 地下に設置してあるガス燃焼機器の設置場所

② 地下においてガス導管が外壁から貫通して引き込まれている場所

③ 可燃性ガスの滞留するおそれのある温泉採取のための設備がある場所

2 警報装置

警報装置として次の3つを取り付けます。

(1) 検知区域警報装置

検知器の検知区域ごとに取り付ける警報装置で、ガス漏れ警報ブザーなどと呼ばれています。ただし、警報装置内蔵の検知器を使っているときは設置しなくてもよいことになっています。

(2) ガス漏れ表示灯

検知器の検知区域ごとに通路に面する出入り口付近に取り付けてあり、検知器作動時に点灯します。これにより、例えば一つの警戒区域にガス燃焼器を使っている店舗が複数ある場合、どの店舗の検知器が作動しているのかを一目で確認することができます。1の検知器で1の警戒区域としている場合は、作動した検知器をすぐに特定できるので表示灯を取り付けなくてもよいことになっています。

(3) 音声警報装置

建物全体から避難させるために、各階ごとに25mごとにスピーカーを設置しなければなりません。非常放送設備としての放送設備が設置されているときは、その設備を使うことができます。

自動火災報知設備と異なり、警報装置を部分的に鳴動させるのか、一斉に鳴動させるのかなど具体的なことについては定めがありません。それぞれの建物の実態に応じて音声警報の発令する手順を決めておく必要があります。

3 受信機

(1) 受信機の表示と作動

① 検知器のガス漏れ信号を受けたとき、受信機に次の表示が出ます。

ア　ガス漏れ灯が点灯します。（黄色ランプ）

イ　主音響装置が鳴動します。（75dB 以上。自動火災報知設備の受信機の主音響は85dB 以上）

ウ　地区表示装置に検知器が作動した警戒区域が表示されます。

② 検知器のガス漏れ信号を受けたとき、受信機は、検知区域ごとに設置されたガス漏れ表示灯を点灯させます。

(2) いろいろな受信機

ガス漏れ火災警報設備の受信機には、専用受信機の他に、自動火災報知設備の受信機と一体になったものがあります。この場合でも火災信号とガス漏れ信号は明確に区別されています。

4 ガス漏れ警報器

ガス漏れ火災警報設備の他に、ガス事業法やLPガス法に基づくガス漏れ警報器がいろいろなところに設置してあります。ガス漏れ警報器の機能と外観は、ガス漏れ火災警報設備のガス漏れ検知器とほぼ同じですが、警報器単独で機能しているところが違います。

(1) ガス事業法では次の場所にガス漏れ警報器の設置を義務付けています（自動ガス遮断弁が設置され

ているときはガス漏れ警報器を付けなくてもよいことになっています。）。

① 高さ60mを超える超高層建築物内のガス燃焼器設置箇所

② 冷暖房用以外で毎時180㎥以上のガスを使う劇場、飲食店、百貨店、病院、ホテルなどの特定大規模建物内のガス燃焼器設置箇所

③ 中圧以上のガス供給を受けるもの

② LPガス法では次の場所に液化石油用ガス漏れ警報器の設置を義務付けています。

① 劇場、飲食店、百貨店、病院、ホテル、共同住宅、駅、神社、1000㎡以上の事業所などのガス燃焼器設置箇所

② 地下室内のガス燃焼器設置箇所

③ 建築基準法では、3階建て以上の共同住宅の住戸、管理事務所等にガス漏れ警報設備の設置を義務付けています（ガスの配管設備が国土交通大臣が定める方法で行われているときはガス漏れ警報設備は不要です。）。

共同住宅の場合は、住宅情報盤がガス漏れ警報設備の受信機の役割を行います。

5 ガス漏れ火災警報設備やガス漏れ警報器が作動したときの対応

① ガス漏れ火災警報設備が作動したときは、まず検知区域を確認しましょう。

② 燃焼器具の元栓を閉めて火の使用をやめます。そしてガス漏れ信号が継続するかどうか確認します。

③ ガス漏れが事実であるならばガス会社と消防機関に通報します。

④ 電気接点から火花を出さないため、電気スイッチのON-OFF、コンセントの抜き差し等を禁止します。

⑤ 必要に応じて、速やかに避難誘導を行います。

10 消防機関へ通報する火災報知設備

　火災が発生したとき、速やかに119番通報をしなければなりません。そのために各建物には消防機関へ通報する火災報知設備を備えなければなりません。

1 専用の火災報知設備を設けなければならない建物

(1) ホテル、旅館、病院、診療所、助産所、老人福祉施設等、児童福祉施設等などは、119番通報を行うために「火災通報装置」と呼ばれる専用の火災報知設備を設置しなければなりません。また、自動火災報知設備との連動が必要となる場合があります（190ページ参照）。

(2) それ以外の建物は、加入電話で代替できます（火災通報装置を設置しても差し支えありません。）。

2 火災通報装置の使い方

(1) 通報の方法

① 火災通報装置本体の通報ボタンを押します。

② 専用子機がある場合は、子機の通報ボタンを押します。

火災通報装置（親機）

(2) 通報内容

① 火災通報装置を設置したときに、本体内に蓄積音声情報をセットしておきます。

② 蓄積音声情報は、次のとおりです。

　ア　火災である旨（火災通報ボタン操作時）

　イ　自動火災報知設備が作動した旨（自動火災報知設備連動時）

　ウ　建物の所在地

　エ　建物の名称

　オ　電話番号

　カ　その他関連する内容

子機

③ 蓄積音声情報は30秒以内で、電子回路により合成した女声で119番通報されます。

④ 蓄積音声情報の送出を本体のモニター用スピーカーで聞くことができます。

(3) 通話機能

① 119番通報したところ、通話中であった場合、自動的に再呼び出しします。何回呼び出すかは製造メーカーで異なります。

② 蓄積音声情報の送出後、5秒間電話回線を開放します。この5秒間の間に消防機関側が呼び出したときに、応答し通話することができます。

③ 蓄積音声情報の送出中でも、電話機を使って消防機関と通報できます。

(4) その他

　119番以外に通報先を設定できる機能を持つものもあります。

非常警報設備

放送設備の手動起動の手順

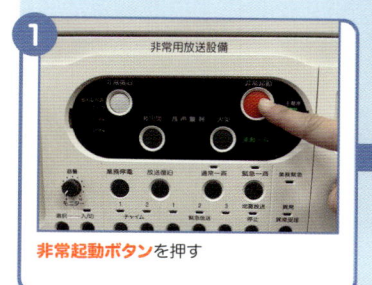

① 非常起動ボタンを押す

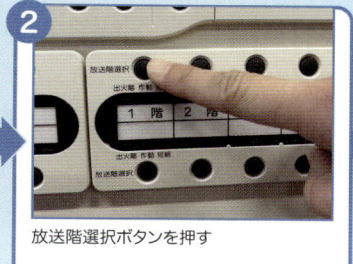

② 放送階選択ボタンを押す

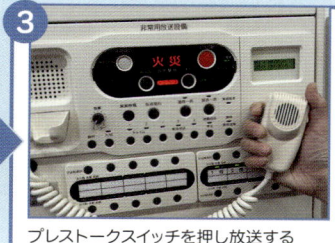

③ プレストークスイッチを押し放送する

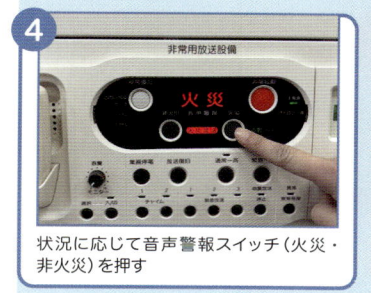

④ 状況に応じて音声警報スイッチ（火災・非火災）を押す

ワンポイント

　緊急時の放送を的確に実施するため、放送設備の操作要領を習熟するとともに、あらかじめ放送文例等を作成し、掲示しておくことが重要です。

復旧方法

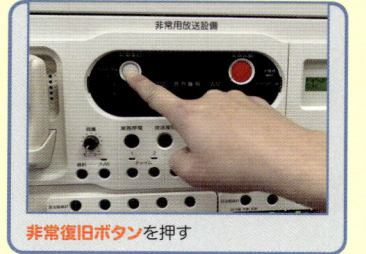

非常復旧ボタンを押す

11　非常警報設備

　非常警報設備とは、建物の関係者、利用者に対して火災の発生や避難を呼びかけるときに使用する設備です。設備の種類としては非常ベル、自動式サイレン、放送設備があり、単独でまたは組み合わせて設置します。

　非常警報設備として実際に目に触れるのは次の設備です。

1 非常ベルまたは自動式サイレン

(1) 設置例

　自動火災報知設備が不要である小規模の飲食店や診療所などの警報設備として設置してあります。

(2) 設備の構成

① 音響装置、起動装置、起動装置の表示灯および操作部で構成され、音響装置がベルのものを非常ベル、サイレンのものを自動式サイレンといいます。また、一体式のものは、音響装置がベルなのかサイレンなのか外観では区別が付きません。このほか、壁に音響装置、起動装置、起動装置の表示灯がそれぞれ取り付けてある場合もあります。

② 音響装置、起動装置、起動装置の表示灯は、各階に少なくとも1基ずつ設置してあります。

③ 起動装置は赤色塗装が施してあります。また表示灯は赤色の灯火です。

④ 操作部は、設備全体の常用電源と非常電源の制御装置を納めた金属製の箱です。扉に電源表示灯、火災灯が取り付けてあります。操作部の取り付け場所は、事務室、機械室や階段室などいろいろです。新しい設備では操作部としての箱をもたないものもあります。

⑶ 作動と復旧

① 起動装置の押しボタンを押すと、火災信号が流れ、各階の音響装置が一斉に鳴り出します。

② 押し込んだボタンを引き出すと警報音が止まり、復旧します。専用の復旧ボタンを押すと押し込んだボタンが元の状態に戻るというものもあります。

2 放送設備

　非常警報設備としての放送設備を一般的には非常用放送設備といっています。自動火災報知設備と連動して作動する場合もあります。火災時以外は業務用の放送設備として使うことができます。

⑴ 設置例

　地下街、11階建て以上の建物や不特定多数の人が利用する建物に設置してあります。

⑵ 設備の構成

① 起動装置、表示灯、スピーカー、操作盤等で構成されます。

② 放送設備は次のものにより起動します。

　ア　放送設備の操作盤の非常起動ボタン

　イ　放送設備の非常電話

　ウ　自動火災報知設備の感知器または発信機からの信号（自動火災報知設備と連動している場合）

③ スピーカーは、部屋等の広さに応じて適切なものが取り付けてあります。

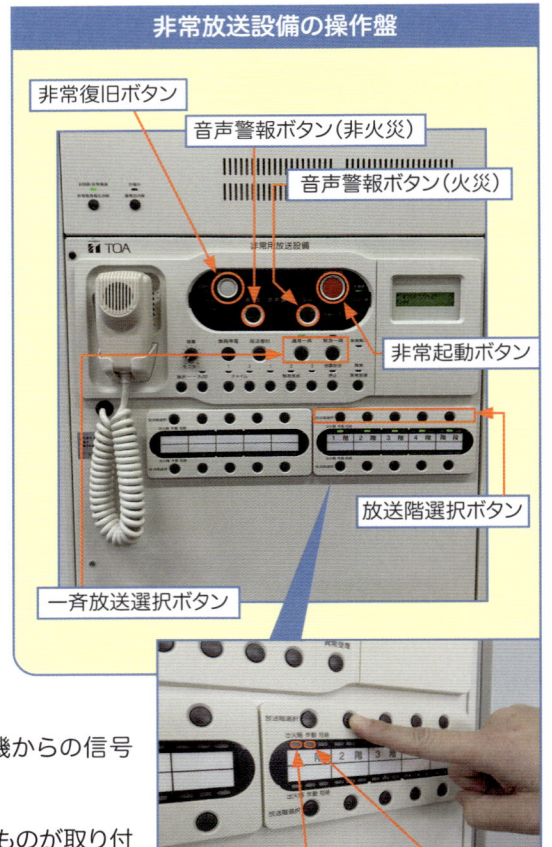

非常放送設備の操作盤

非常復旧ボタン
音声警報ボタン（非火災）
音声警報ボタン（火災）
非常起動ボタン
放送階選択ボタン
一斉放送選択ボタン
出火階表示灯
階別作動表示灯

④ 操作盤には次の表示灯が取り付けられています。表示灯の色は一般的に使われている色を例示したものです。

　ア　起動装置から火災信号を受信したときに火災が発生したことを示す火災灯（赤色灯）、起動装置の発信箇所の階を明示する出火階表示灯（赤色灯）

　イ　放送箇所の階別を明示する階別作動表示灯（緑色灯）

　ウ　放送種別を明示する感知器発報放送表示灯（オレンジ色灯）、火災放送表示灯（赤色灯）、非火災放送表示灯（緑色灯）

3 放送設備の使い方（自動火災報知設備と連動の場合）

　自動火災報知設備と連動している場合、放送設備がどのように機能するのか確認しましょう。連動していると放送設備があらかじめ設定してある手順にのっとり自動的に非常放送をします。

(1) 感知器の火災信号を受けたとき

① 操作盤の火災灯（赤色灯）が点滅し、出火階表示灯（赤色灯）が点灯します。

② 自動的に感知器発報放送の階別作動表示灯（緑色灯）が点灯し、つぎの文例で区分鳴動します。

　　ピンポン、ピンポン（第1シグナル音）＋「ただいま○階の火災感知器が作動しました。係員が確認しておりますので、次の放送にご注意ください。（女声）」

③ 一定時間が経過すると、自動的に火災放送を区分鳴動します。

　ア　火災放送は継続的に繰り返されます。

　　ピンポン、ピンポン（第1シグナル音）＋「火事です、火事です。○階で火災が発生しました。落ち着いて避難してください。（男声）」＋（1秒間の無音）＋ピンポン、ピンポン（第1シグナル音）＋「火事です、火事です。○階で火災が発生しました。落ち着いて避難してください。（男声）」＋（1秒間の無音）＋ヒューイ、ヒューイ（第2シグナル音）

　イ　火災放送開始後一定時間が経過する、新たな火災信号を受信する、または一斉放送スイッチを入れる、のいずれかで区分鳴動が全区域鳴動に切り替わります。放送内容は**ア**と同じです。

④ 感知器発報放送や火災放送が放送中でも現場確認の結果を次により放送することができます。

　ア　マイクのスイッチを入れると、どんな場合でもマイク放送が最優先します。放送区域は階別作動表示灯で確認します。

　イ　非火災放送スイッチを入れると自動的に非火災放送に切りかわります。2回繰り返します。

　　ピンポン、ピンポン（第1シグナル音）＋「先ほどの火災感知器の作動は、確認の結果、異常がありませんでした。ご安心ください。（女声）」＋（1秒間の無音）

(2) 自動火災報知設備の発信機または放送設備の非常電話により起動したとき

① 操作盤の発報放送／火災放送切替スイッチが発報放送側に設定してある場合

　ア　感知器作動時と同様に、感知器発報放送が区分鳴動します。

　イ　その後の経過は**(1)**③と同じです。

② 操作盤の発報放送／火災放送切替スイッチが火災放送側に設定してある場合

　ア　ただちに火災放送が始まります。

　イ　その後の経過は**(1)**③**イ**と同じです。

(3)　操作盤の非常起動ボタンを押したとき

① 操作盤の非常起動ボタンを押すと火災灯が点灯し、放送設備が起動します。

② 放送する階を選択すると階別作動表示灯（緑色灯）が点灯し、自動的に放送が始まります。

　ア　操作盤の発報放送／火災放送切替スイッチが発報放送側に切り替えてあれば、感知器が作動

した場合と同様に感知器発報放送が始まります。

イ 操作盤の発報放送／火災放送切替スイッチを火災放送側に切り替えてあれば、ただちに火災放送が始まります。

③ 自動的に放送が始まらないタイプの設備では、あらかじめ用意した文例をマイクを使って放送します。

⑷ 復旧方法

① 感知器の火災信号や発信機の起動信号を受けて放送設備が起動した場合は、自動火災報知設備を復旧させます。

② 非常復旧スイッチを押すと復旧します。

⑸ マイクを握って放送しましょう。

① 古いタイプの放送設備では、感知器発報放送、火災放送、非火災放送の区別が無い場合もあります。自動的に放送が流れても責任者の肉声には及びません。

② 放送時は、放送内容の他、放送範囲も的確に選択する必要があります。平常時からマイクを使っていることが大切です。マイクは、マイクの横に付いているスイッチを押しながら話をすると放送されるプレストーク方式となっています。

4 放送設備の使い方（自動火災報知設備と連動しない場合）

放送設備が自動火災報知設備と連動していない場合、自動火災報知設備の作動状況を確認しながら、放送設備を手動操作することになります。

⑴ 自動火災報知設備の感知器または発信機からの火災信号により、地区音響装置（非常ベル）が区分鳴動している場合

① 操作盤の非常起動ボタンを押します。

② 地区音響装置（非常ベル）が区分鳴動している階と同じ階の放送階選択ボタンを押して、階別作動表示灯の点灯を確認し、放送を行います。

③ 感知器発報放送がテープ等により設定されればその内容を流します。そうでない場合は、マイクを使って**3⑴②**と同様の感知器発報放送を流します。

⑵ 現場確認により火災であると判明した場合

① 地区音響装置（非常ベル）の区分鳴動が続いている場合は、同一階に火災放送を流します。

② 区分鳴動の時間が経過したことなどにより一斉鳴動になったときは一斉放送選択ボタンを押し、階別作動表示灯が全て点灯しているのを確認し、マイクを使って**3⑴③**と同様の火災放送を一斉に流します。**①②**の火災放送は繰り返し流すことが大切です。

⑶ 現場確認により非火災であることが判明した場合

① 自動火災報知設備の地区音響装置（非常ベル）を停止します。

② 地区音響装置（非常ベル）が鳴動していた階に、マイクを使って**3⑴④イ**と同様の非火災放送を流します。

⑷ 操作手順書と放送文の準備

　不慣れであると放送設備の手動操作がうまくできません。そのために操作手順書と放送文をあらかじめ準備しておきましょう。

収納式避難はしご

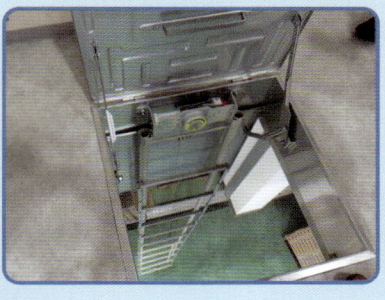

収納式避難はしごの使い方

① チャイルドロックが付いているものは、ストッパーを外す。蓋を完全に開放する

② 蓋のヒンジをロックする。階下の安全をよく確かめる。ストッパーを解除し、はしごを降下させる（機種ごとに異なります。）

③ 順序よく速やかに避難する

! 復旧方法

① ストッパーをロックする

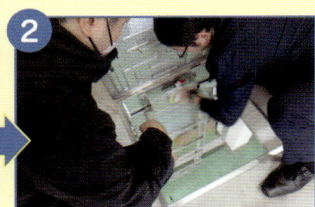

② 備え付けのハンドルで、矢印方向に回し、はしごを引き上げる

☞ チェックポイント

- ● 避難はしごはどんなタイプですか（蓋を開けるとはしごが降下するタイプ、ステップを踏んで降下させるタイプ）
- ● 避難はしごの蓋の上に物が置いてありませんか
- ● はしごが降りてくるところに、物が置いてありませんか
- ● はしごを降ろすときは、「はしごを降ろしますよ」と大きな声をかけましょう

緩降機

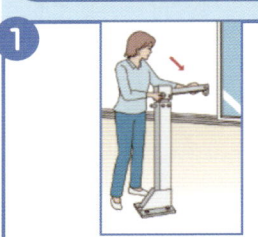

1 緩降機の取付金具を伸ばして外へ出す

2 調速器の安全環を取付金具の吊環に掛け、止め金具を締め上げる

3 リールを窓から下へ投げ降ろす
※地上に人がいる時は、声を掛けてから

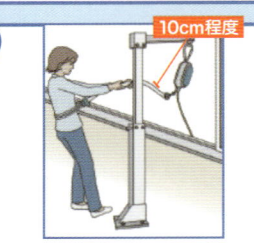

4 頭の上から着用具の輪を胸の下に掛け、ベルトを引いて着用具の緩みをなくす（着用具側のロープは10cm程度）

10cm程度

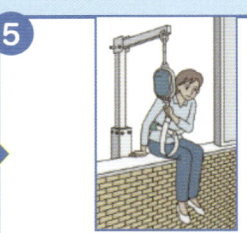

5 ロープの長さを確認して2本ともしっかりと手で握った状態で外にでる

6 ロープ2本を握った状態で身体を建物の正面に向け、握ったロープを放し降下する

保管箱を開けて中をチェックしましょう ！

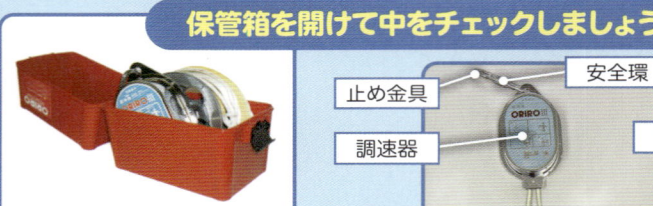

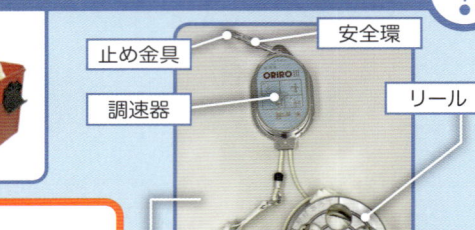

止め金具　安全環　調速器　リール　着用具　ロープ

👉 チェックポイント

- ● 避難器具の設置場所に容易に近づけますか
- ● 降下のための窓（開口部）はスムーズに開きますか
- ● 降下空間内に工作物や樹木等の障害物はありませんか

救助袋

斜降式

垂直式

救助袋は、バルコニー等から布製の袋の中をすべり降り、地上へ避難するものです。展張方式により、斜降式と垂直式があります。

👉 チェックポイント

設置場所
- ● 避難器具の設置場所へ容易に近づけますか
- ● 降下のための窓（開口部）はスムーズに開きますか
- ● 取扱説明板等の破損・脱落はありませんか

建築物の外部空間
- ● 工作物や樹木等が使用時の障害となりませんか
- ● 地面の固定環ボックスが埋もれていませんか
- ● 固定環の蓋には階数が表示されています、フックを掛ける固定環を確認しましょう

斜降式救助袋の使い方

1 設置場所の操作

1
キャビネットを取り除き、バンドを外し砂袋と誘導綱を投下する

2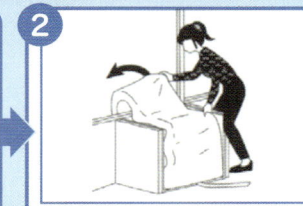
袋本体を降下させる

3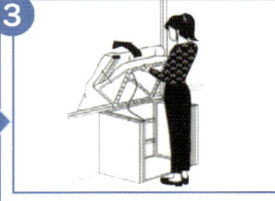
入口金具を引き起こす

2 地上の操作

4
張設ロープを固定環に掛ける

5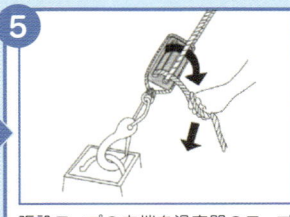
張設ロープの末端を滑車間のロープの中を通して十分に引く

6
正常に展張されたら受布を持ち、降下準備完了の合図を送る

3 降下

7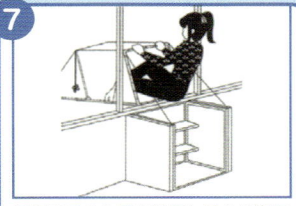
展張完了の合図を確認し足より降下する

8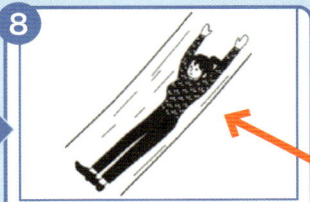
手を上げ足をそろえて降下する

> **ワンポイント**
>
> 足を広げてスピードを調節する。

垂直式救助袋の使い方

1
キャビネットを取り除き、バンドを外し砂袋と誘導綱を投下する

2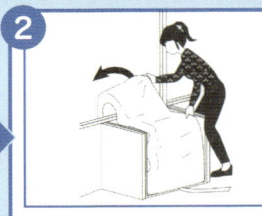
袋本体を降下させる

3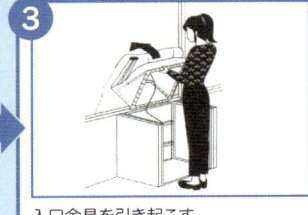
入口金具を引き起こす

4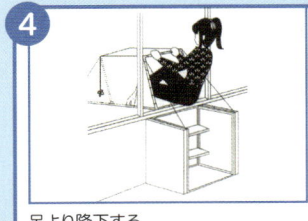
足より降下する

5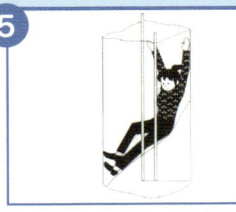
降下中、両手を上に上げて背中および腰部で滑り降りる

> **ワンポイント**
>
> 袋の中心から半径1.0m以内の空間には障害物を設けないこと。

12　避難器具

　避難器具は火災の際、建物内の人が階段を使って避難できなくなった場合の最終手段として使用するものです。避難はしご、緩降機、救助袋等があり、建物の用途や階によって設置する避難器具の種類が決められています。

1　避難はしご

　収納式の金属製避難はしご（折り畳んだ状態で上部がハッチに固定されたつり下げはしご）が一般的で、共同住宅等によく設置されています。

　金属製避難はしごは、日本消防検定協会が行う検定をうけています。

　縦棒が横桟の両側にあり、縦棒をパンタグラフのように折り畳んで収納するタイプのほか、横桟の中央に縦棒が1本あり、縦棒を縮めた状態で収納するタイプなどがあります。

2　緩降機

　緩降機は、使用者の自重により降下する避難器具で、1人が降下し、着用具を外すのを確認してから、次の人がもうひとつの着用具を脇の下にかけて、降下するものです。井戸のつるべのように、交互に着用具を使い降下するため、一度に大勢の人を避難させることはできません。

　この緩降機は、避難はしごと同様に日本消防検定協会の行う検定をうけています。

3　救助袋

　救助袋は、建物の窓またはバルコニー等に設置され、使用者が布製の袋の中を自重によりすべり降り、地上へ避難します。

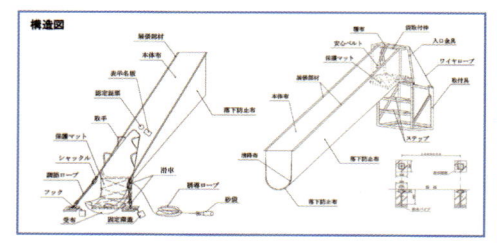
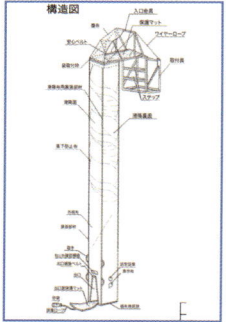

　救助袋は、展張方式により取付口からおおむね45度の傾斜をもたせて降下する斜降式のものと、取付口から垂直に降下する垂直式のものがあります。

　斜降式は地上の固定環に張設ロープを固定し展張します。展張方法は点検時に練習しておきましょう。

4　すべり台

　病院、保育所、老人保健施設などに多く設けられる避難器具で、他の避難器具に比べ最も安全に避難することができます。

　形状は、らせん状のもの、斜降下できるものが多く取り付けられています。

　維持管理に努め、サビ、腐食等の防止を図り、常に使用できる状態にしておくことが大切です。

5　避難用タラップ、避難橋、すべり棒、避難ロープ

(1) 避難用タラップ

建物の外側に屋外階段の形状で設ける避難器具です。

⑵ 避難橋

屋上から他の建物の屋上へ渡る橋の形状をした避難器具です。

⑶ すべり棒、避難ロープ

すべり棒は、丸パイプで上部および下部が固定された状態で設置されている避難器具です。避難ロープは、一般的には、格納袋に収納されており、使用時はつり下げ具に固定して使用するもので、ロープの結び目に手足をかけて降下するものです。これらは、2階のみに取り付けることができる避難器具です。

誘導灯

👉 チェックポイント

● 誘導灯の周囲に、視認障害となる広告物、掲示物が設置されていませんか
● 消えている誘導灯はありませんか
● 非常電源（バッテリー）は、定期的に確認（ひもを引く若しくはボタンを押す）していますか

誘導灯の種類と目的

避難口誘導灯

避難口の位置を明示することを目的として、避難口の上部などに設置されています。

通路誘導灯

火災などの際に安全に避難できるよう、明るさの確保と避難の方向を明示することを目的として、居室内の避難経路、避難経路となる廊下、階段などに設置されています。

客席誘導灯

劇場や映画館などで客席の床面を照らし、避難の時に必要となる明るさを確保することを目的として、客席の通路に設置されています。

13　誘導灯、誘導標識

誘導灯は、火災の煙、または停電によって、出入口、階段の位置がわからなくなるのを防止するために設置するもので、避難口誘導灯、通路誘導灯、客席誘導灯があります。

停電時には、自動的に非常電源（蓄電池）に切り替わり、20分以上点灯します。また、大規模・高層の防火対象物や地下街は60分以上点灯します。

1 誘導灯の種類等

⑴ 避難口誘導灯

屋内から直接地上へ通ずる出入口、階段室等の出入口、避難経路である廊下もしくは通路に通ずる

出入口に設けます。常時点灯が基本ですが、暗さが要求される劇場、無人化となる建物では、消灯タイプも認められています。

　また、自動火災報知設備に連動してフラッシュのようなキセノンランプが点滅したり、音声による誘導音が鳴動する附加機能が付いたものもあります。

⑵ 通路誘導灯

　廊下、階段、通路に設けるものです。廊下、通路に設けるものは、避難の方向を明示します。

⑶ 客席誘導灯

　劇場の客席通路の避難上必要な床面照度を確保します。

⑷ 誘導標識

　避難口である旨または避難の方向を示します。

　※誘導標識には、紫外線等を吸収して自ら発光する素材を利用した蓄光式誘導標識や高輝度蓄光式誘導標識もあります。

⑸ 信号装置

　自動火災報知設備と連動して誘導灯の点灯、点滅機能、誘導音機能を制御するものです。通常は、操作等は必要ありません。しかし、自動火災報知設備と連動して、信号装置により制御しているものは、自動火災報知設備の受信機を復旧させた後、誘導灯の信号装置を復旧することが必要です。

14　消火活動上必要な施設

1　連結送水管

　連結送水管は、消防隊が使用するもので、建物の1階に送水口（写真1）を設け、3階以上の階や地階に放水口（写真2）を設置し、消防隊の消火活動を容易にします。

　11階以上の階には、放水口付近にホースとノズルが格納されています。

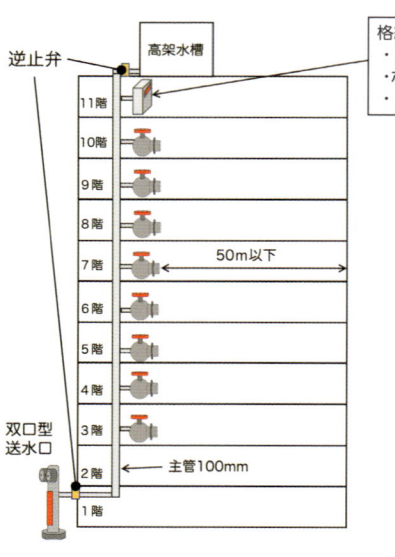

　消防隊は、ホースを送水口に接続して送水し、各階の放水口からホースを延長して消火活動を行います。

　送水口および放水口付近には、障害物を置かないようにします。

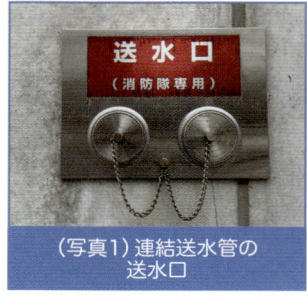

（写真1）連結送水管の
送水口

（写真2）単独で
設置された放水口

2 非常コンセント設備

非常コンセント設備は、消防隊が照明器具等を使用するために設けられるものです。

建物の11階以上の階や地階に、単相交流100Vが2回路設けてあります。

多くは、特別避難階段の附室や非常用エレベーターの乗降ロビー等に、連結送水管の放水口等と併設して設けてあります。

非常コンセント付近には、障害物を置かないようにします。

3 無線通信補助設備

無線通信補助設備は、地下街や、大規模な地階などに設置され、災害時に、消防隊が地上と地下との間で行う無線交信を可能にする設備です。

接続端子は防災センターや連結送水管の送水口付近に設置され、地階には、アンテナや漏洩同軸ケーブルが設置されています。

屋外の接続端子付近には障害物を置かないようにします。

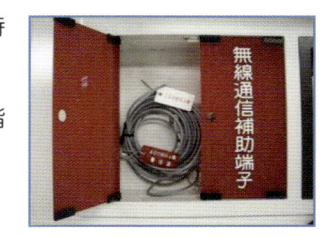

15　非常用エレベーター

非常用エレベーターは、建築基準法により高さ31mを超える建物に設置され、平常時には、乗用あるいは荷物用として使用されています。火災等災害が発生した場合には、緊急対応をするため非常運転に切り換え、消防隊等が使用します。

エレベーター監視盤等に設置された非常呼び戻しスイッチまたは呼び戻し階（通常は避難階）乗降ロビーに設置した非常呼び戻しボタンを操作すること

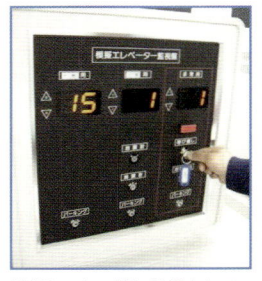

防災センター等に設置されているエレベーター監視盤の非常呼び戻しスイッチ

避難階の乗降ロビーに設置されている非常呼び戻しボタン

により、他階からの呼び出しには応答せずに直行で呼び戻し階へ移動後、扉を開いて停止します。

また、非常用エレベーターの乗降ロビーは、防火戸等により完全に区画され、屋内消火栓・連結送水管の放水口・非常コンセント設備などの消防用設備等が設置されており、消防隊の活動拠点になります。

16　消防用設備等または特殊消防用設備等の点検および報告

消防用設備等は、技術上の基準に従って「設置」するとともに、技術上の基準に従って「維持管理」しなければなりません。過去において、多額の費用を投じて設置した消防用設備等が保守管理を怠ったため、火災発生時に、有効に作動しなかった事例が数多く発生しています。

消防法第17条の3の3では、防火対象物の関係者に消防用設備等の点検を定期的に実施し、その結果を消防長または消防署長へ報告することが定められています。また、この報告をせずまたは虚偽の報告をした者には、30万円以下の罰金または拘留に処せられることも定められています。

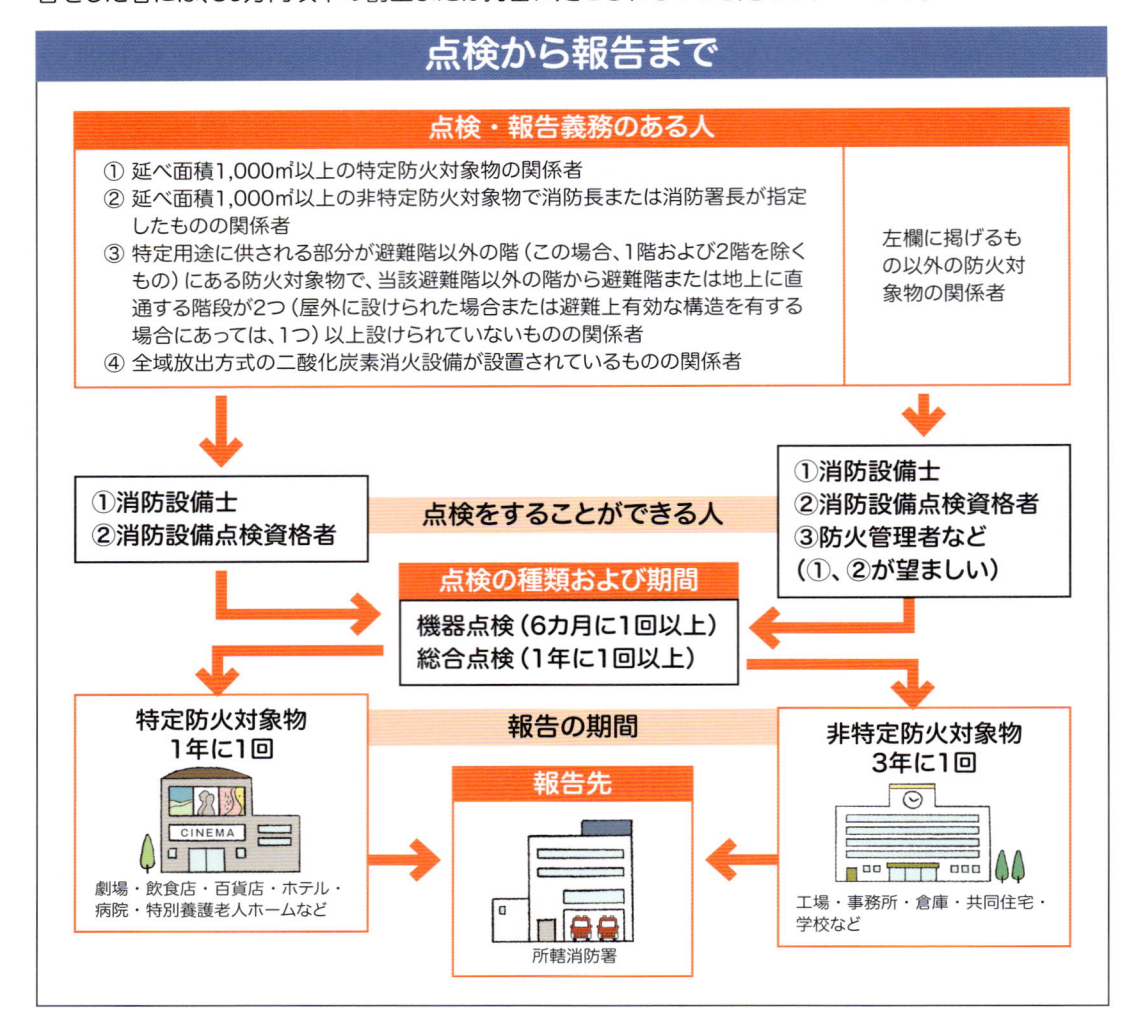

1 点検の期間および方法

⑴ 消防用設備等

　消防用設備等の点検は、種類ごとに、次のとおり定められています。

★点検の種類別内容

> 　機器点検は、6カ月ごとに次の事項について、消防用設備等の種類等に応じ、告示で定める基準に従い確認すること。
> ⑴　消防用設備等に附置される非常電源（自家発電設備に限る。）または動力消防ポンプの正常な作動
> ⑵　消防用設備等の機器の適正な配置、損傷等の有無、その他主として外観から判別できる事項
> ⑶　消防用設備等の機能について、外観からまたは簡易な操作により判別できる事項

> 　総合点検は、1年ごとに消防用設備等の全部もしくは一部を作動させ、または当該消防用設備等を使用することにより、当該消防用設備等の総合的な機能を確認すること。

★点検の種類別期間

機器点検	6カ月ごと実施
告示で定める基準に従い、点検項目を目視やスイッチ等の操作により確認	

総合点検	1年ごと実施
消防用設備等を作動させ、総合的な機能を確認	

消防用設備等の種類および点検内容に応じて行う点検の期間および方法

消防用設備等の種類等	点検の内容および方法	点検の期間
消火器具、消防機関へ通報する火災報知設備、誘導灯、誘導標識、消防用水、非常コンセント設備、連結散水設備、無線通信補助設備および共同住宅用非常コンセント設備	機器点検	6カ月
屋内消火栓設備、スプリンクラー設備、水噴霧消火設備、泡消火設備、不活性ガス消火設備、ハロゲン化物消火設備、粉末消火設備、屋外消火栓設備、動力消防ポンプ設備、自動火災報知設備、ガス漏れ火災警報設備、漏電火災警報器、非常警報器具および設備、避難器具、排煙設備、連結送水管、非常電源（配線の部分を除く）、総合操作盤、パッケージ型消火設備、パッケージ型自動消火設備、共同住宅用スプリンクラー設備、共同住宅用自動火災報知設備、住戸用自動火災報知設備、共同住宅用非常警報設備、共同住宅用連結送水管、特定小規模施設用自動火災報知設備、加圧防排煙設備、複合型居住施設用自動火災報知設備ならびに特定駐車場用泡消火設備	機器点検	6カ月
	総合点検	1年
配線	総合点検	1年

(2) 特殊消防用設備等

　特殊消防用設備等の点検は、消防法施行規則第31条の3の2の規定に基づき設備等設置維持計画に記載された点検の基準、点検の期間および点検の結果についての報告の期間により実施することとされています。

2 点検報告

　防火対象物の関係者は、消防用設備等の点検結果を維持台帳に記録するとともに、特定防火対象物にあっては、1年に1回、その他の防火対象物は3年に1回、最も新しい時期に実施した点検結果を記載した点検票（総合点検まで実施したものに限る。）を右記の報告書（記載例）に添付して、消防長または消防署長へ報告しなければなりません。

別記様式第1

消防用設備等（特殊消防用設備等）点検結果報告書

(1) ○○年　○○月　○○日

(2) 新潟市○○消防署長　殿

(3) 届 出 者
　　住　　所　　新潟市中央区鐘木○○番地
　　氏　　名　　株式会社○○　代表取締役　新潟消太
　　電話番号　　○○○-○○○-○○○○

　下記のとおり消防用設備等（特殊消防用設備等）の点検を実施したので、消防法第17条の3の3の規定に基づき報告します。

記

防火対象物	所 在 地	(4) 新潟市中央区○○町○○丁目○番○号
	名　　称	(5) ○○ビル
	用　　途	(6) 特定複合用途 (16) 項イ
	規　　模	(7) 地上 7 階　地下 — 階　延べ面積 7,000 m²
消防用設備等（特殊消防用設備等）の種類等		(8) 消火器具 スプリンクラー設備 自動火災報知設備 避難器具 誘導灯及び誘導標識 連結送水管 非常電源（自家発電設備） 配線

※受 付 欄	※経 過 欄	※備　　考

備考　1　この用紙の大きさは、日本産業規格A4とすること。
　　　2　消防設備士又は消防設備点検資格者が点検を実施した場合は、点検を実施した全ての者の情報を別記様式第3に記入し、添付すること。
　　　3　消防用設備等又は特殊消防用設備等ごとの点検票を添付すること。
　　　4　※印欄は、記入しないこと。

| 表紙デザイン | 藤原未奈子（FROG） |
| 本体デザイン | 藤原未奈子（FROG） |

| イラスト | 井竿真理子 |

| 協力 | オリロー株式会社 |

| 校正 | 坪井美穂 |
| | 榎本洋 |

防火管理講習ハンドブック

2025年4月25日　初版第1刷発行

| 著者 | manaable株式会社 |
| 監修 | 新潟市消防局 予防課 |

発行人	山手章弘
発行所	イカロス出版株式会社
	〒101-0015
	東京都千代田区神田神保町1-105
	contact@ikaros.jp（内容に関するお問合せ）
	sales@ikaros.co.jp（乱丁・落丁、書店・取次様からのお問合せ）

印刷・製本　株式会社シナノパブリッシング